特別附錄 2 廣島東洋鯉魚BOOK

哈日情報誌
MAPPLE廣島·宮島
尾道·吳·島波海道

魅力大解析
廣島東洋鯉魚 Book

下次一定要稱霸日本～!!

小雪小姐

新井選手就靠你了！

小山家族

今年也要獲勝拿下3連霸

島島谷連合的成員

我是丸選手的球迷

我最愛大瀨良選手

(右)愛美小姐
(左)真帆小姐

TEAM宮野K

目標9連勝！我們衷心期待

希望鈴木選手能快快歸隊再創佳績

TEAM S

Contents

超熱血！超級精彩!!

備受廣島縣民熱愛的
職業棒球隊──廣島東洋鯉魚。
2017年拿下連續2年的中央聯盟冠軍，掀起更熱烈的鯉魚隊狂潮。
既然來到了廣島，不妨透過觀賽、美食、購物來認識鯉魚隊的魅力吧！

我們想在
馬自達球場看
教練因獲勝被
拋上空中

↑宮田先生與
他的好朋友們

今年一定
要在主場拿下
3連霸

↑(右起)
TAMU TAMU先生、
MAEKEN

舉市歡騰的
冠軍遊行

四代同堂
一起來為球隊
加油～

↓大塚家族

連續2年榮獲央聯冠軍 整個廣島掀起一片歡騰

2017年9月18日，廣島東洋鯉魚隊連勝2年並拿下第8度的中央聯盟冠軍。連勝的紀錄是繼又稱為紅帽先生的山本浩二在球隊期間的1979~80年以來睽違37年。廣島縣內隨處可見旗幟高掛，大街小巷一片歡騰，再加上奪冠遊行吸引了超過30萬名鯉魚隊球迷蜂擁而至，爭相讚揚選手的英姿。此外，2017年馬自達球場的觀眾人次更達2177554人，刷新球團史上最高紀錄。2018年是否能拿下3連勝與稱霸日本成為矚目焦點。

我們一輩子都會
支持鯉魚隊！

➔TEAM大分

廣島東洋鯉魚隊是
這樣的球團！

1 12個球團中唯一沒有財團經營的球團

三壘方向周邊
立有石碑

昭和24（1949）年，為了從原子彈災害中再站起來，而設立了日本首支沒有母企業支持的球團。過了不久，當廣島鯉魚因經營困難而面臨生存危機時便舉辦了「木桶募款」，球團在鯉魚隊球迷的捐款下得以持續下去。鯉魚隊延續至今的歷史也正是廣島縣民對「鯉魚隊的愛」的軌跡。球場內可見木桶捐款的紀念牌，場外更設立了刻劃鯉魚隊歷史的石碑，能藉此認識鯉魚隊。

曾辦過2次球迷發起的「木桶募款」

平成的木桶募款
（2004年11月～約2005年12月）

鯉魚隊球迷的募款資助了馬自達球場的建設。

昭和的木桶募款
（1951～約1956年）

鯉魚隊的存續是原子彈受災地廣島的復興象徵。

2 在主場的馬自達球場能以休閒娛樂的心情來觀戰！

對廣島縣民來說，在鯉魚隊的根據地——馬自達球場看球賽是一大盛事。球場內有各式各樣的觀賽座位和能供小朋友玩耍的遊樂器材、多元的美食等，彷彿走進一大遊樂園。舉辦球賽時，整座球場都會被穿上鯉魚隊代表色球衣的小孩到大人染成一片紅色。

鯉魚隊觀戰行前模擬請見附錄②P.8

3 其他球團也不禁刮目相看的五花八門周邊商品

從必備的應援商品到球迷也會目眩神迷的珍貴商品，無論品項到多樣性都是球界首屈一指，尤以T恤的種類更被許多人認為是稱霸12球團。一般業者或商家製作的球團認證商品也很有水準。

周邊請見附錄②P.14

官方認證的鯉魚隊
馬卡龍附書本型外盒
印上鯉魚小子
圖案的T恤
Carp

我們很期待
誠也選手重新
上場
➔（右起）十和子小姐、翔先生
奪冠遊行的光景，
長達3km的沿路上
全是一片鯉魚隊的色彩
今年也會
常來為他們
加油！
➔光彥先生
Carp Baseball Gallery
（附錄②P.4）慶祝央聯冠軍
的特別展覽
我們是姐妹
一起來看球賽。
菊池選手像忍者
般的防守帥翻了
新井選手
今年也期待
你的表現喔！
田中選手跟
西川選手
超帥氣♡
➔（右）理花小姐、（左）風花小姐
←山上夫婦
➔（右）小凜妹妹、（左）小舞妹妹
IMAMURA
16

拿下冠軍後被拋上天的緒方總教練
（照片提供：中國新聞社）

Carp Baseball Gallery

➲鯉魚隊球迷雲集的商店

★カープベースボールギャラリー

可以免費入館的2樓藝廊以照片和看板來介紹鯉魚隊的歷史、與球隊相關的最新事蹟等。1樓則販賣只有在這裡才買得到的原創鯉魚隊周邊商品。

MAP附錄③6D-1
☎082-227-2222
營10:00～17:00（入場券售票口、藝廊～16:00）
休不定休 ¥免費入館
所広島市中区八丁堀6-7 チュリス八丁堀ビル 交廣電八丁堀電車站步行5分 P無

來跟選手人偶拍照留念♪

了解球隊的歷史與現在的藝廊

還有冠軍獎盃和年表等展品

展覽內容會不定期更換。上圖為2017年拿下央聯冠軍的展示

球場的外觀也是球隊代表色的紅色

球場本身也有許多看點&遊樂景點

球場的周遭還有鯉魚小子的人孔蓋！

超稀有！還有1個慶祝央聯冠軍的人孔蓋！

鯉魚隊愛多到滿出來！

馬自達Zoom-Zoom廣島球場

★マツダズームズームスタジアムひろしま

廣島東洋鯉魚的主球場，具備飛沙座位區等獨特的觀賽座位、琳琅滿目的球場美食而掀起話題。在沒有球賽的日子除了仍能購買周邊外，還會舉辦可以參觀選手專用區等的導覽（收費）。

詳情請見→附錄②P.6

大街小巷到處可見廣島人對鯉魚隊的熱愛。
務必來逛逛無論何時造訪都絕對充滿鯉魚隊熱情的景點！

年代	主要事蹟
1949年	廣島鯉魚隊（廣島野球俱樂部）申請加入中央聯盟獲得認可
1950年	中央聯盟開幕，首場官方賽事對上西日本以5比6吞下敗仗 白石勝敲出球團第1支全壘打
1956年	NHK在廣島綜合球場首次全國電視轉播與大洋鯨的對戰
1957年	舉辦廣島市民球場的竣工典禮
1967年	球隊名改為「廣島東洋鯉魚」
1975年	球隊的隊徽「鯉魚小子」問世
1978年	山本浩二勇奪球團首位全壘打王（44支）寶座 江夏豐達成投出2500次三振的記錄
1979年	山本浩二榮登球團首位打點王（113打點）、江夏豐榮登球團首位最優秀救援投手（31救援點）

備受鯉魚隊球迷歡迎的拍照景點

超罕見！紅色的LAWSON

➲鯉魚隊專區有豐富的商品款式

LAWSON 廣島東荒神町店

★ローソンひろしまひがしこうじんまちてん

面對鯉魚大道、有著巨大鯉魚小子做指標的LAWSON，其外觀也是鯉魚隊的顏色。店內設有鯉魚隊專區，陳列出球衣等滿滿的應援商品。

MAP附錄③4E-2
☎082-568-0506
營24小時 休無休
所広島市南区東荒神町1-3 交JR廣島站步行10分 P無

交通工具也是鯉魚隊的顏色！

廣電

鯉魚隊電車

車身貼上鯉魚隊的標誌，車廂內有選手的照片等，還有選手聲音的廣播會告知站名。

☎0570-550-700
(廣電電車巴士電話中心)

照片為2017年的設計

JR

鯉魚隊應援彩繪列車

4輛車廂會換上鯉魚隊的代表色和白色，並大幅印上選手在賽事時的英姿。

☎0570-666-830
(JR西日本廣島支社營業課)

照片為2017年的設計

計程車

紅NISIKI TAXI Red Soul

紅色車體加上鯉魚隊標誌的彩繪設計，全球獨一無二的計程車。車內還有鯉魚小子和史萊利♪

☎082-234-0001
(NISIKI TAXI)

車內還有選手的簽名

汽車

馬自達 DEMIO EXTERIOR

過去馬自達汽車採用的顏色「魂動紅」做為意象的特別色，也用於鯉魚隊頭盔的顏色。

現在的馬自達車款是使用更加進化的「晶艷魂動紅」

黑田博樹投手紀念碑

★くろだひろきとうしゅメモリアルプレート

為了表彰前鯉魚隊的黑田投手之功績而在2017年6月設置的紀念碑，展示出黑田投手的手印、在籍時最後登板所使用並有簽名的投手板。

MAP附錄③7C-2
☎082-248-1518(廣島本通商店街振興組合)
營休自由參觀 所広島市中区本通8-23 HONDORI HILLS前 交廣電本通電車站步行5分 P無

位於本通商店街中、HONDORI HILLS前的新名勝

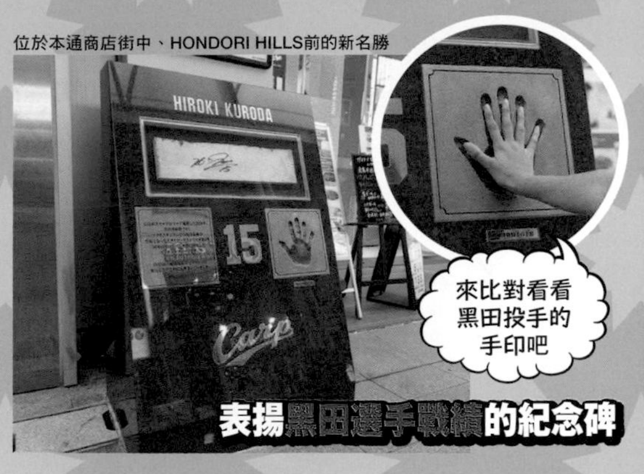

表揚黑田選手戰績的紀念碑

想祈求鯉魚隊必勝就來這裡！

面對本殿的右手邊可看見「昇鯉之像」，能保佑突破難關

鯉戀守 1000日圓
以鯉魚為設計能帶來幸福的護身符

鯉魚神籤 300日圓
鯉魚娃娃可以帶回家

勝守
1000日圓
據說鯉魚隊選手也有的護身符

廣島護國神社

★ひろしまごこくじんじゃ

鯉魚隊每年都會去祈求必勝的神社。也因神社位於又稱為鯉城的廣島城腹地內，而推出鯉魚意象的神籤等。球賽當天會有許多球迷前來參拜。

MAP附錄③5B-2
☎082-221-5590
營境內自由參觀(社務所櫃台為9:00～17:00) 休無休 所広島市中区基町21-2 交廣電紙屋町東電車站步行15分 P無

鯉魚隊的必勝祈願祭總會吸引大批球迷前來

數不清的鯉魚隊相關景點！整座城市的

央聯冠軍時連商業設施也有大幅海報！

在本通商店街發現慶祝冠軍的布幕！

長崎屋(內頁P.59)設置有前廣島市民球場的長椅和導覽牌

鯉魚隊History

[illegible]	拿下球團首次日本第一
1980年	在日本大賽中打敗近鐵，連續2年登上日本第一
1982年	津田恒美獲封球團首位新人王
1984年	擊敗阪急，暌違4年重登日本第一
1986年	山本浩二發布現役引退聲明，背號「8」永久不再使用
1991年	於阪神對戰中勝出，暌違5年奪下第6度央聯冠軍
1994年	江藤智在8月敲出第16支全壘打，刷新中央聯盟單月最多的全壘打紀錄
1995年	球隊的新吉祥物「史萊利」登場
2000年	對上養樂多隊時金本知憲打出第30支全壘打，成為史上第7位3成打擊率、30支全壘打、30次盜壘的紀錄保持者
2004年	開始平成的木桶募款
2005年	新井貴浩達成連續6場皆敲出全壘打的球團平紀錄
2007年	對上巨人隊達成球團總計第3500場的勝利
2008年	以優勝為廣島市民球場最後的正式球賽劃下句點，共在此舉辦3182場賽事
2016年	暌違25年奪下央聯冠軍
2017年	連續2年稱霸央聯，也是暌違37年的連勝

馬自達 Zoom-Zoom 廣島球場 GO!

讓史萊利來帶路

What's 史萊利

擅長跳舞的鯉魚隊吉祥物，他走進球場時會在場內或廣廊等處炒熱球迷的氣氛。當球隊歡聲鼓舞時，史萊利全身就會變成粉紅色。

廣島東洋鯉魚的盛況一年比一年熱烈。
如果想體驗這股感動，就非去球場一趟不可！
在此介紹獨特的觀眾席、球場美食等球場的魅力！

球場渲染成一片鯉魚紅的光景很驚人

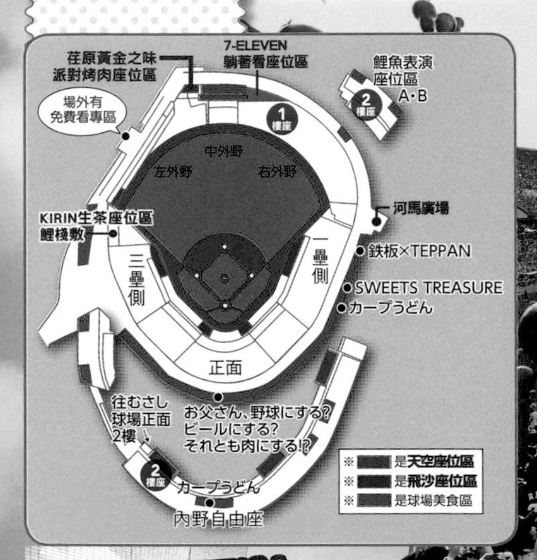

馬自達 Zoom-Zoom 廣島球場

★マツダズームズームスタジアムひろしま

MAP 附錄③4F-2

☎082-554-1000（廣島東洋鯉魚）

L 視球賽而異 休 不定休 所 広島市南区南蟹屋2-3-1 交 JR廣島站步行10分

HP http://www.carp.co.jp

選擇五花八門 獨一無二的觀眾席

馬自達球場的觀眾席多達32種，堪稱日本第一。快來挑選符合您觀賽形式的座位吧！

飛沙座位區

★砂かぶり席

能近距離欣賞氣勢凌人賽況的最前方座位區，可以從低角度感受臨場感絕佳的球賽。

票價
★正面…1席8000日圓
★內野…1席6000日圓
★外野…1席4000日圓

KIRIN生茶座位區 鯉棧敷

★キリン 生茶シート鯉桟敷

須脫鞋的座位，能盡情放鬆為球隊加油。深受三代同堂的球迷好評。

票價 1區塊（最多8人）36000日圓

7-ELEVEN 躺著看座位區

★セブン-イレブンシート 寝ソベリア

可以盡情伸展雙腳隨興躺臥的超獨特座位，備受家族歡迎。共備有39個床墊。

票價 1床墊（最多2人）7000日圓

荏原黃金之味 派對烤肉座位區

★エバラ黄金の味 パーティーグリル

後方銀幕旁的團體席，可以一邊烤肉一邊觀賽，附設大螢幕。

票價 最多30人
12萬日圓＋餐飲方案費用

天空座位區

★スカイシート

由於座位是從2樓往球場突出，彷彿拉近了與選手之間的距離。

票價 1席 3000日圓

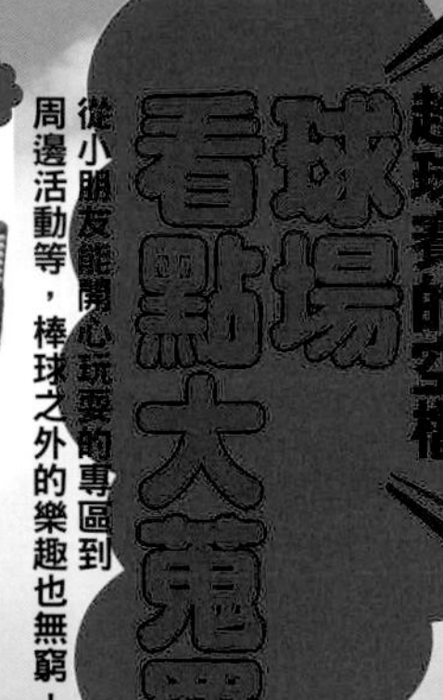

趁球賽的空檔 球場看點大蒐羅

從小朋友能開心玩耍的專區到周邊活動等，棒球之外的樂趣也無窮！

球場的隱藏看點也來CHECK！

鯉魚隊在馬自達球場敲出首支全壘打的球掉落的座位有特別用綠色標出，不妨來找找在哪裡！

在前廣島市民球場時代，曾負責將球遞給裁判的棒球狗「米奇」的紀念牌

中央活動廣場的巨大溜滑梯改成史萊利的造型溜滑梯重新上陣，此外，能坐在恐龍背上遊玩的「騎恐龍」也在2018年全新登場。適合3～12歲兒童，各300日圓即可遊玩。

沒有球賽的日子…舉辦導覽團

可在導覽員的帶領下參觀球場內部。除了廣廊的看點和馬自達球場特有的觀賽座位區，甚至會帶遊客走進選手專用區和記者室等一般人無法進入的特別區域。費用和時間等細節請上球團官網確認。

還可以參觀牛棚

標準路線

舉辦期間 球季中的4～9月不定期舉辦

報名方式 舉辦日的1星期前透過廣島東洋鯉魚的官網或傳真報名

※導覽內容等事宜有可能調整
※額滿即停止報名

河馬雕像大受歡迎的活動廣場

暱稱「KA-PA君」而備受喜愛的河馬雕像是這裡的象徵，每次比賽都會舉辦各式各樣的活動。

廣島名產也齊聚一堂！球場美食

在為球隊熱烈加油的同時絕對不能少了球場美食。快來一邊大吃廣島名產一邊欣賞球賽吧！

廣島名產與鯉魚隊球賽 兩個願望一次達成

廣島御好燒
700日圓（鉄板×TEPPAN）
能吃到在店內一片片現場煎出的熱騰騰御好燒

廣島縣民熱愛的MUSASHI飯糰

球場特製燉雞飯糰
1000日圓（むさし）
廣島家喻戶曉的「MUSASHI飯糰」便當，包含經典的飯糰和炸雞等

餐後甜點也是鯉魚紅

紅帽霜淇淋
550日圓（SWEETS TREASURE）
裝在紅色頭盔杯裡的香草霜淇淋，杯子可以當成紀念品帶回家♪

說到鯉魚隊就非它莫屬！

鯉魚隊烏龍麵(配料全加)
700日圓（カープうどん）
前廣島市民球場時代以來的長銷美食，古早的溫和風味是許多球迷的最愛

以特製醬汁烘烤的前胸肉超好吃

廣島名產前胸肉蓋飯
850日圓（お父さん、野球にする？ビールにする？それとも肉にする！？）
意指牛肋骨肉一部份的「コウネ」是廣島的著名美食，適度的油花與口感絕佳

啤酒的最佳下酒菜

鯉魚男子山賊飯糰
850日圓（むさし）
一大個山賊飯糰加上副食，分量飽足！填飽肚子再來為球隊加油

\ 馬自達 Zoom-Zoom球場廣島 GO!/

鯉魚隊觀戰 行前模擬

1 從廣島站南口出發！

前往球場以JR、路面電車、巴士都會抵達的廣島站南口做為起點最方便，從這裡到球場距離約800m。

觀戰建議

看球賽時不會用到的大行李就先寄放在廣島站南口的投幣式置物櫃吧。

2 放眼望去全是鯉魚隊的「鯉魚大道」提高興致

筆直延伸至球場的道路被稱為「鯉魚大道」，沿途除了有餐飲店和超商等，還有整排的選手照片牆。

→附錄② P.16

舉辦球賽時會在馬路旁擺出外帶美食

還有擺滿鯉魚隊周邊的書店！

人孔蓋的圖案當然也是鯉魚隊

觀戰建議

球賽開始前與結束後，會視時段開放為行人徒步區。

3 步行約10分鐘球場就在不遠處

稍微走一段路後，路會分成兩條，左邊的斜坡步道會通往主大門，往右走則通往球場正面入口。

觀戰建議

若想購票或者在入場前先逛逛周邊商品店，就前往正面入口的方向。

4 終於抵達球場！

由於我們已經先買好預售票，就從主大門進場。通過包包的安全檢查與驗票後即可進入球場。

觀戰建議

禁止攜帶瓶、罐、寶特瓶進入，只有紙盒裝的飲料能帶進球場!!

5 日本唯一能繞球場一圈的球場

球場內的廣廊周長約600m，內野與外野並沒有區分開來，能夠從各種角度來眺望球場。比賽開始前來逛逛場內吧。

能遮蔽陽光的竹製隧道，還有長椅，適合休憩

發現販賣周邊的貨車！

左側外野席的後方展出許多紀念牌

觀戰建議

廣廊還有球場美食和周邊商品店雲集！可以來吃吃喝喝、買買東西一邊逛球場。

6
應援商品也是不買不行！
周邊商品店位在球場正面處與廣廊上，想在比賽開始前買好噴射氣球和多種款式的應援棒。
→附錄② P.14
觀戰建議
商店總是人聲鼎沸，尤其在比賽前後更是人擠人。如果想要慢慢逛的話，其實只能趁比賽時……
心跳加速
興奮不已
這個也要買 那個也要買~
7
比賽就快要開始了！快就座等待吧
這次是在內野對號座觀戰。就座後能看見選手暖身的樣子也是球場特有的趣味。
加油時的必備品加油棒
7局下加油時不可少的高空噴射氣球
7個入り500円
喔
心跳加速
座位也還蠻寬的呢♪
觀戰建議
走進觀眾席之後，如果要用餐或上廁所，都會用上入場券的票根，別忘了隨身攜帶。
8
期待已久的開球！
比賽終於正式開始。主場為後攻，首先關注投手的投球與野手的守備。
9
拉開嗓門為選手加油
當鯉魚隊開始進攻時，場內氣氛總是格外高昂，搭配選手各自的加油歌，拉開嗓門來聲援選手吧。
打擊出去～!!
觀戰建議
說到鯉魚隊的加油方式，基本上就是重複站起坐下的深蹲式應援。當鯉魚隊得分時，不妨和身邊的球迷擊掌來共享喜悅吧。
廣島再加2分!!
10
大口品嘗球場美食補充能量
能量補給就交給球場美食。這裡有便當和蓋飯等，下酒菜及甜點類也很豐富。
Koi Court
味道太誘人了~
必吃鯉魚隊球迷熱愛的鯉魚隊烏龍麵
→附錄② P.7
11
7局下必放的噴射氣球
在為球賽加油時最能將情緒帶到最高點的便是噴射氣球。7局下進攻前播放〈それ行けカープ〉歌曲之後，一起把氣球朝天空噴射出去。
觀戰建議
時機上建議在7局上2出局左右開始把氣球吹好預備。歌詞會打在大型螢幕上，即使是應援新手也不用擔心。
整個球場宛如變成了一座遊樂園！
咻
我會再來看球賽！

帶給選手活力的美饌

紅帽的原動力就在這家店!?

強力推薦 美饌
黑毛和牛稀少牛舌芯的涮涮鍋
（1人份）6264日圓
使用黑毛和牛牛舌的罕見涮涮鍋，有著入口即化的口感
田中廣輔選手的最愛
不只牛舌涮涮鍋，每一道菜也都很好吃！

在背後支撐起鯉魚隊選手能量與精力的名店在這裡！強力推薦美饌也不可錯過。

從肉料理到割烹料理
具備多種類型的和食

割烹と肉専家 山櫻

★かっぽうとにくせんかやまざくら

曾在德國經營餐廳的老闆歸國後所開設的和食餐廳，能透過涮涮鍋或壽喜燒、烤肉等方式大啖A5等級的宮崎縣產和牛。不只有割烹料理，創意肉料理和小菜等菜色也很豐富。

MAP附錄③6E-1
☎082-248-8151
L 11:30～14:00、17:00～22:00（午間採最晚前日預約的完全預約制）
休 週日、假日 所 広島市中区胡町2-39 交 廣電胡町電車站步行5分 P 無

老闆娘岡村由美小姐

牛舌涮涮鍋以外的和牛涮涮鍋還有2小時吃到飽的方案

這道菜也很推薦

和牛里肌與山藥磯部燒佐海膽3024日圓

3樓的下嵌式座位房間牆上繪有櫻花

鯉魚隊球迷夫妻
善解人意的個性為
選手和當地人帶來溫暖

知代

★ちよ

昭和45（1970）年創業，由溫柔敦厚的大盛夫妻親自掌管的燒肉店，主要使用A4等級以上的佐賀縣產和牛。除了燒肉外，韓式湯飯和牛尾也很熱門，備受鯉魚隊選手和其他球隊的選手捧場。

MAP附錄③8D-1
☎082-291-1580
L 17:00～22:00 休 不定休
所 広島市中区土橋町3-11
交 廣電土橋電車站步行3分
P 無

強力推薦 美饌
黑毛和牛前胸肉 700日圓
日文コウネ是指牛肋肉中最上面的部位，在廣島是很受歡迎的食材

菊池涼介選手的最愛

我最喜歡這家店彷彿回到家的氣氛了！

➔前胸肉稍微烤過後配鹽巴、胡椒品嘗

這道菜也很推薦

➔清爽風味的韓式湯飯700日圓

店內到處都是選手的簽名和珍貴周邊

老闆大盛夫妻檔

吃得到以
熔岩燒烤的
頂級肉品！

強力推薦 美饌

和牛臀肉牛排 2280日圓

日文ランプ是指牛腿到牛臀之間的紅肉，帶有軟嫩的鮮甜味

西川龍馬選手的最愛

以熔岩燒烤的方式
緊緊鎖住肉的鮮甜

いち。

這裡的燒肉是使用富士山熔岩製作的烤盤將肉夾著烤的罕見烤法，供應由老闆親自拜訪生產者來挑選出A4等級以上的宮崎牛、阿波牛、廣島牛。

工作人員會來教熔岩烤盤的烤法

除了圖中的VIP座，還有情侶座及和式座位等

MAP附錄③6E-2
☎082-541-5133
🕒18:00～22:00（週五、六為17:30～23:00，週日為17:30～22:00） 休不定休 所広島市中区堀川町4-4 右近ビルB1 🚃廣電八丁堀電車站步行3分 P無

吃得到以備長炭
烘烤的優質土雞

串焼 長右兵衛

★くしやきちょうべい

營造沉穩空間的店內，也有包廂

九里亞蓮選手的最愛

主要供應由老闆親自挑選、從產地直送的烤土雞串燒。以伊豆大島富含礦物質的鹽巴調味，能品嘗雞肉的原始風味。

能吃到
各式各樣的
雞肉串這點
最棒了！

MAP附錄③6D-2
☎082-243-9491
🕒18:00～22:00 休週日 所広島市中区本通9-31 🚃廣電本通電車站步行7分 P無

強力推薦 美饌

日本三大土雞一次吃 1100日圓

可以比較看看秋田比內地雞、名古屋交趾雞、青森蘆花門雞這3種土雞

必吃廣島特有的
鐵板料理！

鉄板焼 お好み焼 修竜 薬研堀本店

★てっぱんやきおこのみやき
しゅうりゅうやげんぼりほんてん

位在鬧區內的鐵板燒人氣餐廳。採用嚴選食材製作的御好燒、著名的海膽菠菜等廣島才吃得到的鐵板料理不容錯過！

MAP附錄③6E-3
☎082-545-5529
🕒18:00～翌日2:30 休週日 所広島市中区薬研堀10-11 ハウスアピア1F 🚃廣電銀山町電車站步行7分 P無

選手的最愛
廣島出名的
鐵板菜色
堪稱絕品！

強力推薦 美饌

御好燒加蔥花雙黃蛋 1100日圓

經典的麵肉蛋再蓋上大量的蔥花！使用有兩顆蛋黃的雙黃蛋展現特色

以壽喜燒或燒烤
來品嘗頂級和牛

和牛処 犇

★わぎゅうどころほん

能以壽喜燒、燒烤、涮涮鍋來盡情品嘗A4等級以上的黑毛和牛。散發穩重氣息的店內掛有許多選手的簽名。

☎082-544-0029 MAP附錄③6E-2
🕒17:00～22:30 休週日（週一逢假日則週日營業、週一休） 所広島市中区銀山町11-13 ソシアルアサヒ館1F 🚃廣電胡町電車站步行5分 P無

最喜歡
這裡能吃飽飽
的分量了

強力推薦 美饌

黑毛和牛上等里肌壽喜燒（1人份） 4320日圓

黑毛和牛里肌配上白菜、蔥等8種滿滿的蔬菜

野村祐輔選手的最愛

還備有包廂

這種價格
就能吃到
這般分量＆美味
令人感動！

推出現做的義式冰淇淋

中田廉選手的最愛

溫和風味的義式冰淇淋很誘人

Polar Bear

★ポーラーベア

能以平實價格吃到分量充足的義式冰淇淋，讓這間店深受當地好評，從經典口味到季節限定款共有14種選擇。

MAP附錄③6D-1
☎082-244-8830
🕒12:00～20:00（週六日、假日為13:30～） 休不定休 所広島市中区立町5-2 🚃廣電立町電車站即到 P無

強力推薦 美饌

雙球冰淇淋 380日圓
（香純牛奶／巧克力碎片）

牛奶使用北海道產牛乳。風味清爽不膩，一下子就吃光光

鯉魚隊球迷御用

和當地球迷
一起把氣氛炒熱起來

以大螢幕看球賽 一邊飽享鯉魚隊應援餐點

2017年2月搬家新開幕

弘法市スタジアム広島

★こうぼういちスタジアムひろしま

搬遷至EKI CITY HIROSHIMA內（內頁P.60）全新開幕，可以看大螢幕為球賽加油，一邊品嘗以鯉魚隊為主題的菜色。店內還有鯉魚隊的相關周邊商品、前廣島市民球場的選手長椅座等裝飾。

MAP 附錄③4E-2
☎082-262-2558
L 10:00～22:30 休 無休 所 広島市南区松原町3-1 EKI CITY HIROSHIMA 2F 交 JR廣島站即到 P 使用EKI CITY HIROSHIMA的停車場（30分200日圓，消費滿2000日圓可免費停1小時）

鯉魚隊POINT
有鯉魚隊選手的簽名和前廣島市民球場相關的物品等，也可以當成鯉魚隊博物館來欣賞！

新・紅帽燒 1000日圓
造型模仿鯉魚隊紅帽的御好燒以大量起司蓋住！用蛋包裹住以番茄醬炒過的麵，類似蛋包飯的一道菜

鯉魚隊球迷的冰淇淋 250日圓
餐後務必來一份特別製成鯉魚隊圖樣的香草冰淇淋

廣島赤麵 900日圓
將拌麵加上鯉魚紅的辣麵料理

展示於牆上的球衣也很值得一看

還有許多鯉魚隊選手的簽名

可以和鯉魚隊鐵粉的老闆娘一起加油！

錦菜家 味楽

★きんさいやみらく

位於大樓2樓的隱密風創意居酒屋，店內有大螢幕，可以盡情看球賽。鯉魚隊應援套餐可選擇魚料理為主的「野村套餐」或肉料理為主的「強森套餐」。

☎082-247-9350 MAP 附錄③7C-1
L 11:00～14:00、17:00～22:00（週六僅晚間營業） 休 週日、假日 所 広島市中区紙屋町1-4-25 佐伯ビル2F 交 廣電紙屋町東電車站步行3分 P 無

鯉魚隊應援套餐（野村套餐） 3300日圓
2道前菜、生魚片等魚類料理附加飲料喝到飽

備有一般桌椅及墊高和式座位

還能品吟廣島在地酒

鯉魚隊POINT
每逢球賽日，便能和身穿球衣的老闆娘一起為球隊加油！太鼓是鯉魚隊的應援團長所贈送

老闆娘 大內絲穗小姐

男氣全餐
9串烤雞肉套餐 1620日圓

從創業傳承下來的絕品秘傳醬汁！有牛腰肉（菊池）、雞肉丸（浩二）等共9串

鯉魚隊POINT

以鯉魚隊選手來命名的烤雞肉串是名菜，「心臟」的菜名是來自球隊的核心「緒方總教練」

在餐點和空間都是鯉魚紅的餐廳 大口品嘗獨特的烤雞肉串

カープ鳥 球場前球場店

★カープどりきゅうじょうまえスタジアムてん

使用每天早上進貨的新鮮雞肉的烤雞肉串店。以鯉魚隊選手命名的烤雞肉串會以高溫的備長炭烤到蓬軟綿密。不光是紙門印上鯉魚小子的圖案，店內可說是一片鯉魚紅。

MAP附錄③4E-2
☎082-209-8988
🕒17:00～24:00（週日、假日至23:00）
休無休　所広島市南区東荒神町5-12　交JR廣島站步行10分　P無

密密麻麻地裝飾上鯉魚隊選手的球衣等

還有鯉魚隊相關新聞的剪報等能了解歷史的展示！

鯉魚隊OB之店也是亮點！

在一片鯉魚紅的空間吃烤雞肉串

カープ鳥きのした 十日市店

☆カープとりきのしたとうかいちてん

撐起鯉魚隊黃金時期的木下富雄與其家人所開的烤雞肉串店，還供應廣島風沾麵等在地美食。不可錯過簽名球衣等珍貴的周邊！

↑每一個座位都能看到珍稀寶貴的周邊

➡烤雞肉串 1串 108日圓～

MAP附錄③8D-1
☎082-531-0089
🕒18:00～23:30（週日、假日為17:00～22:30）
休週一　所広島市中区十日市町2-3-20　交廣電寺町電車站步行3分　P無

精湛的操鏟技術優美可觀

鉄板焼 まるよし

☆てっぱんやきまるよし

由2位前鯉魚隊選手經營的鐵板燒餐廳。肉品使用A4、A5等級的廣島縣產黑毛和牛，蔬菜則是廣島縣產有機蔬菜，全是嚴選過的食材。

↑臨場感十足的鐵板座位

↓橫膈膜肉 2700日圓

MAP附錄③6E-2
☎082-541-0404
🕒18:00～翌日2:00（週日、假日～24:00）
休不定休　所広島市中区薬研堀7-8 ステイタス21 1F　交廣電胡町電車站步行10分　P無

擺滿歷年鯉魚隊選手簽名等物品的店內

2樓曾經是《鯉魚隊球迷月刊》的編輯部

鯉魚隊漢堡套餐 870日圓

夾入手工漢堡排，從創業當時開始長年受到球迷喜愛的佳餚

置有鯉魚隊球迷交換日記的復古風咖啡廳

茶房カープファン

★さぼうカープファン

由已故的前鯉魚隊選手兼《鯉魚隊球迷月刊》創刊者橋本敬包先生開設的咖啡廳，店內裝飾有1979、1980年的冠軍布巾等珍貴的鯉魚隊周邊商品。

☎082-249-0550　MAP附錄③6D-3
🕒[illegible]30（週六～16:00）　休週日、假日　所広島[illegible]　交廣電袋町電車站步行5分　P無

鯉魚隊POINT

置有全日本的鯉魚隊球迷寫下對鯉魚隊的心意和感想的「鯉魚隊筆記」

買下去！鯉魚隊周邊

琳琅滿目的款式是棒球界NO.1!?

豐富的品項和獨特性被封為棒球界首屈一指的鯉魚隊周邊，從聯名商品到原創設計商品，在此一口氣介紹必買良品！

大展絕佳品味的五花八門商品 周邊

領帶(紅帽) A
6900日圓
布滿紅帽圖案的熱鬧感十足設計，以鯉魚隊繫緊衣領上班去！

New Era950 紅帽 5500日圓 A
與高人氣品牌的聯名商品，與紅底互相輝映的紅帽日文字非常搶眼！

鯉魚小子襪子 A
600日圓
為腳底增色的鯉魚隊短襪，兼具極佳的吸水速乾性

當地特色人孔蓋迷你毛巾 A
530日圓
馬自達球場周邊可見的當地特色人孔蓋變成毛巾！是楓葉＋鯉魚小子的濃濃廣島風味設計

迷你托特包 A
900日圓
印上可愛漂圖字體LOGO的船型托特包，有深藍色與紅色2款

かまわぬ手巾祝儀袋 B
(右)紅帽花樣
(左)鯉 各1000日圓
手巾專賣店「かまわぬ」的聯名商品，現代和風的鯉魚圖案令人印象深刻

史萊利束髮帶 A
2500日圓
光戴上似乎就能帶來好心情的可愛造型，也能為看球賽增加時尚風味

球棒型原子筆 A
850日圓
雖然無法用來打球但可以寫字！將握把變成筆蓋，充滿玩心的設計

附蓋馬克杯(鯉魚小子)
2000日圓 B
將鯉魚小子的帽子做為杯蓋，讓溫熱飲料不易涼掉♪

花美男鯉魚隊便利貼 A
各500日圓
設計成對話框的便利貼就好像是選手親自留言一樣。共6款

如果想在官方商店購買

深受廣島人支持的西點店

C BACKEN MOZART 中央通本店

★バッケンモーツアルトちゅうおうどおりほんてん

講究食材的西點店名產是飄散出杏仁香氣的餅乾，包核桃餡的紅葉饅頭等也很暢銷。

MAP附錄③6D-2
☎082-241-0036
時10:30～21:00（週五、六～22:00）休無休
所広島市中区堀川町5-2
交廣電八丁堀電車站步行3分 P無

高格調的商品雲集

B C garden

★シーガーデン

散發出獨特品味的原創商品非常多元，附設的咖啡廳還有供應選手臉孔拉花的卡布奇諾。

無球賽之日	10:00～16:00
夜間球賽舉辦日	11:30～開門時間的30分前（若持有球賽入場券者，可在開門時間～賽後最晚1小時之間入店）
日間球賽舉辦日	開門時間～賽後1小時（僅限持有球賽入場券者）

各式鯉魚隊商品一網打盡

A 馬自達球場正面周邊商品店

★マツダスタジアムしょうめんグッズショップ

從應援商品到日常用品、食品一應俱全的驚人品項，也販賣多款新商品和聯名商品，務必仔細逛逛。

MAP附錄③4F-2
☎082-554-1025
（廣島東洋鯉魚隊 商品販賣部） 休不定休
所広島市南区南蟹屋2-3-1 交JR廣島站步行10分 P限球賽當天1天2000日圓（採最晚1週前的預約制）

讓觀戰
氣氛更熱烈！
應援商品
燙印版球衣
（客場用）
5000日圓 A
只要是鯉魚隊球迷都想擁有一件，鮮豔的鯉魚紅非常吸睛
燙印版球衣
（主場用）
5000日圓 A
白色球衣的正面印有鯉魚隊LOGO的設計！
連帽浴巾
（鯉魚小子）
2620日圓 A
看球賽時能幫你擋下酷熱陽光或冷冽疾風，只要扣上前面的鈕扣便能避免滑落♪
後面可以放感應卡
拆下來還可以當零錢包使用
兩用票夾 A
2000日圓
不但能放球賽入場券，還附帶感應卡夾的方便用品。除了看球賽，也可以活用於日常
TICKET
加油棒
（鯉魚小子）A
700日圓
在球場加油時炒熱氣氛的必備道具！還有多款設計可選擇
高空噴射氣球
（鯉魚）7個裝
500日圓 A
看鯉魚隊球賽的必備物品。7局下就用氣球將球場染成一片火紅
放進去變成這樣
加油棒專用袋
（史萊利）
2000日圓 A
正因為是加油的必備工具，沒有使用的時候更要妥善收納起來
還有多種
聯名商品！
美食系
鯉魚隊馬卡龍 D
（8個裝）2000日圓
使用巧克力草莓和64.5%可可含量的巧克力搭2種巧克力奶油，可常溫保存！
海人的藻鹽 A
鯉鹽 500日圓
手工 F
鯉魚小子（1個）400日圓
使用北海道產紅豆泥做出的練切生菓子是由技藝純熟的師傅手工製作而成
晚需在3天前預約販售
鯉魚隊帽野燕麥 C
餅乾（10片裝）864日圓
以規籠杏仁和野燕麥製作的餅乾。只要用剪刀將外包裝的底部剪開，就會變成一頂可以戴的小帽子
廣島檸檬
與甘夏橘大福 E
420日圓 包入大塊甘夏橘的大福，清爽又有和菓子般的風味
抹茶慕斯的
求肥麻糬 E 420日圓
鯉魚隊
御好燒 A
1080日圓
可以在家重現廣島名菜的御好燒完整套包，附送鯉魚隊貼紙
Hiroshima
広島風 材料セット
お好み焼

如果想買鯉魚隊的主題商品

技巧熟練的師傅以手工製作

F 天光堂

★てんこうどう

推出上生菓子到和洋菓子等多種甜品，招牌商品有創業當年傳承至今的「淺野四十二萬石」和季節限定的草莓大福等。

MAP附錄③8E-2

☎082-241-2532

L 8:00～19:30（週日～19:00） 休無休

所 広島市中区千田町2-11-8 🚃廣電廣電本社前電車站步行即到

P 無

店家就位在馬自達球場的對面

E Patisserie菓凜

★パティスリーかりん

使用雞蛋和牛奶、瀨戶內產檸檬等廣島在地食材製作的蛋糕、烘焙點心獲好評，還可以在2樓內用。

MAP附錄③4F-2

☎082-287-9180

L 9:30～19:30（舉辦夜間球賽時賽後也有營業） 休不定休 所広島市南区南蟹屋2-4-16

🚃JR廣島站步行20分

P 免費

廣受當地人好評的糕餅店&咖啡廳

D MELANGE De SHUHARI 廣島店

★メランジュドゥシュハリひろしまてん

放眼望去都是五顏六色的馬卡龍和甜點的糕餅店，2樓附設咖啡廳，可品嘗鬆餅等。

MAP附錄③7C-2

☎082-249-1404

L 11:00～19:00（販售至20:00） 休不定休

所広島市中区本通8-8

🚃廣電立町電車站步行5分 P 無

陳列出形形色色類型的商品

數不清的鯉魚隊相關景點

來去鯉魚大道GO!

從JR廣島站前往馬自達球場的沿路上也有許多可順道逛逛的景點！想採買鯉魚隊周邊或祈求必勝就來鯉魚大道吧♪

擺滿豐富鯉魚隊周邊的書店

Ⓐフタバ図書 GIGA廣島站前店

★フタバとしょギガひろしまえきまえてん

JR廣島站附近的複合式書店，1樓的鯉魚隊專區網羅文具到日常用品等多款商品。除了必備的應援商品之外，與鯉魚隊聯名的商品和食品等也深受歡迎。

MAP附錄③4E-2
☎082-568-4770
1樓為9:00～22:00（視樓層而異）
休無休 所廣島市南區松原町2-22 交JR廣島站即到
P有合作停車場

迷你四驅車➚廣島東洋鯉魚聯名款 1650日圓

鯉魚大道是這樣的地方

鯉魚隊相關景點雲集的街道

從JR廣島站延伸至馬自達球場，長約800m的通道，沿途有介紹鯉魚隊選手的看板等，每年都會更換內容，讓鯉魚隊球迷百看不厭。整條路也被覆蓋上一片鯉魚紅。

祭祀毛利元就的妹婿友元明

來摸一摸祈求必勝吧

如果想在球賽前祈求必勝

Ⓑ友元神社

★ともももとじんじゃ

建在EKI CITY HIROSHIMA（內頁P.60）戶外露臺的神社。打造成棒球外形的「昇鯉岩」被賦予了勝利的想念，最適合在賽前來祈禱必勝。

MAP附錄③4E-2
☎082-263-8033（松原町內會）
自由參觀 所廣島市南區松原町3 EKI CITY HIROSHIMA 2樓露臺通道 交JR廣島站即到
P使用EKI CITY HIROSHIMA的停車場（30分200日圓）

＼發現鯉魚隊的主題客房！／

廣島智慧飯店

★ひろしまインテリジェントホテル

由於飯店就位在距離馬自達球場步行3分鐘的位置，可以提早脫離賽後的洶湧人潮。鯉魚隊主題客房「鯉魚隊雙床房」等附帶許多特惠的含球賽票券方案備受好評。

☎082-263-7000 MAP附錄③4E-2
IN16:00／OUT10:00 休無休 ¥單人房7200日圓～、雙床房11200日圓～、雙人房10100日圓～ 所廣島市南區東荒神町3-36
交JR廣島站步行7分 P1泊1100日圓

將球場的全景照片印成壁紙的鯉魚隊雙床房

在清一色鯉魚隊的空間盡情享用吳的美食

Ⓒ吳麵屋 鯉魚大道店

★ごめんやカープロードてん

在四處裝飾上鯉魚隊周邊的店內能一嘗吳最出名的冷麵，彈牙的扁麵拌上甜辣醬汁令人食指大動。晚間還可以來點居酒屋菜色。

☎082-262-0881 MAP附錄③4E-2
11:30～翌日2:00（週日、假日～翌日1:00）
休週一午間 所廣島市南區松原町2-14
交JR廣島站步行3分
P無

具備吧檯座及一般桌椅

⬇炸內臟400日圓是絕佳的啤酒良伴

⬆吳冷麵（普通量）830日圓 整年都吃得到的人氣菜色

特別附錄 3 逛街&自駕兜風 廣島Map

哈日情報誌
MAPPLE廣島·宮島
尾道·吳·島波海道

可以拆下使用！

逛街&自駕兜風
廣島Map

CONTENTS

圖例

●景點 ●玩樂 ●美食
●御好燒 ●咖啡廳 ●購物
●住宿 ●溫泉 ●活動

都道府縣廳
市公所
町村役場·政令市區公所
公路休息站
溫泉
神社
寺院
觀景台
滑雪場
海水浴場
賞櫻、賞楓名勝
景點
紀念物

詳細地圖頁 和平紀念公園周邊 附錄③6-7

高速·收費道路
新幹線
國道
JR線
都道府縣道
私鐵線
其他道路
航道

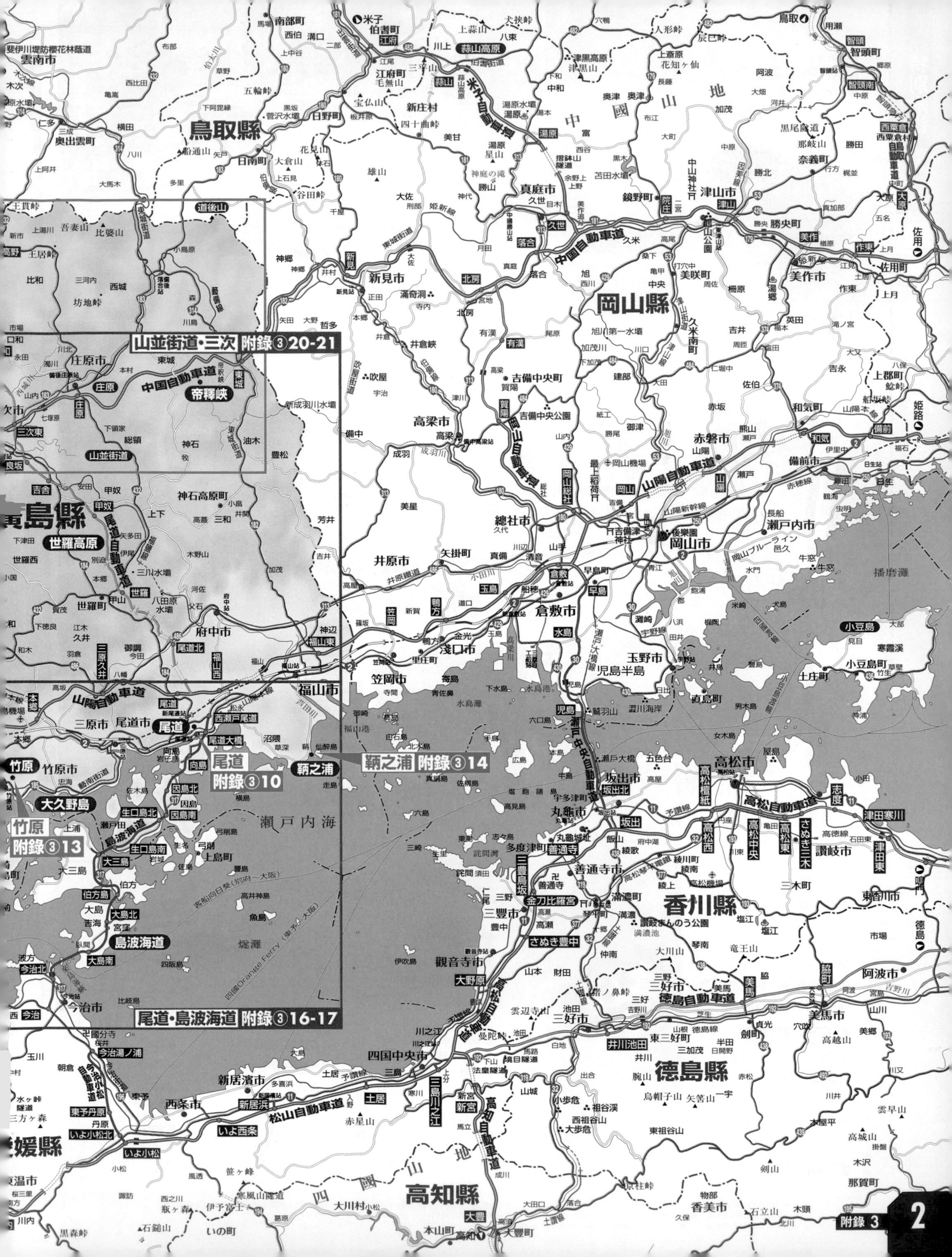

鳥取縣
岡山縣
廣島縣
香川縣
德島縣
高知縣
愛媛縣
中國山地
四國山地
瀨戶內海
播磨灘
燧灘
山並街道·三次 附錄③20-21
鞆之浦 附錄③14
尾道 附錄③10
竹原 附錄③13
尾道·島波海道 附錄③16-17
米子
伯耆町
鳥取
智頭町
日南町
日野町
江府町
新庄村
真庭市
津山市
鏡野町
奈義町
勝央町
美作市
佐用町
新見市
高梁市
吉備中央町
美咲町
久米南町
赤磐市
和氣町
備前市
瀨戶內市
岡山市
總社市
倉敷市
淺口市
笠岡市
井原市
矢掛町
玉野市
里庄町
早島町
直島町
庄原市
三次市
世羅町
府中市
福山市
三原市
尾道市
竹原市
上島町
今治市
西条市
新居濱市
四國中央市
觀音寺市
三豐市
多度津町
善通寺市
丸龜市
坂出市
宇多津町
高松市
綾川町
琴平町
滿濃町
讚岐市
三木町
東香川市
土庄町
小豆島町
阿波市
美馬市
三好市
東三好町
雲南市
奧出雲町
中國自動車道
山陽自動車道
岡山自動車道
米子自動車道
瀨戶中央自動車道
高松自動車道
德島自動車道
松山自動車道
高知自動車道
尾道自動車道
鳥取自動車道
島波海道
小豆島
兒島半島
大久野島
大三島
大島
伯方島
生口島
因島
向島
帝釋峽
後樂園
岡山機場
高松機場
金刀比羅宮
姬路
鳴門
德島
佐用
附錄 3
2

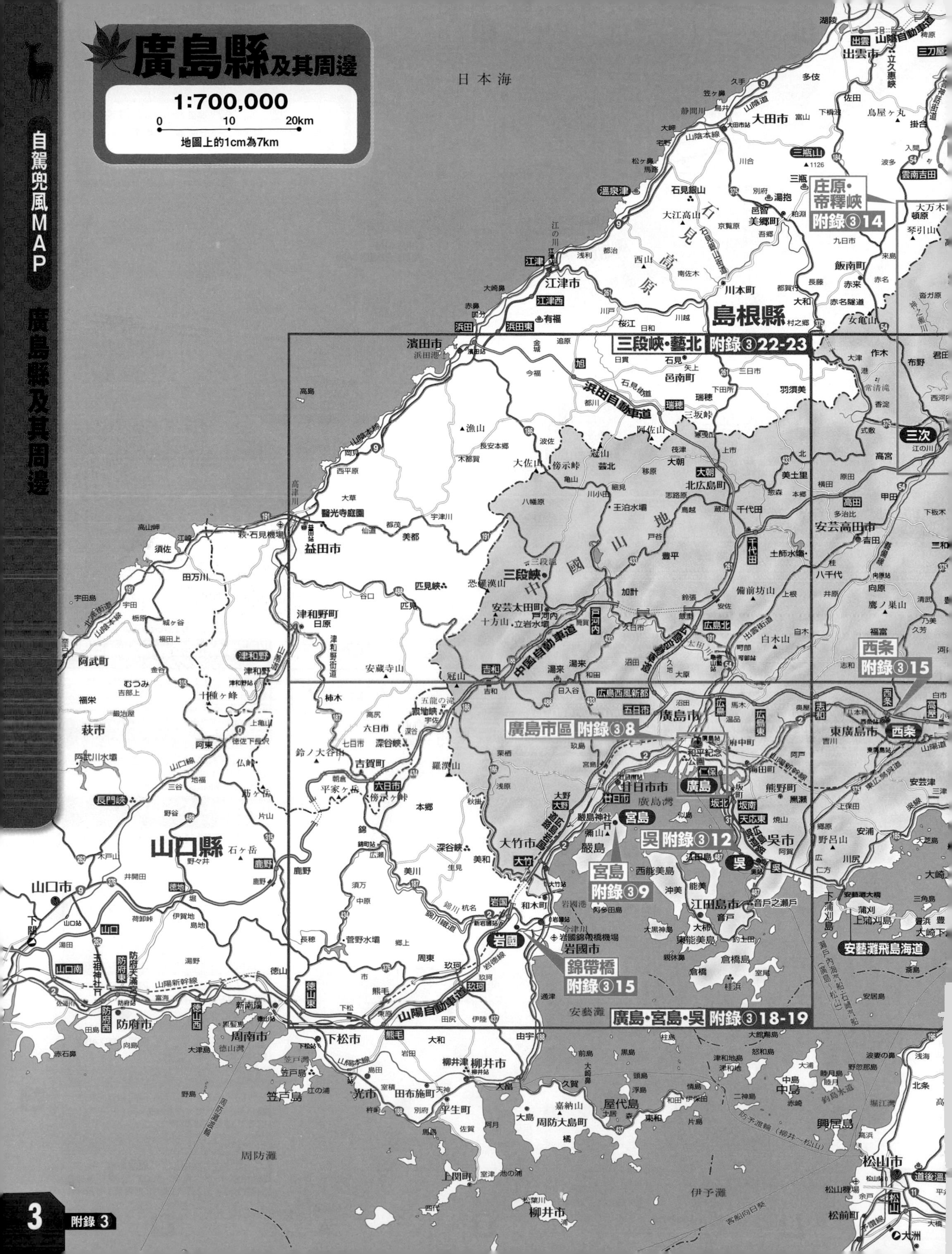
廣島縣及其周邊
1:700,000
0 10 20km
地圖上的1cm為7km
自駕兜風MAP
廣島縣及其周邊
日本海
島根縣
山口縣
庄原・帝釋峽 附錄③14
三段峽・藝北 附錄③22-23
西条 附錄③15
廣島市區 附錄③8
吳 附錄③12
宮島 附錄③9
錦帶橋 附錄③15
廣島・宮島・吳 附錄③18-19
安藝灘飛島海道
中國自動車道
山陽自動車道
濱田自動車道
出雲市
大田市
江津市
濱田市
益田市
津和野町
萩市
阿武町
山口市
防府市
周南市
下松市
光市
柳井市
岩國市
大竹市
廿日市市
廣島市
東廣島市
吳市
江田島市
安芸高田市
北広島町
安芸太田町
三次
松山市
三段峽
中國山地
石見高原
廣島灣
安藝灘
周防灘
伊予灘

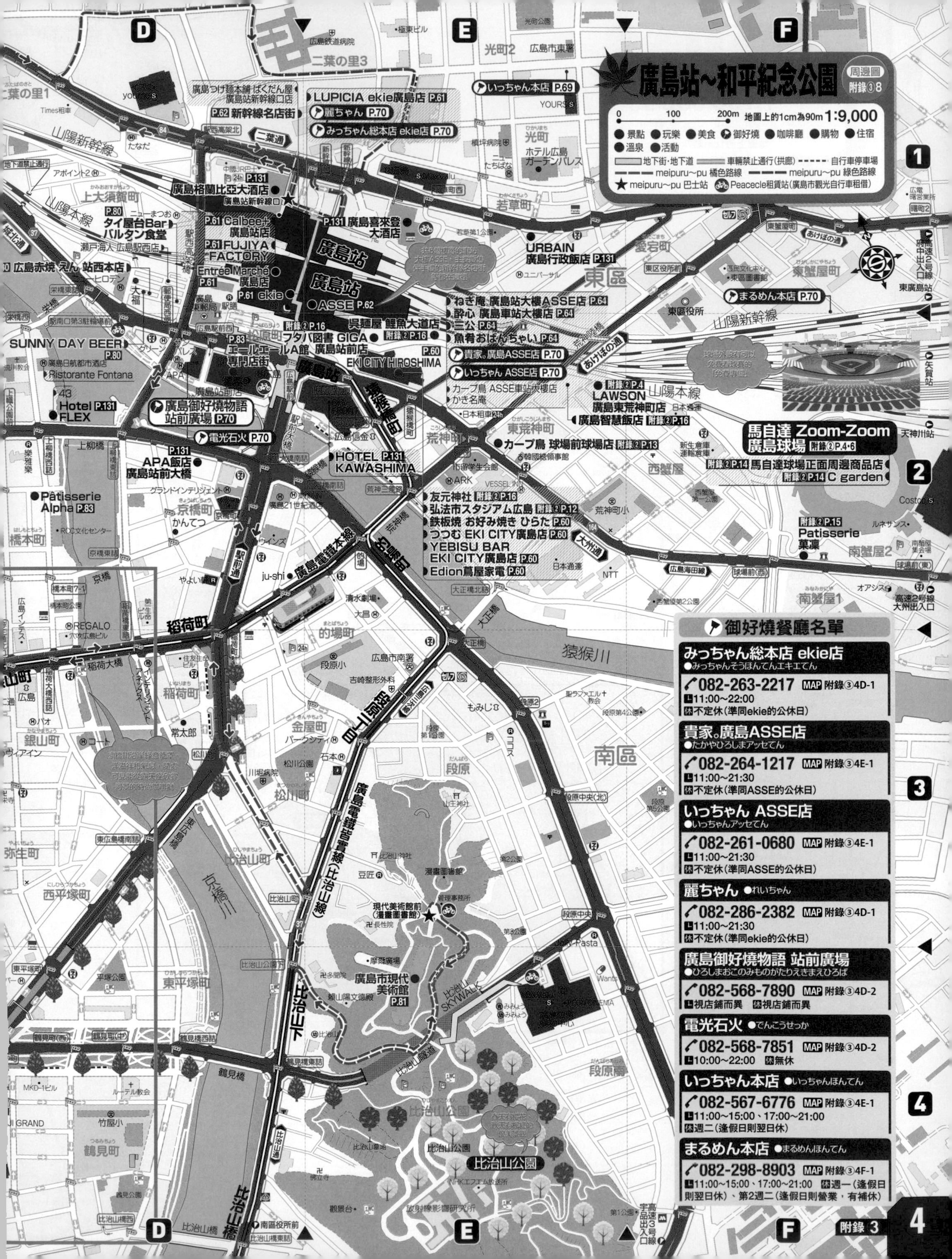

廣島站~和平紀念公園
周邊圖
附錄③8
0 100 200m
地圖上的1cm為90m 1:9,000
景點 玩樂 美食 御好燒 咖啡廳 購物 住宿
溫泉 活動
地下街·地下道 車輛禁止通行(拱廊) 自行車停車場
meipuru~pu 橘色路線 meipuru~pu 綠色路線
meipuru~pu 巴士站 Peacecle租賃站(廣島市觀光自行車租借)
LUPICIA ekie廣島店 P.61
麗ちゃん P.70
みっちゃん総本店 ekie店 P.70
いっちゃん本店 P.69
新幹線名店街 P.62
廣島格蘭比亞大酒店 P.131
廣島喜來登大酒店 P.131
URBAIN廣島行政飯店 P.131
タイ屋台Bar バルタン食堂 P.80
Calbee+ 廣島站店 P.61
FUJIYA FACTORY P.61
Entrée Marché 廣島店 P.61
ekie P.61
ASSE P.62
廣島站
廣島赤焼 えん 站西本店
SUNNY DAY BEER
Ristorante Fontana P.80
フタバ図書 GIGA P.83
エールエールA館 專門店街
呉麺屋 鯉魚大道店 附錄②P.16
魚肴おばんちゃい P.64
ねぎ庵 廣島站大樓ASSE店 P.64
酔心 廣島車站大樓店 P.64
三公 P.64
貴家。廣島ASSE店 P.70
いっちゃん ASSE店 P.70
カーブ鳥 ASSE車站大樓店
かき鶴
EKI CITY HIROSHIMA P.60
まるめん本店 P.70
LAWSON 廣島東荒神町店 附錄②P.4
廣島智慧飯店 附錄②P.16
馬自達 Zoom-Zoom 廣島球場 附錄②P.4·6
馬自達球場正面周邊商品店 附錄②P.14
C garden 附錄②P.14
Patisserie 菓凛 附錄②P.15
カープ鳥 球場前球場店 附錄②P.13
友元神社 附錄②P.16
弘法市スタジアム広島 附錄②P.12
鉄板焼 お好み焼き ひらた P.60
つつむ EKI CITY廣島店 P.60
YEBISU BAR EKI CITY廣島店 P.60
Edion 蔦屋家電 P.60
Hotel FLEX P.131
廣島御好燒物語 站前廣場 P.70
電光石火 P.70
APA飯店 廣島站前大橋 P.131
HOTEL KAWASHIMA P.131
Pâtisserie Alpha P.83
ju-shi
廣島市現代美術館 P.81
比治山公園
山陽新幹線
山陽本線
東區
南區
猿猴川
京橋川
廣島電鐵本線
廣島電鐵皆實線(比治山線)
御好燒餐廳名單
みっちゃん総本店 ekie店
●みっちゃんそうほんてんエキエてん
082-263-2217 MAP 附錄③4D-1
11:00~22:00
不定休(準同ekie的公休日)
貴家。廣島ASSE店
●たかやひろしまアッセてん
082-264-1217 MAP 附錄③4E-1
11:00~21:30
不定休(準同ASSE的公休日)
いっちゃん ASSE店
●いっちゃんアッセてん
082-261-0680 MAP 附錄③4E-1
11:00~21:30
不定休(準同ASSE的公休日)
麗ちゃん ●れいちゃん
082-286-2382 MAP 附錄③4D-1
11:00~21:30
不定休(準同ekie的公休日)
廣島御好燒物語 站前廣場
●ひろしまおこのみものがたりえきまえひろば
082-568-7890 MAP 附錄③4D-2
視店鋪而異 視店鋪而異
電光石火 ●でんこうせっか
082-568-7851 MAP 附錄③4D-2
10:00~22:00 無休
いっちゃん本店 ●いっちゃんほんてん
082-567-6776 MAP 附錄③4E-1
11:00~15:00、17:00~21:00
週二(逢假日則翌日休)
まるめん本店 ●まるめんほんてん
082-298-8903 MAP 附錄③4F-1
11:00~15:00、17:00~21:00 週一(逢假日則翌日休)、第2週二(逢假日則營業，有補休)

逛街&詳細MAP
廣島站～和平紀念公園
廣島城
P.81
廣島護國神社
附錄②P.5
二之丸遺跡
天守閣
大本營遺跡
縮景園
P.85
廣島縣立美術館
P.85
廣島中央公園
自由廣場
中區
廣島美術館
P.81
市立中央圖書館
影像文化圖書館
5-Days兒童文化科學館
P.81
廣島綠色競技場（縣立綜合體育館）
小競技場
家庭式泳池
和平紀念公園周邊 附錄③6-7
原爆圓頂館
和平紀念公園
廣島和平紀念資料館
國立廣島原爆死歿者追悼和平紀念館
廣島和平都市紀念碑（原爆死歿者慰靈碑）
祈禱之泉
和平之塔
和平觀音像
和平燈
Caffè Ponte
河川遊覽船碼頭
世界遺產航路（和平公園～宮島）
ANDERSEN HIROSHIMA（總店鋪）
廣島縣廳
本通商店街
花山椒 八丁堀店
P.76
ROUND 1
廣島電鐵本線
廣島電鐵白島線
廣島電鐵宇品線
城北
城北通
城南通
東海田廣島線
白島
家庭裁判所前
縮景園前
女學院前
縣廳前
原爆圓頂館前
紙屋町西
紙屋町東
立町
八丁堀
胡町
本通
袋町
中電前
和平大通
平和大橋
鯉城通
白島通
中央通
吉島通
並木通
地藏通
胡町通
祇園新道
ASTRAM LINE
相生橋
相生通
本川
元安川
舊太田川（本川）
京橋川
本川町
東白島町
西白島町
上八丁堀
八丁堀
鐵砲町
紙屋町
大手町
小町
中島町
加古町
國泰寺町
富士見町
三川町
流川町
堀川町
中町
新天地
胡町
上幟町
幟町
大須賀町
寶町
河原町
堺町1
土橋町
猫屋町
楠木町1
本川町1
本川町3
廣島站
新白島站
裁判所
拘置所
廣島合同廳舍
國稅局
日本銀行
廣島市民病院
NTT
YMCA
PARCO
UNIZO INN
Comfort Inn
Dormy Inn
Weekly Inn
ANA皇冠假日酒店
三井花園
廣島和平公園酒店
廣島女學院高・中
國泰寺高
廣島中央郵局
中國電力
市役所前
國道2號
高速3號線吉島出入口
中廣速4號出入口線
空鞘橋
西平和大橋
平和大橋
可免費進入廣地內，但天守閣須購買門票
入口在南側
A
B
C
4
5
附錄3

御好燒餐廳名單

八昌 ●はっしょう
082-248-1776 MAP 附錄③6E-3
16:00～22:30(週日、假日至～21:00)
休 週一(逢假日則翌日休)、第1、3週二

みっちゃん総本店 八丁堀店 ●みっちゃんそうほんてんはっちょうぼりてん
082-221-5438 MAP 附錄③6D-1
11:00～14:00、17:30～21:00(週六日、假日為11:00～14:30、17:00～21:00) 休 週三

貴家。地藏通本店 ●たかやじぞうどおりほんてん
082-242-1717 MAP 附錄③6D-4
11:30～14:30、17:00～23:00
休 週二、第1週一(逢假日則營業)

がんすけ
082-569-8899 MAP 附錄③6D-2
11:30～14:30、17:30～22:30 休 第2、4週三

越田 ●こしだ
082-241-7508 MAP 附錄③6E-3
18:00～翌日3:00 休 週日(逢假日前一日則翌日休)

元祖へんくつや総本店 ●がんそへんくつやそうほんてん
082-242-8918 MAP 附錄③6D-2
11:00～翌日2:30 休 不定休

五ェ門 胡町店 ●ごえもんえびすちょうてん
082-249-8089 MAP 附錄③6E-2
11:30～14:00、17:00～翌2:30(週日、假日晚間～23:30) 休 不定休

八紘 ●はっこう
082-242-4330 MAP 附錄③6E-2
17:30～24:00 休 不定休

御好燒共和國 廣島村 ●おこのみきょうわこくひろしまむら
082-243-1661 MAP 附錄③6D-2
視店鋪而異 休 視店鋪而異

おこのみ魂 悟空 ●おこのみだましいごくう
082-224-5901 MAP 附錄③6D-1
11:00～14:00、17:00～22:00 休 週日、假日

こひなた
082-246-7054 MAP 附錄③7B-4
11:30～14:00、17:30～23:00(週日、假日晚間～22:00) 休 週一

鉄ぱん屋 弁兵衛 八丁堀店 ●てっぱんやべんべえはっちょうぼりてん
082-227-2900 MAP 附錄③6D-1
11:00～14:00、17:00～23:00 休 無休

お好み焼 長田屋 ●おこのみやき ながたや
082-247-0787 MAP 附錄③7B-2
11:00～20:30 休 週二、第4週三

ちんちくりん薬研堀本店 ●ちんちくりんやげんぼりほんてん
082-240-8222 MAP 附錄③6E-3
17:00～翌日1:30 休 週二

本家うずしお ●ほんけうずしお
082-245-0117 MAP 附錄③7B-2
10:00～22:30 休 無休

御好燒村 ●おこのみむら
082-241-2210 MAP 附錄③6D-2
視店鋪而異
休 視店鋪而異

逛街&詳細MAP
和平紀念公園周邊
和平紀念公園周邊
周邊圖 附錄③4-5
地圖上的1cm為50m 1:5,000
0 50 100m
景點 玩樂 美食 御好燒 咖啡廳 購物 住宿
溫泉 活動
地下街·地下道 車輛禁止通行
A
B
C
舊太田川(本川)
パレス21
中川產婦人科
本川町(2)
十日市町
青少年センター
PL教団
前廣島市民球場跡地
商工会議所
相生橋東詰
原爆ドーム前
大手町1
広島中央郵便局前
相生橋
廣島電鐵本線
原爆圓頂館前
相生橋西詰
本川小学校平和資料館
本川小
原爆圓頂館
P.54
和平紀念公園
P.52
P.53 和平紀念儀式
P.55 國立廣島原爆死殁者追悼和平祈念館
P.56 廣島和平紀念資料館
和平寄語燈籠放流
P.50
P.13 世界遺產航路
Hiroshima River Cruise「パールン」
P.82 雁木水上計程車
原爆之子像
供養塔
和平鐘
和平鐘塔
和平燈
和平鐘音像
休息處
廣島國際會議場
祈禱之泉
和平之塔
廣島鮮花節
本川橋
本川橋西詰
猫屋町
堺町(1)
舊太田川(本川)
西廣島
西平和大橋
西平和大橋東詰
平和公園前
平和大橋西詰
平和大橋
平和大橋東詰
平和紀念公園
元安川
元安橋
元安橋東
河川遊覧船碼頭
お好み焼 長田屋 P.71
P.58 Caffè Ponte
かき船かなわ P.74
P.75 広島名産料理 えこ晶房
麺屋ラーメン本通り西店
本家うずしお P.71
月あかり P.59
茶の環本店 P.83
P.130 廣島麗嘉皇家酒店
Lulu
Pacela
NTT通信センタービル
基町
SOGO新館
広島バスセンター
廣島巴士中心
県庁前
みっちゃん総本店 雅 SOGO廣島店
ワッフル株 kunugi
SOGO廣島店（本館・新館）
廣島中郵局
ホテルメルパルク広島
紙屋町西
紙屋町東
紙屋町
県庁前
ASTRAM LINE
54
廣島城
廣島縣廳
農林庁舎
税務庁舎
お好み焼きよっちゃん
プライム紙屋町
相生通
紙鶴塔 P.57
握手カフェ P.58
広島の宿 相生
徳兵衛 紙屋町店
Edion 本店新館
Edion 本店
みずほ
大手町(1)
松屋
西向寺
島外科
縣民文化中心
鯉城会館
P.85 広島筆センター
紙屋町(2)
ANDERSEN HIROSHIMA 紙屋町 P.58
SUNMALL
本通り
youme
Sofmap(建設中)
紙屋町2
本通
本通
Shareo
トランヴェールビルディング
MIDビル
伊予
立町
広島本店
三井住友
P.59 長崎屋
P.58 コオリヤユキボウシ
錦菜家 味菜 附錄② P.12
紙屋町(1)
ひろしま国際ホテル
酒菜 竹のした
フランス菓子 サバラン
附錄②P.5 黒田博樹投手紀念碑
本通商店街
コロッケ倶楽部
かき小屋 豊丸水産
三菱UFJ
ひろしま夢ぷらざ
MELANGE De SHUHARI
附錄②P.15 廣島店
広島市信組本店
YOURS
広島オイスターバー MABUI 袋町店 P.75
P.59 monokoto store
商工中金
銀行協会
大手町(2)
冷めん家 大手町店 P.77
第一公園
Tanemaki
ちんちくりん大手町店
山暖 P.82
P.130 廣島和平公園酒店
和平公園前
弁兵衛
鉄ぱん屋 大手町店
福岡
明治安田生命ビル
税理士会館
袋町4-24
廣島市
袋町
袋町小
袋町小学校平和資料館
AIDA with CAFE
山口
賴山陽史跡資料館 P.81
合人社ウェンディひと·まちプラザ
前日本銀行廣島支店
袋町
広島国際学院大袋町キャンパス
水産会館
NHK放送センタービル
鯉城通
三栄ビル
Panasonic
P.79 鉄板焼太閤
鹿島
広島テレビ
住友生命ビル
ニッセイビル
ホテル法華クラブ広島
ANA皇冠假日酒店 廣島 P.130
白神社
ポレスター広島
広島グリーンビル
広島クリスタルプラザ
平和大通
NHK前
白神社前
白神社東
放送会館前
SRビル
カローラ
ニッセイ平和公園ビル
土谷総合病院
ネッツ
RISTORANTE MARIO P.59
廣島煖路都大飯店 P.130
VIALE
こひなた P.71
東亜地所
Dormy Inn 廣島 P.130
Comfort Inn
鳥取
小町郵局
第2有楽ビル
WILD MAN BAGEL
中島町
浄圓寺
善福寺
中島
P.76 汁なし担担麺専門 キング軒 大手町本店
隆向寺
中電前
中国電力
1号館
2号館
3号館
白神社(南)
小町
Weekly Inn
中電病院
大手町(3)
広島パークビル
Comfort
おおうち病院
PET検診センター
大手町第二公園
ゆりかご
廣島電鐵宇品線
廣島大和ROYNET飯店
パスク
郵便局(北)
廣島中央郵局
中央
西高
広島国泰寺高
国泰寺町(1)
廣島港
4
7
附錄 3

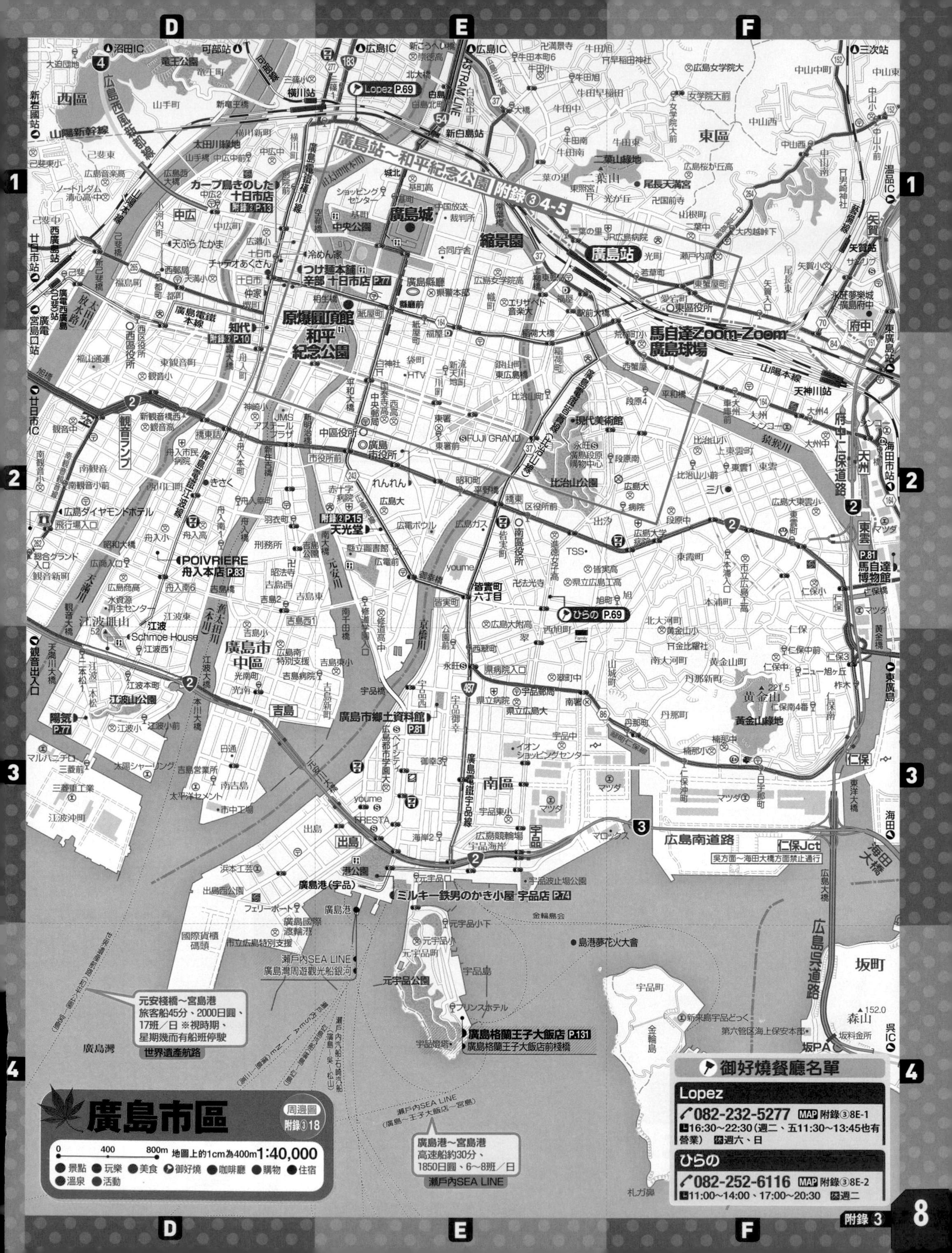

廣島市區
周邊圖 附錄③18
0 400 800m 地圖上的1cm為400m 1:40,000
景點 玩樂 美食 御好燒 咖啡廳 購物 住宿 溫泉 活動
廣島站～和平紀念公園 附錄③4-5
廣島城
原爆圓頂館
和平紀念公園
縮景園
廣島站
馬自達Zoom-Zoom廣島球場
廣島縣廳
廣島市役所
現代美術館
比治山公園
廣島市鄉土資料館 P.81
馬自達博物館 P.81
黃金山綠地
江波山公園
元宇品公園
廣島港（宇品）
廣島格蘭王子大飯店 P.131
廣島格蘭王子大飯店前棧橋
ミルキー鉄男のかき小屋 宇品店 P.74
カープ鳥きのした 十日市店 附錄②P.13
つけ麺本舗 辛部 十日市店 P.77
知代 附錄②P.10
天光堂 附錄②P.15
POIVRIERE 舟入本店 P.83
陽氣 P.77
Lopez P.69
ひらの P.69
西區
中區
東區
南區
廣島市中區
元安棧橋～宮島港
旅客船45分、2000日圓、17班／日 ※視時期、星期幾而有船班停駛
世界遺產航路
廣島港～宮島港
高速船約30分、1850日圓、6～8班／日
瀨戶內SEA LINE
廣島南道路
仁保Jct
吳方面～海田大橋方面禁止通行
廣島灣
御好燒餐廳名單
Lopez
082-232-5277 MAP 附錄③8E-1
16:30～22:30（週二、五11:30～13:45也有營業） 休週六、日
ひらの
082-252-6116 MAP 附錄③8E-2
11:00～14:00、17:00～20:30 休週二

逛街&詳細MAP
廣島市區／宮島
宮島口
周邊圖 下圖
0 50 100m 1:6,500
古今果 P.48
伊都岐珈琲factory P.48
PADRE MADRE
宮島口もみじ本陣 P.49
P.48 レンタルきもの みやじま小町
川原 厳栄堂 P.49
おきな堂 P.49
P.49 高津堂
任助親王墓
Simple Stay 宮島
大伸堂
宮島珊瑚飯店
中丸クリニック
望厳荘
うえの P.38
懐石料理 他人吉 P.38
epilo P.49
廿日市市
更地分れ
岩國
地藏ヶ鼻
JR渡輪碼頭
松大汽船 渡輪碼頭
搭乘處
宮島口站
廣電宮島口站
廣島電鐵宮島線
山陽本線
宮島周邊
周邊圖 附錄③18
0 600m 1:60,000
宮島口站
廣電宮島口站
宮島口 上圖
島田水産
安芸グランドホテル
AQUA NET HIROSHIMA
廿日市市
大元公園
宮島 右圖
包浦
長浜コーポ
宮島中小
世界遺産航路
屋形船
瀬戸内SEA LINE
廣島灣周遊觀光船銀河
嚴島港
宮島第三棧橋
松大汽船 棧橋
松大船渡輪碼頭
JR棧橋
宮島棧橋
長浜
長濱神社
胡町
宮島ゲストハウス鹿庭荘 P.129
宮島傳統產業會館 P.47
P.19 宮島渡輪碼頭
宮島別荘 酒店 P.17
okeiko japan P.47 宮島
P.36 厳島BARL 厳齋
港町
みなと隧道
浜之町
新町
BIG SET 宮島本店
今伊勢神社
存光寺
宮尾城跡
旅館 さくらや
P.17 天扇
背包旅館菊川 P.129
北之町 厳妹屋 P.129
伊勢町
不動堂
上西連町
宮離宮酒店
NTT 電話交換所
西連集会所
宮島誠飯店
蔵宿いろは
表參道 下圖
宮島郵局
宮島市民中心
宮島工芸製作所
寶壽院
下西連町
錦水館
三栗屋 P.45
LiVEMAX度假村 安藝宮島 P.17
佐々木文具店 P.44
魚之棚町
CAFE HAYASHIYA P.17
北之神社
幸町東浜
広島信金
桜町
P.27 櫓櫂船
御笠濱
酒と器 久保田
P.43 坂本菓子舗
ぎゃらりい宮郷 P.47
幸町西浜
旅荘かわぐち
P.31 豐國神社 (千疊閣)
P.26 大鳥居
P.31 五重塔
P.31 塔之岡茶屋
牡蠣祝 P.32
P.33 伊都岐珈琲
saravati P.33
光明院
荒胡子神社
芝居茶寮 水羽 P.36
天心閣 P.32
三翁神社
廿日市市 宮島町
大町
谷ケ原園地
P.47 清盛神社
北大西町
紅葉谷川
嚴島神社 P.20
Café Lente P.32
社務所
宮島署
有本宮島大酒店 P.128
P.47 廿日市市宮島歴史民俗資料館
天冨良 津久根島 宮島店 P.39
P.129 旅彩のお宿 水羽荘
P.46 宮島水族館
大願寺 P.30
寶物收藏庫
經塚(清盛塚)
西大西町
水族館
平清盛館
金刃比羅神社
岩惣 P.128
南町
玉氷 P.33
岩村もみじ屋 P.42
海上獨木舟 (集合地點,宮島町家「すみれぐさ」)
山代屋
平野屋
P.31 紅葉谷公園
岩惣
嚴島神社寶物館 P.30
宮島帆布 P.44
瀬戸内グリル じぱんぐ
みやじま紅葉の賀 P.46
國民宿舍 みやじま杜の宿
旅館聚景荘
遊離里茶屋
菊乃家 P.129
紅葉谷川
中尾橋
ふじたや P.39
山村茶屋
四宮神社
もみぢ荘
棚守屋敷跡
上卿屋敷
紅葉谷橋
紅葉谷
大聖院
宮島四季の宿 わたなべ
P.33 お寺カフェ 六角茶房
P.30 大本山 大聖院
白糸川
摩尼殿
勅願堂
仁王門
宮島空中纜車 P.29
彌山
宮島
周邊圖 上圖
0 50 100m 1:6,500
地圖上的1cm為65m
景點 玩樂 美食 咖啡廳 購物
住宿 溫泉 活動
P.34 焼がきのはやし
P.39 いな忠
P.40 紅葉堂 弐番屋
P.35·45 牡蠣屋
P.43 菓子処きむら
P.37·41 沖野水産
P.45 喫茶しま
P.37 かきふくまる
P.42·45·46 やまだ屋 宮島本店
宮島手づくり工房
さんわお屋
宮島店
みせん
P.43 七浦堂
島飯 緑 P.17
牡蠣屋のモヒート
P.45 ぼっちり 宮島店
P.43 觀光中心 鳥居屋
P.44 杓子の家
小林一松堂
古今果anco P.40
勝井 呉服店
P.41 gelateria BACCANO
タムカイマ P.47
宮島醤油屋 P.45 本店
PrimeVerE
石ころ館 宮島
宮島珈琲 P.33
P.36 岩むら
P.41 三遊姫
博多屋
P.40 民芸藤井屋 P.44
P.47
中屋玉仙堂
藤い屋 宮島本店 P.42·45
表參道商店街
info. 表參道
みやじま食堂
P.39 お食事処 梅山
くらわんか P.36
錦水館 P.128
錦本舗 P.40
まめたぬき P.47
P.39·41 あなごめし 花菱
べったら ぼったら本舗
蔵宿いろは P.128
zakkaひぐらし P.44
カフェ&ダイニング yoimosezu
津田屋 P.47
宮離宮酒店
木村家本店 P.42
ミヤトヨ本店 P.42
表參道 1:3,000
MIYAJIMA BREWERY P.16·41·45
星巴克咖啡
P.17 嚴島表參道店
二位殿燈籠
A B C
1 2 3 4

走訪尾道
島波海道
自行車租借
可以在尾道港（站前港灣停車場）出租站（附錄③11A-3）等設置於島波海道沿路上的13處自行車出租站租車，所有出租站皆能異地還車（電動輔助自行車及協力車除外）
D
E
F
1
2
3
4
新尾道站
長江(2)
尾道南高
南高下
長江公民館
西国寺裏参道
三重塔
西國寺
大師堂
いきいきサロン久保
長江小下
長江郵局
長江小
護國神社
金堂
金剛院
金毘羅大權現
西久保町
持善院
藤田医院
長江1
長江(1)
仁王門
丸山
NTT電話交換所
齒科医師会館
御袖天滿宮
尾道東高
大山寺
日限地藏尊
東高前
善勝寺
尾道燈祭
千光寺 P.88
Café SAKA Bar
金山彥神社
妙宣寺
艮神社
猫之細道 P.90
Le chat P.90
梟の館 P.91
招財貓美術館in尾道 P.90
尾道ハーブ庭園ブーケ・ダルフル P.91
尾道藝術館
天寧寺坂
文學紀念室 P.89
千光寺道 P.89
天寧寺海雲塔 P.89
昇福亭
千光寺新道
信行寺
八幡宮
福善寺
吉田歯科
久保小
山脇神社
常稱寺
淨泉寺
正念寺
西郷寺
茶房こもん
galletterie COMMON
長江口
山陽本線
楽天地入口
スミレ
東久保町
尾道久保町郵便局前
笠井病院
西國寺下
久保郵局
尊光寺
防地口
市立中央圖書館
吉田邸
海德寺
能野神社
長江口千光寺下
尾道みなと館
蔵鮨
昇福亭 長江店
鶴屋
風鈴横丁 P.90
島ごころSETODA 尾道長江店 P.92
いわべえ P.94
朱華園 P.94
Beeio P.90
尾道絵のまち館
ニャンドー P.92
山本の餅屋 P.92
久保(1)
久保(2)
八坂神社
宮野歯科
防地口
るり
千光寺踏切下
信行寺平交道
あくびカフェー P.95
工房尾道帆布 P.92
土堂(2)
尾道ええもんや P.92
浜の小路
十四日元町
西山本館
麺や雑兵
尾道歴史博物館
長谷川産婦人科
市教育会館
アーク尾道
筒湯地藏堂
淨土寺庭園
金藏大明神
久保(3)
市立大學美術館
淨土寺
高野大明神
海龍寺
多寶塔
尾道郵局
sora studio&gallery P.93
やまねこカフェ P.95
尾道電影資料館
市民會館
芝守稲生神社
広島
渡場通り
海岸通
つたふじ P.94
市役所前
尾道市役所
商工会議所前
住吉神社
尾道皇家酒店
久保ポンプ場
公会堂(東)
久保3
松本病院
漁協
胡神社
淨土寺下
福山站
北前亭
しまなみ
商工会議所
市營久保停車場
紅色棧橋
中央棧橋
尾道渡船渡輪碼頭
尾道渡船 P.96
福山
尾道港
尾道渡船
尾道渡船渡輪碼頭
大元莊
日立造船
木曽造船
兼吉
電影《明天》拍攝佈景 P.96
三ツ石城跡
丸善製薬
神原造船
三谷製作所
最上稲荷社
西瀨戶尾道IC
兼吉(2)
丸善製薬分析センター
向島
瀨戶內島波海道
三平工作所
丸善製薬
江鄉川
向島IC
國道317號
附錄③
10

尾道

周邊圖 附錄③16

0 50 100m 地圖上的1cm為65m 1:6,500

●景點 ●玩樂 ●美食 ●咖啡廳 ●購物 ●住宿 ●溫泉 ●活動

瀬戸內遊輪
尾道港～瀬戸田港
客船40分、1050日圓
7～8班／日

尾道IC
妙見神社
潮見会館
弘田内科
妙見橋
妙見橋東詰
妙見
栗原本通り
堂ヶ迫入口
千光寺ドライブウェイ
新和尾道プラッツ
黒瀬電機
グランドール
典礼会館
いきいきサロン栗原
千光寺コース
海技学院
海技学院前
栗原東(1)
潮見町
観とう橋
観とう橋東詰
中田美術館
なかた美術館前
栗原1
郵政
めいび
グラウンド前
かおり館
尾道市
千光寺公園
千光寺公園
184
カトリック教会
清心
栗原西(1)
清心幼稚園前
操場
勤勞青少年之家
八畳岩
P.88 文學小徑
変電所
栗原郵局
WINスポーツクラブ
市勤勞者體育中心
千光寺公園山頂賣店
尾道菊花展
日比崎小
日比小前
ひまわり
濟法寺
日比崎
日小橋
日小橋東詰
日比崎公民館
青松寺
市民游泳池
P.88 千光寺公園瞭望台
稲荷大明神
キタムラ
尾道市立美術館
山頂
P.88 千光寺山空中纜車
栗原川
天満町(北)
文學小徑
天満町
永旺
イオン前
鼓岩（碰碰岩）
千光寺山荘
Edion
三軒家町
西土堂町
サーバス
森本医院
吉源酒造場
東土堂町
尾道城
尾道聖山景觀酒店
P.89 ネコノテパン工場
中国文通
広島ガス
グランドール
若宮神社
文學之路
グランドール尾道
Gaudi House
元吉祥寺奧之院
P.89 志賀直哉舊居
持光寺
土堂児童公園
光明寺
AIR CAFE
光明寺會館
宝土寺
土堂小
尾道鬼神祭
三原站
天満町
三軒家アパートメント
東御所
踏切前
稲荷大明神
土堂小下東側
創作ジャム工房おのみち
Chai Salon Dragon P.93
一宮神社
山陽本線
うずしお橋
三原
アルファーワン
尾道站
長江口
西御所町
西御所郵局
西御所(西)
山口
本州四国連絡高速道路
福屋
島波郵局
2
P.95 甘味処 ととあん
ゆーゆー P.93
本通商店街
めん みや
鍋島内科
西御所町
岡本ビル
西御所町(中)
岡本所
西御所町(東)
広島
しまなみ交流館
尾道緑山酒店
P.93 おやつと やまねこ
てっぱんや じぐざぐ
鯛と魚料理 保広 P.95
三井住友
愛媛
パン屋航路
尾道商業會議所紀念館
藤井製帽 小売部
土堂(1)
尾道第一酒店
東御所町
中国
尾道駅前
たまがんぞう
福本渡船 渡輪碼頭
美術館前
おのみち海辺の
桂馬蒲鉾商店
せと珍味
タやけカフェ ドーナツ
からさわ P.93
P.100 尾道港(站前港灣停車場) 出租站
尾道駅前
尾道港祭
こめどこ食堂 P.95
潮待ち茶屋 花あかり P.95
西御所
P.97 ONOMICHI U2
しまなみ交流館前
尾道ウォーターフロントビル
尾道WHARF P.95
YAMANEKO MILL
島屋 いわぎ家
P.93
往向島渡船碼頭
尾道港 P.100
瀬戸内遊輪(尾道～十四日元町～鞆之浦)
備後商船(尾道～福田～常石)
尾道水道
福本渡船
向島運航
瀬戸内遊輪(瀬戸田～澤～須之上～重井東～新濱～尾道)
福本渡船渡輪棧橋
向島ドッグ
JFE造船加工
岡組
岡組集会所
小歌島公民館

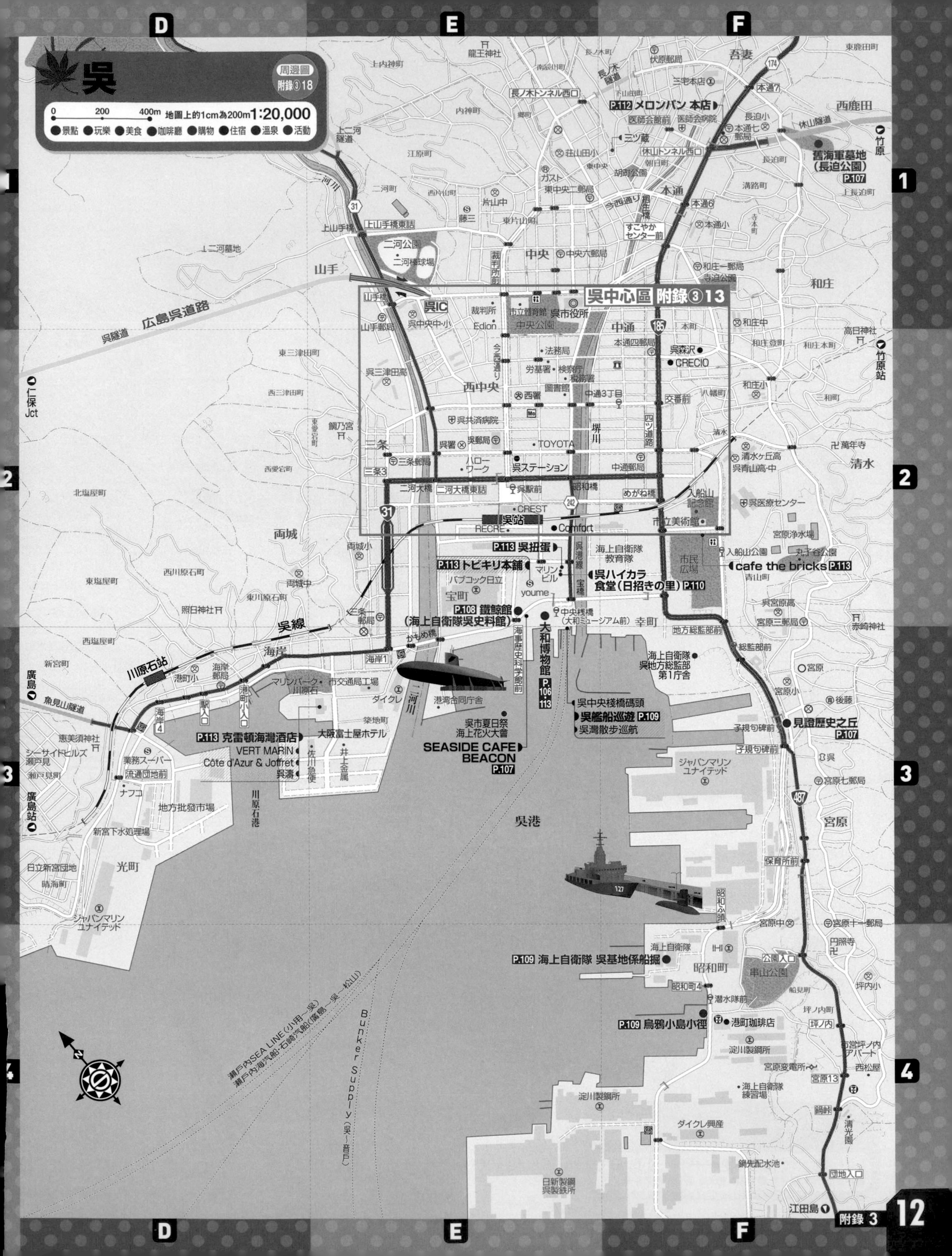

呉
周邊圖
附錄③18
0
200
400m
地圖上的1cm為200m 1:20,000
●景點 ●玩樂 ●美食 ●咖啡廳 ●購物 ●住宿 ●溫泉 ●活動
D
E
F
1
2
3
4
呉中心區 附錄③13
P.112 メロンパン 本店
舊海軍墓地（長迫公園）
P.107
呉IC
広島呉道路
呉站
呉線
川原石站
P.113 呉扭蛋
P.113 トビキリ本舗
P.108 鐵鯨館（海上自衛隊呉史料館）
大和博物館
P.106 113
呉ハイカラ食堂（日招きの里）
P.110
cafe the bricks
P.113
呉艦船巡遊
P.109
呉灣散步巡航
見證歷史之丘
P.107
P.113 克雷頓海灣酒店
VERT MARIN
Côte d'Azur & Joffret
SEASIDE CAFE BEACON
P.107
呉港
P.109 海上自衛隊 呉基地係船掘
P.109 烏鴉小島小徑
港町珈琲店
入船山記念館
市立美術館
呉市役所
中通
西中央
堺川
二河川
宝町
幸町
昭和町
宮原
和庄
清水
本通
吾妻
西鹿田
山手
両城
海岸
光町
二河公園
仁保Jct
廣島
廣島站
竹原
竹原站
江田島
瀬戸內SEA LINE（小用～呉）
瀬戸內海汽船・石崎汽船（廣島～呉～松山）
Bunker Supply（呉～音戶）

吳中心區
周邊圖 附錄③12
地圖上的1cm為85m
1:8,500
仁保Jct
廣島吳道路
吳IC
市營網球場
うどんの一心
中央公園入口
市福祉会館
吳市役所(東)
大央整形外科
吳キリスト教会
體育館前
裁判所前
市立體育館
中央(4)
市役所前
吳市役所北
県営二河住宅
裁判所
合同庁舎
住宅
体育館前
堺川沿岸設有自助式停車場
吳市役所前
煉瓦通
山手郵局
山手橋
吳中央中小
中央乳児
市営公園
西中央(4)
Edion
中央公園
吳市役所
藏本通
吳港祭
弥生橋
中通(4)
本通(4)
本通4
和庄中
中央公園西入口
くれせん
セントラルパーク吳
弥生橋西詰
寺西公園
三津田高体育館
今西通り
古川公園
西中央(3)
田舎洋食 いせ屋
パブリコーポ
本町
大平橋
大平橋東詰
P.111
P.112
福住フライケーキ
赤玉商店
珍來軒
吳森沢ホテル
梶橋
popolo
和庄中入口
法務局西入口
Jシティタワー吳
検察庁吳支部
法務局
労基署
検察庁
かえで橋西詰
エーデルワイス洋菓子店
居酒屋 利根 本店
CRECIO
バルミー
NTTフィールドテクノ
西中央3
中国財務局
イズミ
大和藝廊零
P.107
吳三津田高
西中央(3)
藏本通的路邊攤
岩方公園
中央3
やましたお好み焼き店
広島
和庄公園
山手
山手教会
市営東二河
アンフィニ
水道局
花見橋西詰
花見橋
CREAR
山乃家本店
共済病院看護専門学校
正信寺
富永内科
消防局
吳市西署
市中央圖書館
文化公會堂
本家 鳥好
中通(3)
本通(3)
山中
自由軒
五月橋西詰
多幸膳
本通2交番前
三津田橋西詰
吳共済病院
西消防署前
中央2
ユニオンビル
五月橋
広島信金
山口
吳本店
中国
ルプリドール
三津田橋東詰
西中央(2)
COCOS
P.113
昴珈琲店 吳本店
専徳寺
関白
もみじ
四道路
本通(2)
三条4北
吳共済病院
吳共済病院イーストタワー
中央(2)
小春橋西詰
小春橋
本通第三公園
清水(1)
竹原站
三条(4)
税務署
吳税務署入口
今西公園
博愛病院
一礎
れんが通
本通2
中国電力
吳署
吳郵局
西日本
中央2
中央2
中通(2)
中通2
四ツ道路
西教寺
二河橋西詰
二河橋東詰
吳警察署東側
TOYOTA
堺橋西詰
三条4
吳郵便局前
インドヤ
堺橋
堺川
清水1
明応寺
二河橋
西中央(1)
ステーション
鴎州塾
中央1
吳中通病院
K-CITYプラザ
中通1
四道路
本通(1)
吳YWCA
吳高中山
三条郵局
西六公園
ハローワーク
広島
メガネ21
昭和橋東詰
ロイヤルクリスタル
三条2
TOYOTA租車
二河大橋
二河大橋東詰
昭和橋西詰
中通1西
31
二河大橋西詰
西中央1
吳駅前
吳駅前
KFC
広島ガス
昭和橋
三村松
本通1
青山町
吳線
清水丘住宅
県吳庁舎第1庁舎
県吳庁舎第2庁舎
済生会病院
JA会館
吳阪急
242
中通(1)
マッターホルンリハビリ病院
三島
新栄橋東詰
亀山橋西詰
亀山橋
天明堂
めがね橋
自衛隊
吳線橋北
新栄橋西詰
新栄橋
ヴェルディグランデ
美味旬菜 おぼろ月
吳駅西共同ビル
CREST
P.110
りゅう
Coffee House IL MARE
VIEW PORT KURE
制服のフジ
吳市入船山紀念館
國立病院
眼鏡橋
吳線
ヒマラヤ
吳站
海軍さんの麦酒館
P.110・113
瀬戸内屋台 五十六
HONDA
487
入船山公園
吳市立美術館
海田
川原石站
シティホール
Yellow Hat
大和溫泉物語
Comfort
音戸大橋
竹原
周邊圖 附錄③17
地圖上的1cm為100m
1:10,000
竹原地區傳統建造物群保存地區
JUNTENDO
河内IC
リベルテ
住田屋
大広苑
照蓮寺
市営住宅
集会所
The Casual
吉井公園
県営団地
大創百貨
ガスト
ガリバー
朱輪
新開
胡堂
醸酒用水井
頼惟清舊宅
おかかえ地蔵
竹原まちなみ竹工房
キタムラ
しまむら
本川
竹原西
酒蔵そば処たにざき
修景廣場
竹原市歴史民俗資料館
P.120
メディコ21
山小屋
吉庭会館
本長寺
Fuji竹原
Fuji
SEIWA
Edion
藤井酒造・酒蔵交流館
大賓神社
街道保存中心
上市
地藏前
竹原永楽院
中央
山陽商店船
新開
春風館
復古館
西方寺・普明閣
仙場神社
吉井邸
初代郵局遺跡
長生寺
白寿会館
竹原小前
全家
上新開
かわの医院
本町(3)
ほり川
賀茂川
Wants
琴平神社
竹鶴酒造
竹鶴邸
田ノ浦
竹原中
松阪邸
鹽田邸
地藏堂
竹原小
業務スーパー
裁判所
楠神社
カフェ青
75
田の浦川
朝日橋
432
つぼみ公園
渡達橋
住吉橋
本町(1)
本町1
住吉神社
胡町並み保存地区
たけはら町並み保存地区
三原竹原線
貞光兩神社
竹原
郷賢祠
下新開
秋葉神社
新町
業務用食品スーパー
特養ホームハートフル
JA
宗五郎橋
公路休息站 たけはら
新港橋西詰
新港橋
出雲神社
市保健センター
ふくしの駅
中央(3)
本川北
田ノ浦
村上元吉の墓
竹原市役所北
煉瓦亭
新港橋
本川橋東詰
網球場
HONDA
竹原税務署
中央公園
建設会館
香竹館
本川橋
教育集会所
竹原市
市立體育館
竹原郵便局前
竹原中央
竹原郵局
youme
もみじ
アイフル通り(北)
かまぼこの近末
日本橋東詰
ハローワーク
天野屋
竹原市役所
眼鏡市場
本川通
広島市信組
日本橋
礒宮八幡神社
陣笠
中央3
中央(2)
生協
竹原市体育館前
竹原市役所南
市民館
富貴荘
礒宮八幡
竹原美術館
中央(5)
竹原シティ
本川公園
中央(1)
本川郵局
竹原高
吳
平原建設
福祉会館前
246
グルマン
竹原高前
中尾醸造
ヤマト運輸
生協
中電工
竹原分庁舎前
図書館
福祉会館
プレステージ
竹原駅前
八幡川
竹原大橋
竹原市役所西
竹原港橋
尾三地方森林組合
中電
竹原緑色天空酒店
スポーツクラブ エンジョイ
水野製材所
東山隧道
小僧寿し
藤三
竹原署
トヨペット
ナフコ
空
185
竹原署
三原站
本渡橋
竹原高入口
観光服務處
生協集配センター
扇橋
福幸
中央(4)
芸陽バス
竹原站
三井会館
久保商店
新本渡橋
竹原署
竹原自動車学校
市シルバー人材センター
吳線
港町(1)
吳站
三井金属
三原

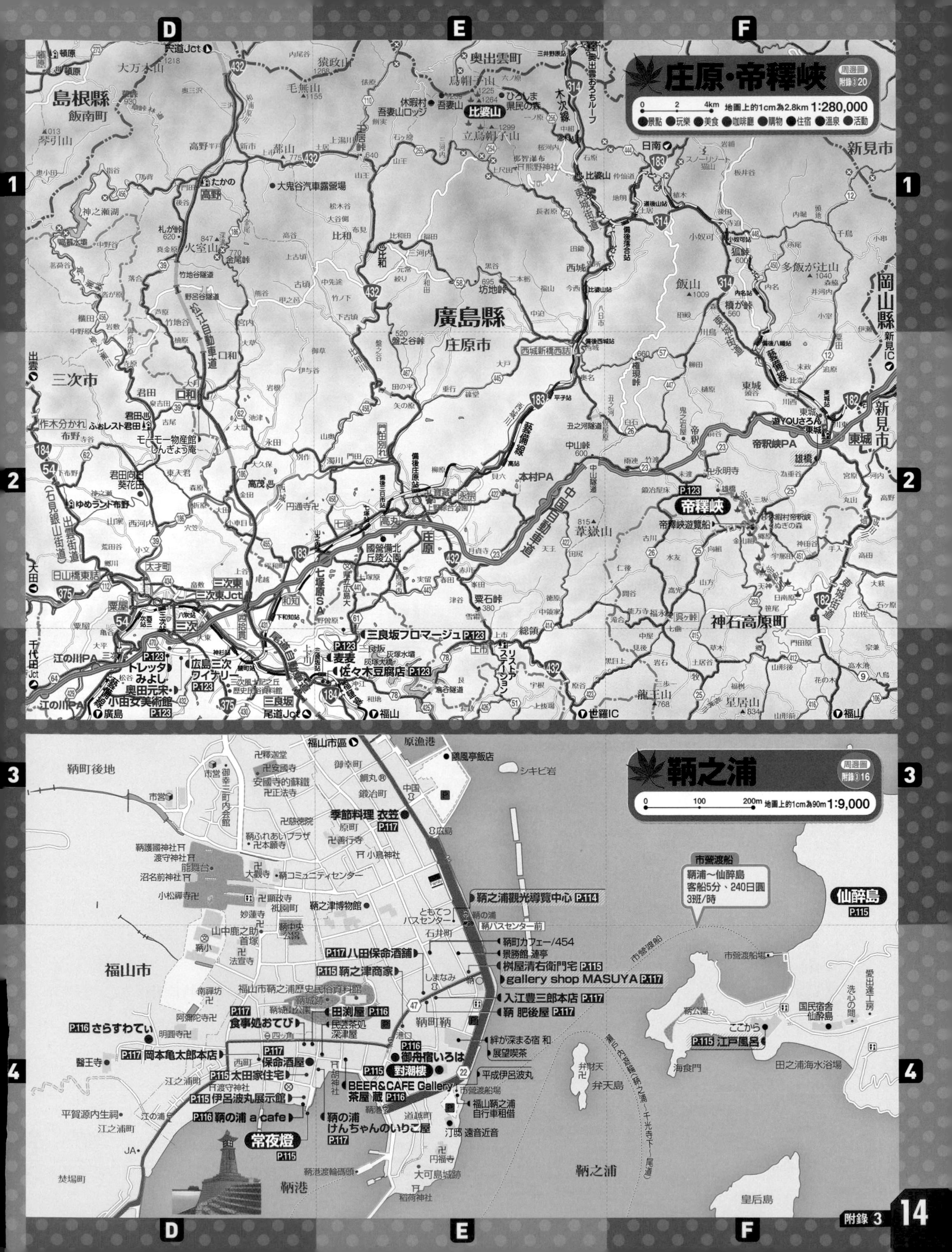

庄原・帝釋峽
周遊圖 附錄③20
地圖上的1cm為2.8km 1:280,000
景點 玩樂 美食 咖啡廳 購物 住宿 溫泉 活動
島根縣
飯南町
奥出雲町
廣島縣
庄原市
三次市
岡山縣
新見市
神石高原町
比婆山
帝釋峽
吾妻山
立烏帽子山
猿政山
毛無山
大万木山
琴引山
火室山
葦嶽山
龍王山
星居山
多飯が辻山
飯山
高野
口和
東城
庄原
高丸
三次
帝釈峡PA
本村PA
七塚原SA
三次東Jct
尾道Jct
三良坂フロマージュ P.123
麦麦 P.123
佐々木豆腐店 P.123
トレッタみよし P.123
広島三次ワイナリー P.123
奥田元宋・小由女美術館 P.123
國營備北丘陵公園
休暇村吾妻山ロッジ
大鬼谷汽車露營場
ふぉレスト君田
モーモー物産館 しんきょう庵
ゆめランド布野
リストアステーション
遊YOUさろん東城
鞆之浦
周遊圖 附錄③16
地圖上的1cm為90m 1:9,000
福山市
仙醉島 P.115
市營渡船
鞆浦～仙醉島
客船5分、240日圓
3班/時
季節料理 衣笠 P.117
鞆之浦觀光導覽中心 P.114
八田保命酒舗 P.117
鞆之津商家 P.115
桝屋清右衛門宅 P.115
gallery shop MASUYA P.117
入江豊三郎本店 P.117
鞆 肥後屋 P.117
田渕屋 P.116
食事処おてび P.117
さらすわてい P.116
岡本亀太郎本店 P.117
保命酒屋 P.117
太田家住宅 P.115
御舟宿いろは P.116
對潮樓 P.115
BEER&CAFE Gallery 茶屋 蔵 P.116
伊呂波丸展示館 P.115
鞆の浦 a cafe P.116
鞆の浦 けんちゃんのいりこ屋 P.117
常夜燈 P.115
江戸風呂 P.115
鞆之津博物館
福山市鞆之浦歷史民俗資料館
鞆城跡
弁天島
皇后島
鞆港

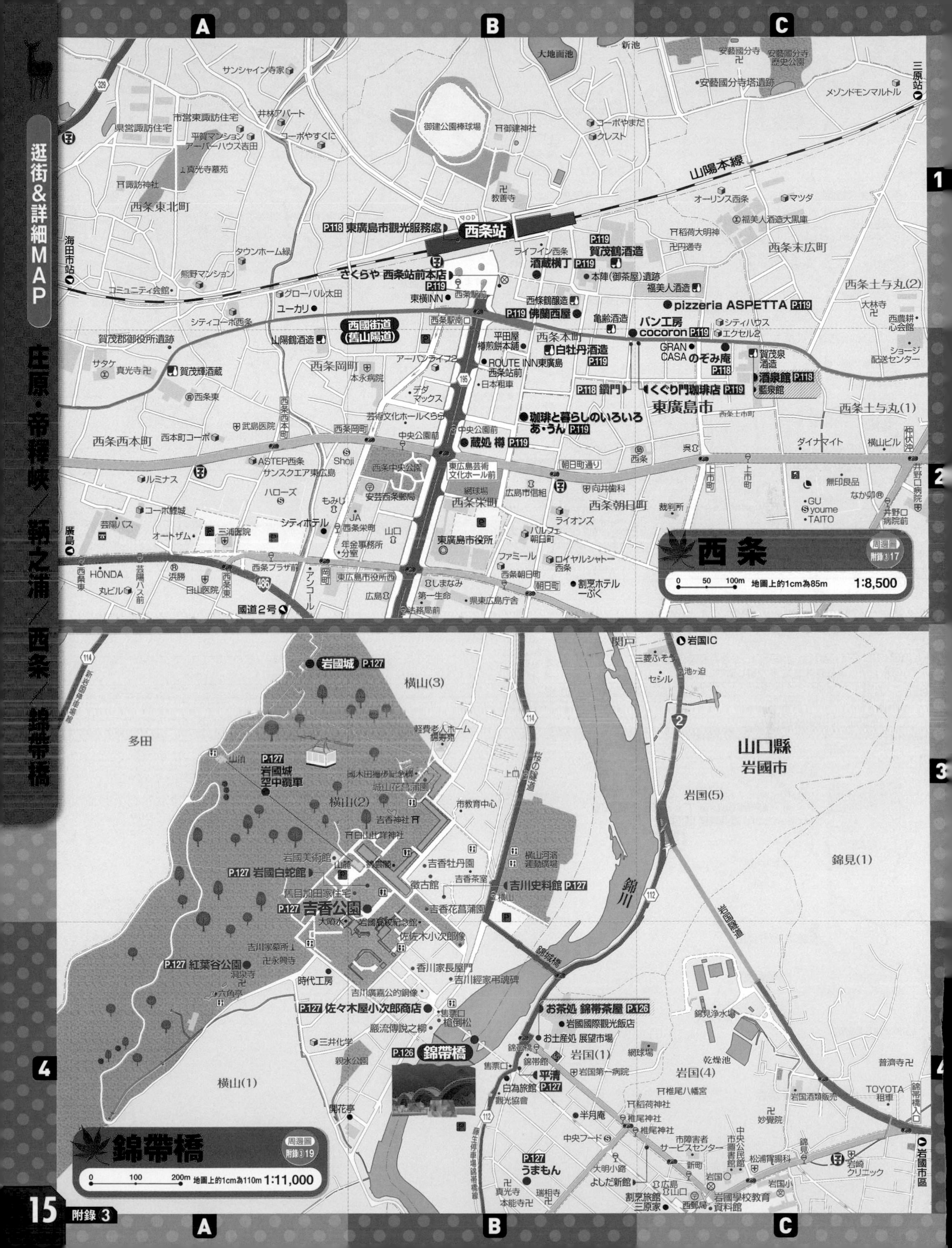

逛街&詳細MAP
庄原・帝釈峽/鞆之浦/西条/錦帯橋
西条
周邊圖 附錄③17
0 50 100m 地圖上的1cm為85m 1:8,500
西条站
P.118 東廣島市觀光服務處
山陽本線
さくらや 西条站前本店 P.119
酒蔵横丁 P.119
P.119 賀茂鶴酒造
本陣(御茶屋)遺跡
福美人酒造
西條鶴醸造
P.119 佛蘭西屋
pizzeria ASPETTA P.119
亀齢酒造
パン工房 cocoron P.119
白牡丹酒造 P.119
GRAN CASA
のぞみ庵 P.118
賀茂泉酒造
酒泉館 P.118
藍泉館
P.118 鏝門
くぐり門珈琲店 P.119
東廣島市
珈琲と暮らしのいろいろ あ・うん P.119
蔵処 樽 P.119
西國街道(舊山陽道)
山陽鶴酒造
賀茂輝酒蔵
賀茂郡御役所門遺跡
西条東北町
西条本町
西条岡町
西条西本町
西条栄町
西条朝日町
西条末広町
西条土与丸(2)
西条土与丸(1)
大地面池
新池
安藝國分寺
安藝國分寺歷史公園
安藝國分寺遺跡
御建公園棒球場
御建神社
教善寺
サンシャイン寺家
井林アパート
市営東諏訪住宅
県営諏訪住宅
平賀マンション アーバーハウス吉田
コーポやすくに
真光寺墓苑
諏訪神社
海田市站
三原站
廣島
タウンホーム緑
熊野マンション
コミュニティ会館
グローバル太田
ユーカリ
シティコーポ西条
東横INN
西条駅前
西条駅南口
ライフイン西条
ROUTE INN東廣島
西条站前
日本補車
平田屋
樽酒餅本舗
本永病院
デタマックス
アーバンライフ2
芸術文化ホールくらら
中央公園前
西条中央公園
東広島芸術文化ホール前
朝日町通り
武島医院
西本町コーポ
ASTEP西条
サンスクエア東広島
ルミナス
ハローズ
コーポ蜂城
芸陽バス
オートザム
三浦医院
シティホテル
安芸西条郵局
西条栄町
年金事務所分室
東廣島市役所
東広島市役所前
西条プラザ前
HONDA
浜勝
丸ビル
日山医院
國道2号
しまなみ
第一生命
県東広島庁舎
広島市信組
ライオンズ
パルフェ朝日町
ファミール
ロイヤルシャトー西条
割烹ホテル一ぷく
朝日町
向井歯科
裁判所
上市町
無印良品
なか卯
GU youme TAITO
井野口病院前
ダイナマイト
横山ビル
オーリンス西条
マツダ
福美人酒造大黒庫
稲荷大明神
円通寺
クレスト
コーポやまだ
メゾンドモンマルトル
大林寺
西農耕心会館
ジョージ配送センター
錦帯橋
周邊圖 附錄③19
0 100 200m 地圖上的1cm為110m 1:11,000
岩國城 P.127
P.127 岩國城空中纜車
横山(3)
横山(2)
横山(1)
多田
軽費老人ホーム錦寿苑
城山花菖蒲園
市教育中心
吉香神社
白山比咩神社
岩国美術館
P.127 岩國白蛇館
吉川史料館 P.127
P.127 吉香公園
岩國徵古館
吉香花菖蒲園
吉川家墓所
永興寺
P.127 紅葉谷公園
洞泉寺
六角亭
時代工房
佐佐木小次郎像
香川家長屋門
吉川經家弔魂碑
吉川廣嘉公的銅像
P.127 佐々木屋小次郎商店
巖流傳說之柳
三井化学
親水公園
P.126 錦帯橋
お茶処 錦帯茶屋 P.126
岩國國際觀光飯店
お土産処 展望市場
岩国(1)
岩国(4)
岩国(5)
錦帯館
平清 P.127
白為旅館
觀光協會
半月庵
岩国第一病院
椎尾八幡宮
稲荷神社
椎尾神社
中央フード
P.127 うまもん
大明小路
よしだ新館
割烹旅館 三原家
西郵局
岩國學校教育資料館
岩国小
松浦胃腸科
岩崎クリニック
岩國市區
妙覚院
乾燥池
錦見浄水場
網球場
錦見(1)
山口縣
岩國市
岩国IC
関戸
錦川
錦城橋
普濟寺
TOYOTA 租車
錦帯橋入口
臥龍橋

D
E
F
附錄③ 20
1
2
3
4
三原市
尾道市
福山市
今治市
愛媛縣
香川縣
瀨戶內海
燧灘
上島町
山陽自動車道
山陽新幹線
山陽本線
尾道
尾道 附錄③10
鞆之浦 附錄③14
鞆之浦
向島
因島
生口島
伯方島
大島
佐木島
岩子島
細島
高根島
百島
田島
横島
弓削島
佐島
生名島
岩城島
豐島
高井神島
魚島
江之島
百貫島
小比岐島
比岐島
梶島
明神島
美濃島
瓜島
當木島
仙醉島
つつじ島
加治屋島
島波海道
マルト汽船·弓場汽船
三原港～瀨戶田港
高速船30分、
820日圓、19班／日
土生商船
三原港～重井港
渡輪40分、
620日圓、7班／日
土生商船
三原港～久久野島
速船30分、1500日圓、5班／日
僅週六日、假日、黃金週開船
海與島，只要多走
一段就能欣賞因島
大橋的明媚風光。
美食街有尾道拉麵
等多種在地美食。
土生商船
三原港～土生港
高速船40分、
1260日圓、12班／日
尾道港～鞆港
客船1小時、2200日圓、
2班／日
※3-11月的週六日、假日開船
瀨戶內遊輪
藝予汽船
今治港～土生港
旅客船1小時15分、
1750日圓、8班／日
まるひ商店 P.97
立花テキスタイル研究所 P.97
後藤鉱泉所 P.97
住田製パン所 P.96
向島洋蘭中心 P.99
USHIO CHOCOLATL P.96
Sorire P.97
立花食堂 P.97
life:style P.97
因島はっさく屋 P.103
大浜PA
和光觀光橘園
因島水軍城 P.99
P.100 瀨戶田町觀光服務處
P.103 富士本舖
瀨戶內島波海道
三日健走
旅館 つつ井
P.103 島ごころ
しまなみドルチェ本店 P.103
島の駅 しまなみ1
P.101 瀨戶田日落海灘
瀨戶田町夏日祭
瀨戶田PA
生口島北
生口島南
因島北
因島南
ホテルいんのしま
ナティーク城山
多多羅大橋 P.101
公路休息站·多々羅しまなみ公園 P.101
公路休息站 多々羅しまなみ公園レストラン P.103
お食事処 大漁 P.102
しまなみの駅御島
大心くだもの園
大山祇神社 P.101
Limone P.103
開山公園 P.99
大三島
上浦PA
平山郁夫美術館 P.99
耕三寺博物館(耕三寺) P.100
ちどり P.101
瀨戶の味 万作 P.103
瀨戶田 梅月堂
felice di tucca
しおまち商店街
蛸処 憩
河野観光農園
伯方の塩ラーメン さんわ
Pâtisserie T's café 玉屋 P.103
open cafe 遠見茶屋 P.102
伯方S・Cパーク
マリンオアシスはかた
能島水軍
今治市村上水軍博物館
食堂みつばち P.102
龜老山展望公園 P.99
來島海峽急流觀潮船
來島海峽
大島南
大島北
伯方島
神勝寺 禪與庭的博物館
みろくの里
通盛神社
平家谷花菖蒲園
アリストぬまくま
五色岩
姥芽櫟的群落
五色之湯
シーパーク大浜 ふれあいの森
JFEスチール
福山玫瑰祭
ルートインGランティア福山 SPA RESORT
新尾道站
尾道站
福山西
尾道大橋
因島大橋
生口橋
多多羅大橋
大島大橋
福山東IC
尾道北IC
三次
府中
倉敷
高坂PA
龍王山
大峰山
筆影山
八幡山
熊ケ峰
積善山
觀音山
三原久井
吳線
芸南街道
瀨戶內島波海道

尾道·島波海道

周邊圖 附錄③2

0 2 4km 地圖上的1cm為2.1km 1:210,000

●景點 ●玩樂 ●美食 ●咖啡廳 ●購物 ●住宿 ●溫泉 ●活動

西条 附錄③15
竹原 附錄③13
附錄③ 21
附錄③ 18

大三島渡輪
忠海港～大久野島～盛港
渡輪，忠海～大久野15分、310日圓，忠海～盛30分、360日圓，10班／日 ※7班途經大久野

大崎汽船·山陽商船
竹原港～白水港
渡輪30分、350日圓、16班／日

島波海運
竹原港～大長港
高速船45分、1380日圓、6班／日

安藝津渡輪
安藝津港～大西港
渡輪35分、380日圓、16班／日

今治市關前渡船
今治港～岡村港
渡輪1小時20分、860日圓、4班／日
客船1小時、860日圓、4班／日

連結大島與今治，橫跨在與鳴門海峽、關門海峽並稱為日本三大潮流的來島海峽上的橋樑，為世界首座三連式吊橋，全長達4km。

能從分別設於東西2端的觀景台飽覽來島海峽大橋。

P.121 休暇村 大久野島
P.121 大久野島毒氣資料館
P.121 大久野島
今治市大三島美術館 P.99
伯方塩業 大三島工場
今治市伊東豊雄建築博物館 P.101
TOKORO美術館大三島 P.101
今治市岩田健母子博物館 P.101
FARMER'S KITCHEN
たけはら海の駅 のっとこクルーズ
長谷瞭望台 P.122
十文字山公園瞭望台 P.122
であいの館 P.122
P.122 松濤園 白雪樓 海駅 三之関
かつら蒲刈本店
P.122 御手洗街道保存地區
乙女座
若胡子屋遺跡
千砂子防波堤
見證歷史之丘公園
常磐町通
遊女船工房
天満宮
新光時計店
満舟寺
海鮮料理と船宿 みたらい 脇坂屋
船宿カフェ 若長
御手洗休憩所

廣島縣 廣島市 東廣島市 竹原市 吳市 熊野町 安藝區 安佐北區 松山市 今治市 大崎上島町 大三島 大崎上島 大崎下島 上蒲刈島 下蒲刈島 豊島 岡村島 大久野島 安藝灘飛島海道 廣島機場 山陽自動車道 高屋Jct 西条 河内 本郷 志和 八本松 三次 庄原 世羅 野呂山(膳棚山) 國民宿舍野呂高原ロッジ グリーンピアせとうち 大芝島 契島 生野島 佐組島 長島 三角島 小大下島 大下島 斎島 尾久比島 亀ヶ首 来島海峡大橋 来島海峡SA 予讃線 呉線 山陽本線 山陽新幹線 廣島中央フライトロード The Spa 獅温 八天堂村 Cafelie 忠海 大久野 安藝津 三津 三津灣 木谷 吉名 龍王島 藍之島 柏島 馬ノ島 横島 來島 斎灘 仁方 広 阿賀 吳站 竹原站 今治 波方 大西 近見山 延命寺 松山站

D
E
F
附錄③ 22
湯之山溫泉
廣島北Jct
安藝高田
三次站
志和
西条IC
湯來
東鄉山
広島西風新都
安佐南區
安佐北區
廣島縣
東廣島市
國民宿舍 湯來ロッジ
桜ヶ峠
武田山
廣島市
沼田PA
山陽自動車道
阿弥陀山
窓ヶ山
広島Jct
広島東
佐伯區
東區
五日市
西區
不動院
神田山荘
吳娑々宇山
山陽本線
西条站
1
P.8 THE OUTLETS HIROSHIMA
原爆圓頂館
府中町
広島国際学院大
瀬野西
中野東
安藝區
廣島站
極樂寺山
P.83 ONOMICHI WHARF LECT店
中野
七曲峠
宮島SA
五日市
南區
中區
海田東
山陽新幹線
廣島港
P.81 草津漁港
Wood Egg 御好燒館
P.9 IROHA village
P.9 MARIHO水族館
廿日市Jct
廿日市
youme廿日市
海田町
東廣島站
東廣島市
熊野町
廣島灣
坂町
安藝區
廣島市區 附錄③8
安芸小富士
宮島周邊 附錄③9
上村汽船
廣島港～切串港
渡輪30分、460日圓、21～22班／日
2
西条
P.129 LiVE MAX安藝宮濱渡假村溫泉
大野
嚴島神社
宮島
嚴島(宮島)
瀬戸内SEA LINE
廣島港～三高港
渡輪40分、680日圓、16班／日
瀬戸内海汽船・石崎汽船
廣島港～吳港
渡輪45分、930日圓、9班／日
高速船25分、2100日圓、6班／日
附錄③ 17
P.28 彌山
P.29 彌山本堂
P.29 靈火堂
Oyster Queen P.37
江田島
古鷹山
灰ヶ峰
吳市
神崎旅館
宮濱大酒店
庭園之宿 石亭 P.129
西能美島
海上自衛隊第1術科学校
吳港
吳市立美術館
休山
竹原
阿賀
廣
國民宿舍 能美海上ロッジ
サンビーチおきみ
江田島市
吳 附錄③12
廣島港～中町港
客船30分、960日圓、22～23班／日
瀬戸内SEA LINE
吳港～小用港
渡輪20分、390日圓、13班／日
高速船10分、550日圓、13班／日
瀬戸内SEA LINE
竹原站
3
阿多田島
音戸之瀬戸
音戸之瀬戸公園
大黒神島
東能美島
音戸
下蒲刈島
情島
大竹市
倉橋島
宇和木峠
桂濱神社
4
安藝灘
鹿老渡港
手島
黒島
横島

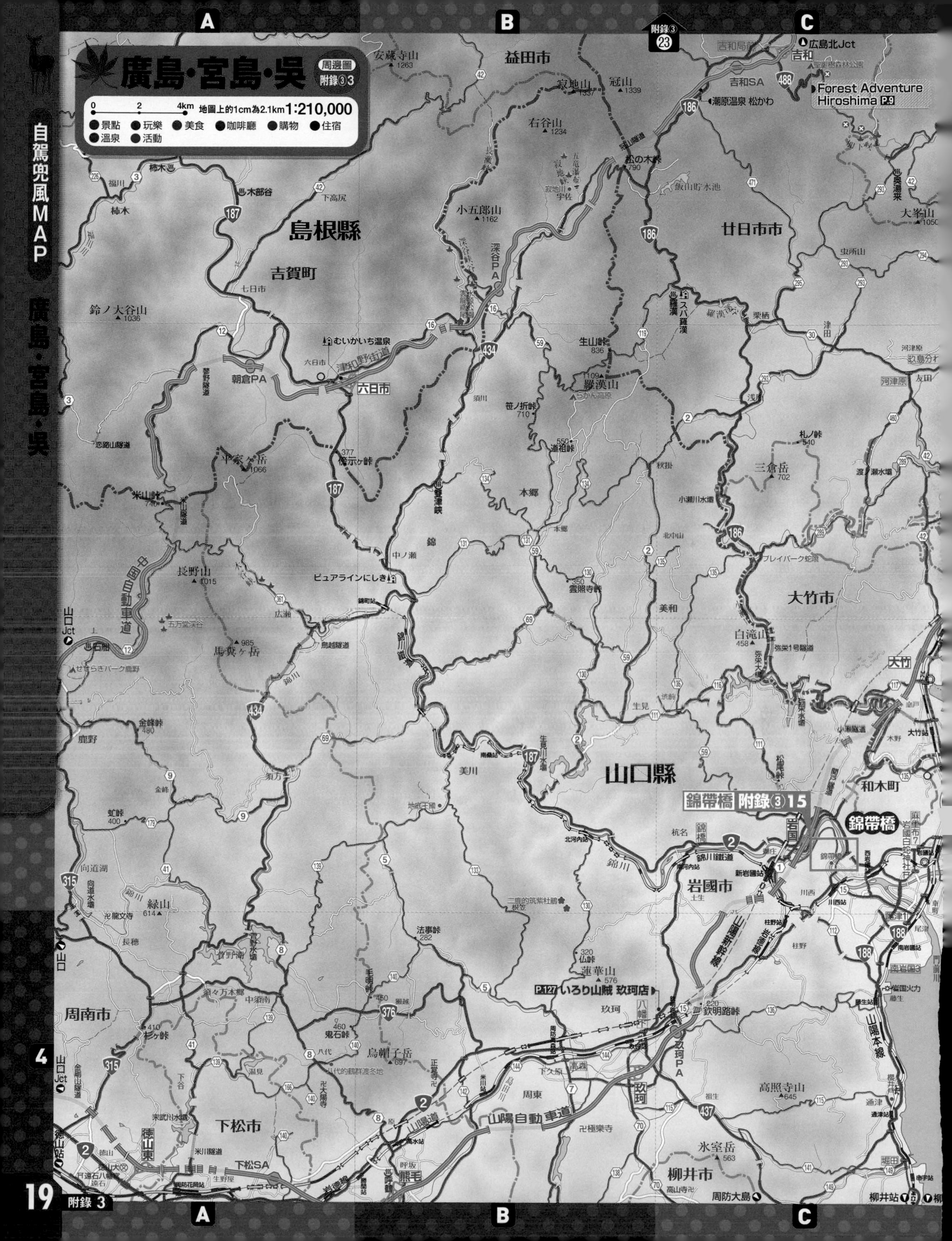

廣島·宮島·吳
周邊圖
附錄③3
地圖上的1cm為2.1km 1:210,000
景點
玩樂
美食
咖啡廳
購物
住宿
溫泉
活動
島根縣
吉賀町
益田市
廿日市市
大竹市
山口縣
岩國市
周南市
下松市
柳井市
和木町
錦帶橋 附錄③15
錦帶橋
Forest Adventure Hiroshima P.9
いろり山賊 玖珂店 P.127
むいかいち温泉
六日市
朝倉PA
深谷PA
玖珂PA
下松SA
吉和SA
潮原温泉 松かわ
広島北Jct
山口Jct
中国自動車道
山陽自動車道
山陽本線
安蔵寺山
冠山
寂地山
右谷山
小五郎山
鈴ノ大谷山
平家ヶ岳
長野山
馬糞ヶ岳
緑山
羅漢山
三倉岳
白滝山
蓮華山
高照寺山
氷室岳
烏帽子岳
大峯山

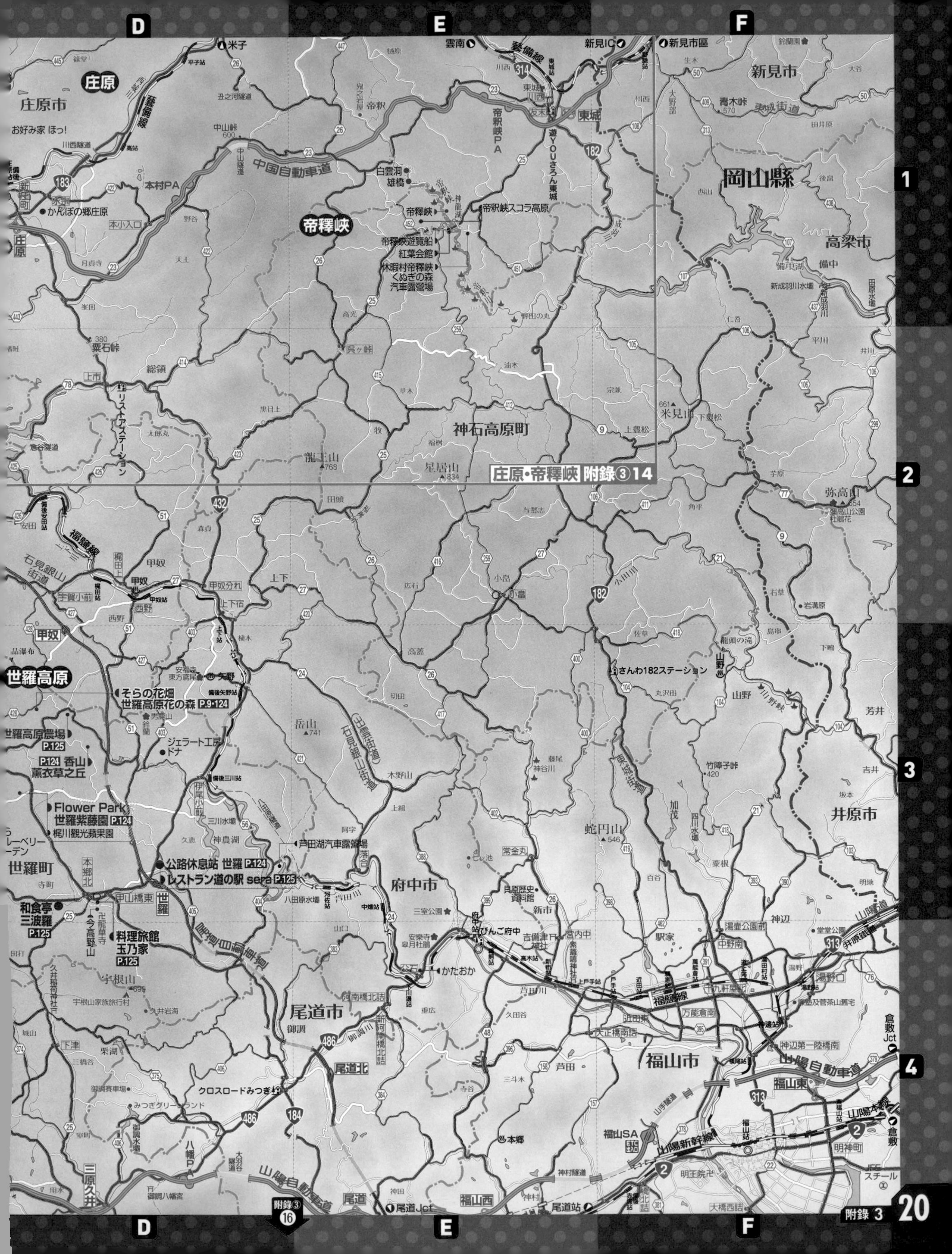

D
E
F
1
2
3
4
庄原
庄原市
お好み家 ほっ!
帝釈峡
帝釈
中国自動車道
本村PA
かんぽの郷庄原
新見市
岡山縣
高梁市
東城
帝釈峡スコラ高原
帝釈峡遊覧船
紅葉会館
林暇村帝釈峡
くぬぎの森
汽車露營場
白雲洞
雄橋
帝釈峡PA
神石高原町
米見山
龍王山
星居山
庄原・帝釈峡 附錄③14
弥高山
甲奴
世羅高原
そらの花畑
世羅高原花の森 P.9・124
世羅高原農場 P.125
P.124 香山
薰衣草之丘
Flower Park
世羅紫藤園 P.124
梶川觀光蘋果園
世羅町
公路休息站 世羅 P.124
レストラン道の駅 sera P.125
和食亭
三波羅
P.125
料理旅館
玉乃家
P.125
宇根山
さんわ182ステーション
府中市
尾道市
福山市
井原市
芦田湖汽車露營場
かたおか
クロスロードみつぎ
山陽自動車道
山陽新幹線
福鹽線
福山SA
倉敷Jct
福山東
尾道Jct
尾道
附錄③
16
附錄 3
20

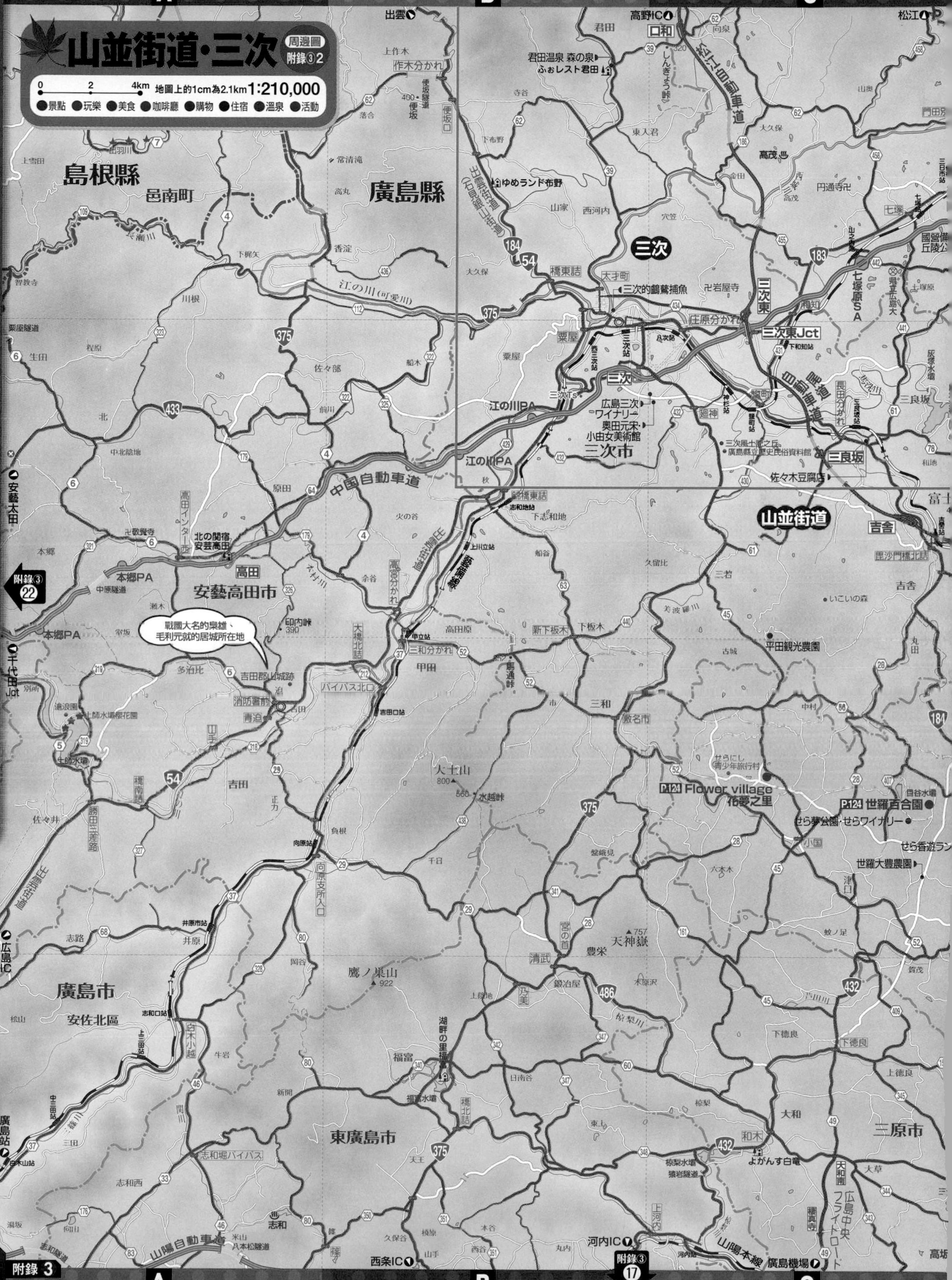

山並街道・三次

周邊圖 附錄③2

0 2 4km 地圖上的1cm為2.1km 1:210,000

景點 玩樂 美食 咖啡廳 購物 住宿 溫泉 活動

島根縣

邑南町

廣島縣

三次

三次市

山並街道

安藝高田市

廣島市

安佐北區

東廣島市

三原市

中国自動車道

山陽自動車道

尾道松江線

出雲

高野IC

松江

君田溫泉 森の泉

ふぉレスト君田

ゆめランド布野

三次的鵜鷁捕魚

三次東Jct

七塚原SA

江の川PA

広島三次ワイナリー

奥田元宋・小由女美術館

三次風土記の丘

廣島縣立歷史民俗資料館

三良坂

佐々木豆腐店

吉舍

本郷PA

北の関宿 安芸高田

高田

戰國大名的梟雄、毛利元就的居城所在地

吉田郡山城跡

大土山

Flower village 花夢之里

P.124 世羅百合園

せら夢公園・せらワイナリー

世羅大豊農園

平田観光農園

せらにし青少年旅行村

天神嶽

鷹ノ巣山

湖畔の里福富

よがんす白竜

河内IC

西条IC

広島IC

廣島站

廣島機場

千代田Jct

安藝太田

附錄③ 22

附錄③ 17

黑淵

…高達100m的崖壁，…直至30年前峽谷最深處還曾深達11m。可以到休憩處「黑淵莊」在大自然的懷抱下度過優雅時光。

三段峽‧藝北

周邊圖 附錄③3

0 2 4km 地圖上的1cm為2.1km 1:210,000

●景點 ●玩樂 ●美食 ●咖啡廳 ●購物 ●住宿 ●溫泉 ●活動

三段瀑布

位在從猿飛步行約35分鐘的名勝，豐沛水量從30m的高度，連帶著轟然巨響分成三段瀑布流瀉而下。

猿飛

河寬2～3公尺、高達20多公尺的陡峭河壁綿延的名勝之一，因這裡曾有成群猿猴四處飛躍而得此名。

日本海
島根縣
濱田市
益田市
津和野町
吉賀町
廿日市市
江津站
江津IC
浜田
浜田Jct
浜田港
ゆうひパーク浜田
島根縣立大
世界兒童美術館
石見街道
金城PA
金城
大長見水壩
大麻山
大麻山神社
三隅
石見三隅
正法寺
淨蓮寺峠
三隅公園
龍雲寺
奥三隅
弥栄
大坪峠
三隅櫻花
サンエイト美都
美都
笹ヶ峠
鍋ヶ峠
匹見峡
表匹見峡
匹見
春日山
恐羅漢山
十方山
水越峠
大佐山
掛頭山
八幡高原
臥龍山
深入山
聖山
聖湖
三段瀑布
三段峡水梨口
猿飛
二段瀑布
黑淵
三段峡
三段峡紅葉祭
三段峡正面口
立岩水壩
立岩山
中国自動車道
吉和
吉和SA
冠山
安蔵寺山
大神ヶ岳
門松峠
桐長峠
上内谷峠
山口線
山陰本線
山陰道
益田市區
益田
津和野站
六日市IC
大谷
多田
高島
魚待ノ鼻
三隅港
西村
周布局前

廣電的活用法

在廣島市區移動好方便

廣島市內中心區有暱稱為「廣電」備受喜愛的路面電車四處穿梭。先來掌握搭乘方式才能妥善活用。

白天每8～12分發出一班

JR廣島站

市內電車搭乘處

從JR廣島站走南剪票口前往搭乘處。

洽詢處 廣電電車巴士客服中心 ✆0570-550-700（服務專線・平日9：00～17：45）

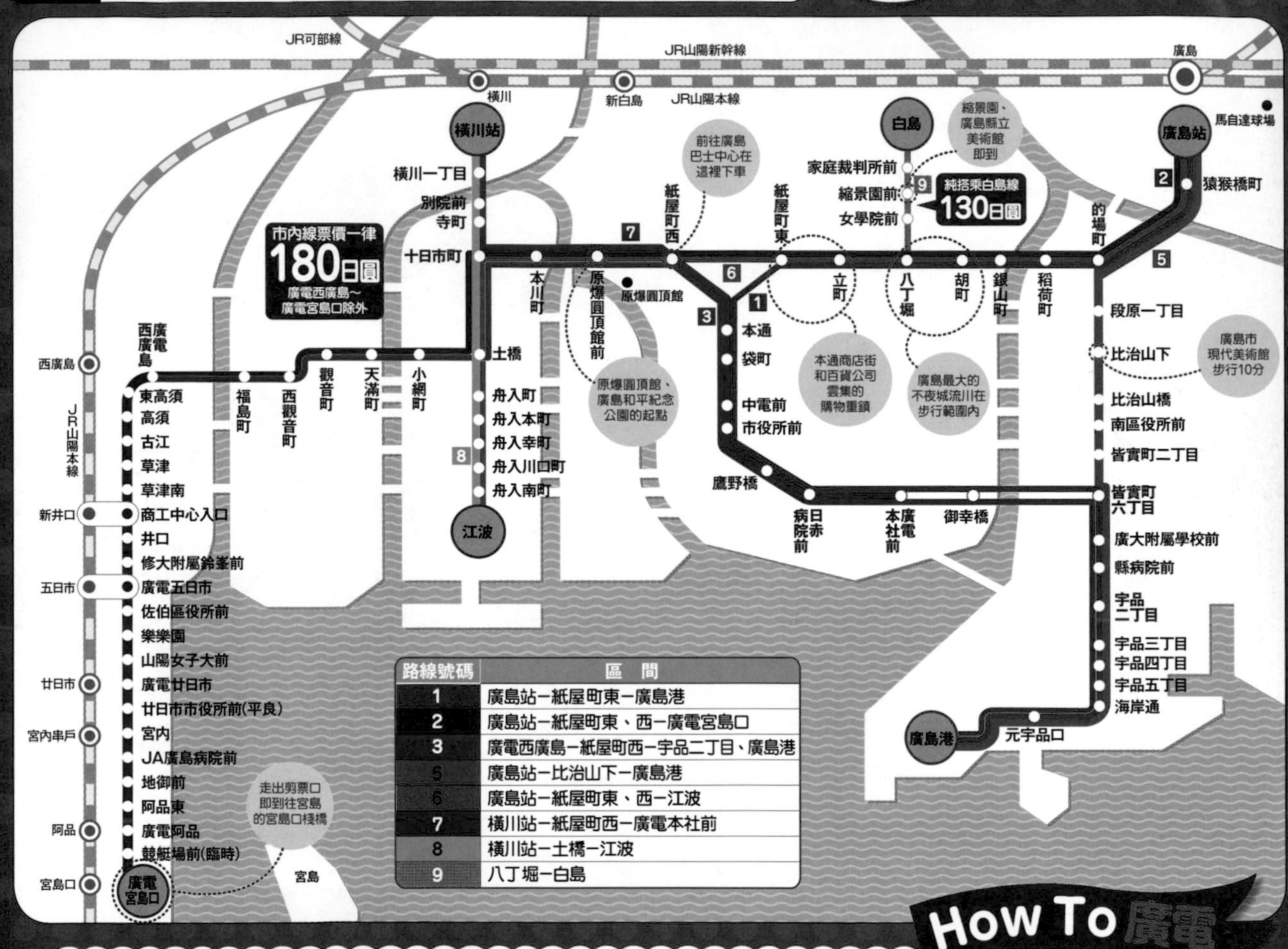

路線號碼	區間
1	廣島站－紙屋町東－廣島港
2	廣島站－紙屋町東、西－廣電宮島口
3	廣電西廣島－紙屋町西－宇品二丁目、廣島港
5	廣島站－比治山下－廣島港
6	廣島站－紙屋町東、西－江波
7	橫川站－紙屋町西－廣電本社前
8	橫川站－土橋－江波
9	八丁堀－白島

How To 廣電

1 先確認路線號碼和目的地

路線共有8條。電車正面等處會標示出類似①廣島港、②宮島口等路線號碼和目的地，搭乘前務必做好確認。

2 基本上是後方上車、前方下車、下車付費

單節車廂的上下車基本上採「後方上車、前方下車」，車資則在下車時投入投幣機。由於下車處並無法找錢，請事先換好零錢。

3 市內線一律180日圓

在市內中心區無論從哪裡上車、到哪裡下車，車資一律為180日圓。從廣電西廣島到廣電宮島口的車資則視區間而異。此外，若只搭乘白島線則一律130日圓。

4 轉乘方式遵照這2個步驟

僅限於轉乘指定電車站（路線圖內紅字的電車站）可以轉乘至別條路線。

1. 下車時向乘務員說「我要轉乘」（乗換えします），並在此時支付車資、索取電車轉乘券。
2. 從同一個電車站搭上想轉乘的電車。要從轉乘後的電車下車時，須將電車轉乘券交給乘務員，若需要補差額時再另外支付。

5 活用優惠的周遊票券

有推出能自由搭乘路面電車一整天的「電車一日乘車券」（600日圓）、一日乘車券加上前往宮島之乘船券的「一日乘車乘船券」（840日圓），而搭乘宮島空中纜車時只要出示「一日乘車乘船券」即可享來回票折價450日圓的優惠。

販售地點 廣島站電車服務處、市內主要飯店等

※各種費用可能因消費稅的調整等因素而變動。

哈日情報誌 MAPPLE

廣島・宮島

尾道・吳・島波海道

Contents

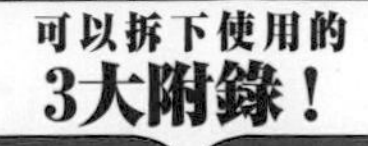

請詳讀下列事項

■本書刊載的內容是2017年12月～2018年1月所採訪、調查時的資訊。

本書出版後，餐飲店菜單和商品內容、費用等各種資訊可能有所變動，也可能因季節性的變動或臨時公休等因素而無法利用，或是因消費稅的調整而使各項費用有可能變動，因此會有部分設施的費用以未稅價標示，消費之前請務必事先確認。此外，因本書刊載內容所造成的糾紛和損害等，敝公司無法提供補償，請在確認此點之後再行購買。

■各項資訊皆以下列基準刊載。

☎…電話號碼
由於刊載的電話號碼是各設施的洽詢用號碼，需留意可能與實際設施的號碼不同，而在衛星導航的位置搜尋上也可能與實際地點有所差異，務必多加留意。

交…交通方式
原則上標示出最近的車站，所需時間僅為預估值，可能因季節、天候和交通機關的時刻表更動而有所不同。

L…營業時間、開館時間
營業時間、開館時間標示為可實際入內的時間。餐飲店標示為開店到最後點餐時間，各種設施則標示為開館到可入館的最後時間。

休…公休日
原則上只標示公休日，過年期間及黃金週、盂蘭盆節、臨時公休等不予標示。

¥…費用、價格
●各種設施的使用費基本上為1位成人的費用。
●住宿費用標示為該住宿一般客房的費用，附餐點時則標示為1房2位房客的1人份費用。雖然標示上為包含服務費、消費稅的費用，但金額會視季節或平日假日、房型等不同因素而有所差異，預約時請務必多加確認。

P…停車場
標示出該設施是否有停車場，若有會標示出「收費」或「免費」，若無則會標示為「無」。

廣島區域導覽

首先來掌握**代表性區域**的**相對位置**吧！

嚴島神社所在的宮島、留下原爆圓頂館的廣島市區等，廣島縣各區都有數不清的看點。就先隨著區域地圖來瞭解廣島的概要知識吧！

來到廣島非去不可的超人氣觀光景點

宮島 P.12

みやじま

一年有400萬人造訪的廣島指標性觀光勝地，獲選為世界遺產的嚴島神社和能量景點彌山等看點多集中於此，還能盡情大啖紅葉饅頭、星鰻飯等著名美食。

必遊景點

嚴島神社 P.20

莊嚴聳立在被譽為神之島的宮島沙灘上，許多神社建築已列入國寶或重要文化財。

必買伴手禮

紅葉饅頭 P.42

源於宮島，如今已坐穩廣島代表性伴手禮的王位，口味和店家不勝枚舉。

必吃美食

牡蠣&星鰻飯 P.34

宮島當地美食的一大象徵。除了午餐外，也能外帶品嘗。

從宮島稍微走遠一些

岩國 P.126

★いわくに

靠近縣界的山口縣岩國市是韻味十足的城下町，木造的錦帶橋很出名。

觀光、購物、美食齊聚一堂！方便的廣島觀光據點

廣島市區 P.50

ひろしまタウン

中國、四國地區最大的都市，擁有鐵路和渡輪等完善交通網路的廣島門戶。坐擁原爆圓頂館及馬自達球場等諸多觀光勝地，餐飲店和商店、飯店聚集，是絕佳的觀光據點。

必遊景點

和平紀念公園 P.52

列入世界遺產的原爆圓頂館及資料館、紀念碑等祈求和平的景點雲集。

必吃美食

御好燒 P.66

廣島的經典美食，發源地廣島市區有許多店家匯集於此。

必遊景點

馬自達球場 附錄②

廣島東洋鯉魚隊的主球場。即使沒有比賽，商店也會正常營業，周邊還設有鯉魚大道。

從廣島市區稍微走遠一些

西条 P.118

★さいじょう

日本三大名釀酒地之一，可以來酒廠逛逛、試試以酒入菜的餐點等。

三次 P.123

★みよし

葡萄酒廠和美術館等觀光景點、餐飲店雲集，廣島縣北部的中心地區。

廣島旅行的訣竅照過來

必看2大世界遺產！

嚴島神社和原爆圓頂館在1996年12月同時列入世界遺產。由於這一帶的鐵路和渡輪十分發達，可以一天遊覽2大世界遺產。

看點多集中於靠海處

以宮島為首，廣島市區、尾道、島波海道、吳、鞆之浦等主要觀光名勝都集中在靠海一側，若想盡情感受廣島風味，「海」是不可或缺的關鍵。

溫暖的瀨戶內海式氣候

氣候溫暖宜人的廣島縣，靠海側即使冬天也不太會下雪。山區則會積雪，有許多滑雪場。良好的氣候與豐沛大自然孕育出的山珍海味也是一大樂趣。

平緩坡道與文學及電影之都 最近更以貓咪聖地而聞名

尾道 P.86

おのみち

曾做為電影或小說背景的城市，也以貓城名聞遐邇。靠山的坡道地區有古寺和觀景景點，來到沿岸的商店街則能享受午餐＆購物樂趣。

必遊景點

千光寺 P.88

尾道首屈一指的絕景景點，也因善結姻緣的能量景點而遠近馳名。

必吃美食

尾道拉麵 P.94

特色在於醬油基底的湯頭與滿滿的豬背脂，各家店大展獨到特色。

從尾道稍微走遠一些

鞆之浦 P.114

★とものうら

設有象徵性地標常夜燈的海港周遭有江戶時代的古民宅林立。

世羅高原 P.124

★せらこうげん

海拔約400m的高原地區，擁有西日本規模數一數二的花田。

必吃美食

島嶼美食 P.102

主角是瀨戶內海海產的海鮮美食很受歡迎，也有多種使用特產柑橘做成的伴手禮。

舊海軍的相關景點雲集

吳 P.104

くれ

曾以海軍工廠之城而繁榮的港都，舊海軍及海上自衛隊的相關設施值得一看。吳海自咖哩被視為當地美食，人氣扶搖直上，務必品嘗看看。

必遊景點

大和博物館 P.106

以在吳製造的戰艦「大和」為主題的博物館。

必吃美食

吳海自咖哩 P.110

忠實重現艦艇上供應的咖哩，可以在約30家店吃到。

從吳稍微走遠一些

竹原 P.120

★たけはら

保有江戶時代風貌的安藝小京都，景點集中在約500m的道路上。

大久野島 P.121

★おおくのしま

全球矚目的兔子島，約有700隻兔子棲息於島上。

安藝灘飛島海道 P.122

★あきなだとびしまかいどう

瀨戶內海上的群島以7座橋梁相連結，祥和的島嶼風景獨具魅力。

串起瀨戶內群島的海上道路

島波海道 P.98

しまなみかいどう

以9座橋梁連接尾道市和愛媛縣今治市的6座島嶼，同時也是單車遊的聖地，更是海盜傳說流傳之地。

還想玩這個！

自行車旅遊 P.100

設有規劃完善的自行車道與車友住宿設施，不僅能樂遊島嶼，更能享受橋上單車趣。

最夯話題Check!

廣島 News & Topics 10要點！

新名勝與商家竄起而不斷進化的廣島。
在正式出發前先來看看最新情報，盡情遊玩廣島吧！

1 賀2連霸！鯉魚隊第8度的央聯冠軍！！

以廣島為據點的廣島東洋鯉魚隊在2017年9月18日蟬聯2年封王，8度獲得央聯冠軍，歡欣氣息籠罩整個廣島縣。馬自達球場的觀眾人數更刷新球團的歷年紀錄，掀起一股鯉魚隊炫風，這股熱潮如今仍持續延燒。如果想體驗這般感動，一定要來當地的馬自達球場觀戰！

特別附錄②廣島東洋鯉魚隊BOOK check!!

廣島市內隨處可見慶祝的布幕

冠軍遊行的沿路都擠滿了球迷

奪下冠軍後將緒方教練拋上天的選手團（照片提供：中國新聞社）

2 廣島站持續進化更方便

廣島站內有全新商業設施「ekie」、站前還有Edion蘆屋家電進駐的「EKI CITY HIROSHIMA」開幕，持續進化中。

P.60 廣島站內&站前大圖解 check!!

記得來車站周邊的新景點逛逛

2018年春季開幕

設有噴水池的中央廣場

3 樂玩中四國最大的暢貨中心與最新休閒設施的話題景點

2樓有約120家日本國內外品牌，打造出優質的暢貨中心購物體驗。1樓則是藉由瀨戶內相關的美食和雜貨、電影院、全年開放的室內溜冰場、VR等來提供「這裡才玩得到」的體驗。

THE OUTLETS HIROSHIMA

☆ジアウトレットヒロシマ MAP 附錄③18E-1

店鋪總數約200家

HP the-outlets-hiroshima.com
營 10:00～20:00（視店鋪而異）
休 無休 所 広島市佐伯区石内東4-1-1
交 五日市IC 3km P 免費

網羅廣島等地區在地美食的「さんさい横町」

以鯉魚隊為設計主題的保齡球道

2017年11月開幕的星巴克咖啡與宮島首間啤酒吧

從沿街品嘗的美食到摩登風旅館、啤酒吧等，宮島不斷增添嶄新風采，觀光前一定要好好做功課！

4 讓宮島觀光更好玩的景點陸續登場！

P.16 最新宮島新鮮事 check!!

2017年4月 開幕

6 在林木之間的空中移動！驚險萬分的樹林探險

↑有適合孩童的「輔助路線」及難易度較高的「探險路線」2種選擇

開設於聖誕樹森林公園內的戶外運動園區，活用森林特色的遊樂路線獨具魅力，能大玩從樹上14m處滑行約150m的高空滑索等。

緊張刺激的空中散步

Forest Adventure Hiroshima

☆フォレストアドベンチャーひろしま

☎080-2128-0320 MAP附錄③19C-1

🕘4月1日～11月底的9:00～15:00（有季節性變動） 休開園期間不定休 ¥探險路線3600日圓、輔助路線2600日圓 所廿日市市吉和1593-75 交吉和IC 7km P免費

2018年底 預計完工

7 JR尾道站搖身一變成為觀光據點！

將JR尾道站翻修成活用挑高空間具開放感的2層樓車站建築。新車站的商業設施有經營ONOMICHI U2的DISCOVERLINK Setouchi所監修的住宿設施、可租借自行車的咖啡廳、商品店等進駐，而海處還設了觀景露台。

重新整修為具開放感的空間（示意圖）

10 大人也玩得開心 都會水族館

2017年6月 開幕

模擬的珊瑚之海瀉湖水槽

位於購物商場廣島MARINA HOP內，廣島市唯一一間水族館。真實重現廣島的溪流及瀨戶內海等水域的景觀，能欣賞生物朝氣蓬勃的姿態。

MARIHO水族館

☆マリホすいぞくかん

☎082-942-0001 MAP附錄③18E-2

🕘10:00～19:45（11～3月為～16:45） 休準同廣島MARINA HOP ¥入館費900日圓 所広島市西区観音新町4-14-35 交吉島IC 5km P免費

最尖端展示品「水塊」呈現出水的流動與變化，蔚為話題

5 在廣島拍攝的電影陸續上映！

2018年5月25日(五) 日本上映

《妻子如玫瑰 家族真命苦Ⅲ》

山田洋次導演執導，描寫家庭紛擾的喜劇《家族真命苦》系列第三集，拍攝地點在周造（橋爪功飾）的故鄉大崎上島，在島上捕捉到了能飽覽瀨戶內海的墓園場景和海邊的場景。

©2018《妻子如玫瑰 家族真命苦Ⅲ》製作委員會

主演：橋爪功、吉行和子等
導演：山田洋次　發行：松竹株式會社

在大崎上島拍片的一景

2018年10月13日(六) 廣島首映

《戀愛的水滴》

以日本三大名釀酒地之一的西条為故事背景，描繪農業大學的理科女學生專注於釀酒與戀愛的作品。在真正的西条酒廠與當地居民的協助下完成拍攝，由這回首次擔任電影主角的川榮李奈主演。

©《戀愛的水滴》製作委員會

主演：川榮李奈、小野塚勇人等
導演：瀨木直貴
發行：Broadmedia Studio

美酒加戀愛的新故事

園內洋溢著英國玫瑰的甜美香氣

2017年5月 開幕

8 適合拍照打卡 縣內規模最大的玫瑰園

以英國玫瑰為中心，約有135品種、7100株玫瑰花綻放的玫瑰園，設有400m日本最長的長條型玫瑰花圃等許多景點。

そらの花畑 世羅高原花の森→P.124

還有販售當地風味的世羅漢堡

2018年3月上旬 開幕

9 紅葉饅頭老店親自經營 附設咖啡廳&商店的新工廠

將本店設於宮島的藤い屋（P.42）新開了可供遊客參觀的工廠，並附設咖啡廳與商店，不但能當場享用剛出爐的紅葉饅頭，還推出使用傳統餡料的甜點和麵包。由建築師中村拓志操刀的新穎建築也不容錯過。

眼前種植紅豆與小麥的實驗農場也可以參觀（示意圖）

IROHA village MAP附錄③18D-2

☆いろはヴィレッジ

☎082-943-6601

🕘10:00～18:00 休工廠無休（視設施有變動） 所広島市佐伯区五日市港2-1-1 交JR五日市站步行20分 P免費

廣島 宮島 必遊參考行程 2天1夜

遊歷2大世界遺產

無論是想參觀世界遺產或大吃御好燒，不妨參考網羅了廣島觀光必遊行程的模範路線來立定初步計劃吧。

第一天 宮島

小建議：請事先查詢潮汐時間，若想欣賞佇立海上的神社就在滿潮時造訪吧。

JR廣島站 ↓ 電車27分 ↓ JR宮島口站 ↓ 步行3分 ↓ 宮島口棧橋 ↓ 渡輪10分 ↓ 宮島棧橋

滿潮時能一睹神社浮在海上的模樣

11:00 參拜嚴島神社 P.20

首先參拜期待已久的嚴島神社。由於會接連參觀國寶、重要文化財等景點，參拜時間建議預留30分鐘。

↓ 步行5分

いな忠的星鰻飯

11:45 午餐就吃星鰻飯 P.38

由於廣島市區較少專賣店，建議在發源地宮島品嘗一番。

↓ 步行15分 ↓ 空中纜車紅葉谷站 ↓ 纜車20分（在榧谷站轉乘） ↓ 空中纜車獅子岩站 ↓ 步行30分

14:00 從彌山的俯瞰絕景 P.28

彌山也獲選為世界遺產

被視為能量景點而受到矚目的靈山，山頂上有神秘的奇岩與一望無際的瀨戶內美景。

小建議：由於到山頂的沿路都是登山步道，請穿好走的鞋子登頂。

↓ 步行30分 ↓ 空中纜車獅子岩站 ↓ 纜車20分（在榧谷站轉乘） ↓ 空中纜車紅葉谷站 ↓ 步行15分

與五重塔對望的天心閣

15:30 到絕景咖啡廳小憩 P.32

若想歇歇腳，就前往宮島出名的絕景咖啡廳，島內隨處皆有。

↓ 步行10分範圍內

16:30 在表參道商店街採買伴手禮 P.40

約有70家商店與餐廳林立，名產紅葉饅頭是絕佳伴手禮。

約70間店家櫛次鱗比的表參道商店街

GO!

逛逛舊海軍&海上自衛隊景點

吳 參考行程

小建議：推薦參加大和博物館每天10時舉辦的志工導覽。由於吳艦船巡遊很熱門，建議事先預約。

JR廣島站 → 電車33～45分 → JR吳站 → 步行5分

- 9:45 參觀大和博物館 P.106 → 步行即到
- 11:15 來鐵鯨館潛入潛水艇內部 P.108 → 步行即到
- 12:45 午餐吃吳海自咖哩 P.110 → 步行即到
- 14:00 搭吳艦船巡遊來趟艦艇遊覽 P.109 → 步行即到
- 15:00 到トビキリ本舗挑選伴手禮 P.113 → 步行5分 → JR吳站

廣島 旅遊小建議

最少也要計劃出2天1夜的行程

觀光地區大多可用半天到1天的時間逛完。由於觀光區四散，若想逛2個區域以上，最少須預留2天1夜的時間。

如果是初訪廣島必遊2大世界遺產

宮島的嚴島神社、廣島市區的原爆圓頂館是列入世界遺產的廣島2大觀光勝地。若是初次來廣島，就以宮島及廣島市區為中心來安排行程。

區域間的移動搭乘大眾交通工具即可

宮島、廣島市區、吳、尾道等區的名勝多集中在從車站或棧橋步行可到的範圍內，區域間的交通工具也很發達。島波海道可騎自行車或開車遊覽。

如果需要住宿建議住在廣島市區

有許多飯店雲集而成為觀光據點的廣島市區是方便的住宿選擇，同時也是前往宮島、尾道、吳等地的交通樞紐。

第2天 廣島

建於河川沿岸的原爆圓頂館

連接宮島與
原爆圓頂館的
世界遺產航路

小建議
移動上就搭乘不用轉乘即可直接前往廣島市區的世界遺產航路（P.13），這是連起宮島與原爆圓頂館的高速船，1天開出17班（冬季有停駛船班）。

宮島棧橋 → 高速船約45分 → 元安棧橋 → 步行即到

為核爆犧牲者所設的安魂場域

10:00 參觀和平紀念公園 P.52

有人供奉紙鶴的原爆之子像

遼闊園內散布了約60個祈求和平的景點，務必參觀世界遺產原爆圓頂館及2017年整修完畢的廣島和平紀念資料館。

步行10分範圍內

13:00 午餐吃[illegible] P.66

發源地廣島市區到處都是名店，不必擔心無從選擇。

設於原爆圓頂館前的お好み焼き長田屋

廣電縮景園前電車站 ← 路面電車15分範圍內

步行即到

身處市中心也不失閑靜的園內

14:30 參觀[illegible] P.85

廣島的代表性庭園，以佈設大小島的池塘為中心，再添上3間茶室與小橋、溪谷等。

步行15分

約800m長的道路

沿路散布著招牌和照片看板、販售鯉魚隊商品的商店等。別忘了在馬自達球場拍照留念。

16:00 漫步[illegible] 附錄② P.16

步行即到

17:00 在JR廣島站大買[illegible] P.62

站內&站前都有新店家陸續開張，可以在這裡將廣島伴手禮一網打盡！

不可錯過檸檬風味伴手禮！

若還有1天時間 稍微走遠一些 前往人氣區域

來懷舊可愛的坡道之城走走 尾道 參考行程

小建議
搭乘千光寺山空中纜車前往山頂，再順著山坡往下遊逛較為順暢。由於坡道地區較少用餐地點，可安排在商店街周遭吃午餐。

- JR廣島站 → 電車1小時35分
- JR尾道站 → 步行15分
- 11:00 午餐提早一些吃尾道拉麵 P.94 → 步行5分＋空中纜車3分
- 12:30 前往千光寺公園瞭望台欣賞絕景 P.88 → 步行10分
- 13:30 漫步貓之細道 P.90 → 步行即到
- 15:00 在坡道咖啡廳稍事休息 P.91 → 步行10分
- 16:00 商店街購物 P.92 → 步行即到
- JR尾道站

自駕兜風樂遊2島♪ 島波海道 參考行程

小建議
景點四散，建議先鎖定想去的島嶼來立定行程。如果最後要回關西、東京方向，也可以利用租車的異地還車服務。

- JR廣島站 → 約125km、車程約2小時
- 大三島 10:30 參拜大山祇神社 P.101 → 開車即到
- 大三島 11:30 到大漁享用午餐 お食事処 P.102 → 約7km、車程約15分
- 大三島 12:45 去公路休息站 多々羅しまなみ公園購物 P.101 → 約15km、車程約20分
- 生口島 13:45 參觀耕三寺博物館（耕三寺） P.100 → 約3km、車程約5分
- 生口島 15:30 在しまなみドルチェ本店休息一下 P.103 → 約110km、車程約1小時30分
- JR廣島站

宮島
嚴島神社

みやじま
いつくしまじんじゃ

瀨戶內海上的神秘世界遺產

自古以來被視為「神之島」
而廣受崇敬的神聖島嶼——宮島，
如今已成為每年吸引全球各地
超過400萬名遊客登島拜訪、
超越國界遠近馳名的超人氣景點。
以宮島最具代表性的嚴島神社
為中心有許多景點雲集，
可以在美景無垠的彌山散步，
或是購買紅葉饅頭，
可說是樂趣無窮！
2018年更是嚴島神社改建
滿850週年的重大年度，
這座更添活力的神秘島嶼
以下將為您完整介紹！

本書附超方便的特別附錄!

宮島
嚴島神社
散步MAP
也可搭配閱讀！

前往宮島的交通方式

前往宮島可搭渡輪移動！

宮島是周長約30 km的小島，並無架設任何橋梁，登島的交通方式僅限渡輪。渡輪班次多，可輕鬆前往宮島。

從宮島口棧橋搭渡輪前往宮島

位於宮島對岸的宮島口，是前往設有渡輪碼頭的宮島之門戶。需留意宮島口並不在宮島上。

宮島 嚴島神社

亮點在這裡！

從嚴島神社到彌山！島嶼面積的14%為世界遺產！

包含嚴島神社的建築以及前方的瀨戶內海、後方的彌山原始林在內，整片區域在1996年12月列入世界遺產，範圍約占整座島嶼的14%。

亮點在這裡！

自古便備受尊崇的神之島

整座島嶼便是信仰對象的宮島因含有「祀奉神明」之意，至今仍保有嚴島的別稱。彌山散發出神秘氣息，當地人認為其山稜線極似「觀音的睡姿」。

亮點在這裡！

適合拍照打卡的絕美日本三景

宮島與宮城的松島、京都的天橋立並列為日本三景。只要在島上走走，便能看見鮮紅豔麗的神社、蔚藍耀眼的瀨戶內海、可愛的鹿群等，隨處都是如詩如畫的美景！別忘了帶相機過來。

在這裡轉乘渡輪！

★開往宮島的渡輪公司是JR西日本宮島渡輪與宮島松大汽船，分別在每15分開出一班（乘客多時每10分一班）。

渡輪公司&碼頭服務處

宮島松大汽船

有搭配路面電車「廣電」與宮島空中纜車的優惠套票。

首班 宮島口出發 7:15
末班 宮島出發 20:15

JR西日本宮島渡輪

推出能貼近大鳥居的大鳥居船班（宮島口出發9:10～16:10）。

首班 宮島口出發 6:25
末班 宮島出發 22:14

行前小知識

★前往宮島的道路每逢假日、賞紅葉季節必定塞車，停車場也會很快客滿，建議活用大眾交通工具或停車轉乘。

★一日乘車乘船券（840日圓）等廣電優惠票券的資訊請參考附錄③P.24。

應用篇

從廣島市區直接搭船前往

由於廣島河川多又面海，即使不走陸路從宮島口前往，也可以從廣島市內直接前往不需轉乘。

④ 世界遺產航路

元安棧橋（原爆圓頂館前）

高速船
約45分、單程2000日圓
1日17班（冬季有停駛船班）

宮島第三棧橋

MARINA HOP可以免費停車

⑤ MARINA HOP・宮島航路

MARINA HOP

高速船
約25分、單程1500日圓
1日7班（第7班最晚需在1小時前預約）

宮島第三棧橋

神社在滿潮時會變成宛如浮在海面上的美麗光景

人氣&話題的關鍵字
全~部分享給你★

該玩什麼？一目瞭然

宮島這個讚！

從參拜神秘的嚴島神社到品嘗熱騰騰的紅葉饅頭，趕快來看看來到宮島絕不可錯過的旅行關鍵字！

宮島這個讚 01

→P.20

絕景多到令人眼花繚亂！參拜嚴島神社的神秘社殿

吸引眾多參拜者從世界各地前來的宮島觀光亮點。在迎來滿潮海水逐漸逼近的瀨戶內海上，朱紅色神社建築聳立的景觀堪稱美的極致！不妨來走訪全球獨一無二的磅礴海上神社。

這個也很讚！

染上夕陽色彩的大鳥居

夕陽沉入大鳥居對向的黃昏時刻，景致浪漫地令人歎為觀止，值得為此延後回程時間！

宮島這個讚 02

→P.28

登上宮島的能量景點 彌山幸福健行

彌山是海拔約535m的靈山，奇岩與寺堂所在的山頂附近有一股奇妙的能量籠罩，還設有觀景台，眼前是一片驚人的遼闊美景。藉由纜車&健行來攀上神秘的山頂。

山頂附近的「磐座石」是傳聞有神祇坐鎮的巨石

宮島這個讚 04

→P.32

宮島店鋪急增！3點的午茶就來絕景咖啡廳

能飽覽大鳥居或五重塔等宮島特有風景的咖啡廳在近年來陸續開店，2017年更有星巴克咖啡於沿岸開幕，將絕景咖啡廳的熱潮帶到最高點！

天心閣（P.32）的露台座

牡蠣祝（P.32）的自製甜點也很好吃

宮島這個讚 03

500隻鹿熱情迎接！來跟鹿一起拍照留念！

一抵達宮島棧橋，便可看見鹿群來迎接。自古以來便受到保護的鹿群，現約有500隻棲息於此。但因為牠們是野生鹿，請不要餵食和觸摸。

CUTE!

棲息於島上的各個角落

宮島這個讚 06

→P.16

宮島美食的新招牌！MIYAJIMA BREWERY 享啤酒時光

觀光後若想解解渴，不妨來點以彌山天然水釀造的宮島啤酒。在立飲吧檯或道地的啤酒餐廳暢飲口味多元的在地啤酒，儼然成為宮島美食的新玩法。

3樓有提供搭配啤酒的菜餚

還有販賣伴手禮用的罐裝啤酒

1樓啤酒吧檯無論站著喝或外帶都可以

中午前後較容易碰上剛出爐！

宮島這個讚 05

→P.42

來到發源地更該試試的美味 紅葉饅頭 趁熱品嘗！

能夠當場吃到剛出爐、熱騰騰的風味，正是來到宮島才有的享受。許多店家設有小小的內用空間，單買1個也沒問題。

藤い屋 宮島本店（P.42）可以配茶品嘗

宮島這個讚 07

→P.44

想選購宮島伴手禮 表參道商店街 是絕佳選擇！

宮島的主要大道表參道商店街集結了杓子、紙糊偶等宮島伴手禮，也別漏看融入了大鳥居或紅葉等宮島意象的可愛雜貨。

約70家店鋪林立的拱廊商店街

民芸藤井屋（P.44）的宮島紙糊偶

↑在zakkaひぐらし（P.44）發現的鳥居形筷架

←宮島帆布（P.44）的托特包

→杓子の家（P.44）的杓子吊飾

宮島這個讚 08

午餐時間就吃宮島2大美食的 牡蠣 或 星鰻飯

生產量高居日本第一的瀨戶內海產牡蠣、源自宮島的星鰻飯是宮島的代表性在地美食，風味變化與餐廳選擇也很豐富。宮島的午餐就決定吃這個♪

牡蠣 →P.34

牡蠣屋（P.35）有多種牡蠣料理！

星鰻飯 →P.38

星鰻飯的創始店うえの（P.38）位在宮島口

不可不知！最新宮島新鮮事

MEDIPANO

2018年4月於宮島啟用

便於遊覽宮島的虛擬導覽服務。只要讀取觀光勝地的QR CODE，便會播放360度全方位的全景影像、介紹文化與歷史的影片或語音解說等。

沿街美食更加豐富多彩、高級奢華的飯店開幕，宮島的嶄新魅力持續增加！
為您整理出觀光前務必知道的最新消息♪

News 1

望著大鳥居美景一面暢飲**精釀啤酒**

➲還有來自匈牙利的工作人員

可遠眺瀨戶內海和大鳥居的窗邊座最為搶手

宮島首家啤酒吧誕生

2017年11月開幕

MIYAJIMA BREWERY

○みやじまブルワリー

引領廣島在地啤酒的宮島啤酒終於開設了宮島首家啤酒吧，以彌山（P.28）天然水釀造的啤酒有多款隨季節更換的口味，還喝得到以廣島縣瀨戶田產Summer Fresh柑橘製作的「Princess Orange」等廣島特有的啤酒。由1樓的釀酒廠與啤酒吧檯、3樓的啤酒餐廳所組成，能眺望大鳥居的位置也是賣點。

☎0829-40-2607 MAP附錄③9C-4
營11:00～22:00(餐點～21:00，有時期性變動)
休週四(逢假日則營業) 所廿日市市宮島町459-2
交宮島棧橋步行10分 P無

1樓 啤酒吧檯

面朝表參道商店街的開放設計令人印象深刻。設有立飲吧檯，可一嘗5種啤酒，還提供外帶！

↑散發新穎雅致氛圍的1樓啤酒吧檯

➲啤酒
S 杯350日圓、
R 杯600日圓

3樓餐廳還有推出試飲3款套餐1080日圓（185mℓ×3種）

3樓 啤酒餐廳

透過落地窗能望見大鳥居的店內提供了9種啤酒，更備有整年都吃得到的宮島牡蠣（生牡蠣除外）、燒烤、義大利麵等能搭配啤酒的菜色。

前菜拼盤 756日圓
前菜菜色每天更換，可搭配風味香醇的黑啤酒品嘗

藻鹽烤生星鰻 1814日圓
瀨戶內海產的生星鰻僅佐上藻鹽烘烤，再以橄欖油增添風味

生牡蠣（限11～3月左右） 1個 378日圓
有著鮮甜濃郁滋味的宮島外海牡蠣，與口感輕盈的啤酒非常搭

2017年6月開幕

かきふくまる

烤牡蠣 1個200日圓～
由生產者直營店供應的烤牡蠣，濃醇的鮮美滋味非常誘人！ →P.37

宇治抹茶 250日圓

2017年2月開幕

古今果anco

奶油與師傅用心燉煮的紅豆顆粒餡譜出絕妙美味 →P.40

紅豆螺旋麵包 200日圓

2017年5月開幕

牡蠣屋のモヒート

莫希多 各500日圓
自家農園的薄荷與自製糖煮水果迸出清爽滋味，也有無酒精飲料 →P.40

News 2

參拜前後的美味樂趣♪
街頭小吃美食更加精彩！

表參道商店街 P.40

○おもてさんどうしょうてんがい

甜點和牡蠣、莫希多等選擇多樣的新店陸續開張，讓嚴島神社參拜前後的樂趣更加豐富！由島上人氣店家指導的商店等更高水準的風味備受矚目。

宮島的主要大道是街頭美食的天堂

開設在MIYAJIMA BREWERY（P.16）的1、2樓

News 3 持續進化勢不可擋 宮島的 咖啡廳熱潮 不可錯過！

高雅燈光令人難忘的店內

2017年4月重新開幕

CAFE HAYASHIYA

○カフェハヤシヤ

焼がきの はやし（P.34）所指導的咖啡廳。坐在能欣賞小庭院的現代和風空間內，享用有機栽種抹茶製作的甜點。每道菜色都有著很適合拍照打卡的可愛外觀♪

←吃得到自製穀麥等配料的tes's聖代1080日圓

MAP附錄③9B-2

080-1932-0335

11:00~16:30（週六~17:00）

週三（逢假日則前日或翌日休）

廿日市市宮島町504-5

宮島棧橋步行10分 無

2017年11月開幕

星巴克咖啡 嚴島表參道店

○スターバックスコーヒーいつくしまおもてさんどうてん

成為日本首家須搭船前往的星巴克而掀起話題，最大賣點在於能從鋪設落地窗的店內飽覽瀨戶內海與大鳥居的絕佳位置。展示宮島傳統工藝品木杓子的空間美感也是亮點

星巴克那堤Tall 399日圓、肉桂捲313日圓

0829-40-2205 MAP附錄③9C-4

9:00~20:00 無休 廿日市市宮島町459-2

宮島棧橋步行10分 無

News 4 帶給您夢幻的宮島住宿時光 現代和風飯店誕生

「山之別莊」客房是有陽光從樹梢間灑落的宜人空間

2017年9月開幕

宮島別莊酒店

○ホテルみやじまべっそう

統一設計成現代和風的優質旅館，客房有以町家、海、山為概念的3種房型。館內還有時尚酒吧和酒廊、大浴場。

0829-44-1180 MAP附錄③9C-1

IN15:00、OUT 11:00 1泊2食25000日圓~

廿日市市宮島町1165 宮島棧橋即到

無

附設麵包店「島旨PAN」

2017年7月開幕

LiVEMAX度假村 安藝宮島

○リブマックスリゾートあきみやじま

具備能眺望大鳥居的景觀浴池和岩盤浴等多種療癒設施，部分客房還採用席夢思床墊，能在此享受舒適的宮島住宿時光。

能遠眺大鳥居而視野開闊的景觀浴池

附室內浴池的「Junior Suite」

0829-40-2882 MAP附錄③9C-2

IN15:00、OUT11:00 1泊2食9000日圓~

廿日市市宮島町634 宮島棧橋步行15分

無

位於巷弄內2樓的隱密空間

2017年2月開幕

島飯 縁

○しまめしえにし

以宮島外海的品牌牡蠣「極鮮王」等瀨戶內海產為中心，發揮當令食材原味的創意和食廣受好評。午間有牡蠣和星鰻入菜的御膳，晚間則提供約50種的單品料理。

星鰻玉子燒864日圓，搭配在地酒756日圓~一同品嘗

0829-30-8252 MAP附錄③9B-4

11:00~14:15、17:00~20:30 週二

廿日市市宮島町531-4 宮島棧橋步行7分

無

News 5 想玩到入夜點燈的遊客有福了！營業至夜晚的 道地和食餐廳登場

菜色會隨季節調整的握壽司（上）1900日圓、牡蠣湯500日圓

2017年3月開幕

天扇 ●てんせん

宮島十分罕見的江戶前壽司店。從廣島鮭魚和鯛魚等清晨捕撈的瀨戶內海產到芥末和米飯等，使用的食材多為在地產。師傅逐一端上壽司的吧檯座很受歡迎。

須穿過小巷子才會到的私房餐廳

0829-44-1233 MAP附錄③9B-2

11:30~13:30、17:00~22:30 週三（逢假日則翌日休） 廿日市市宮島町810-1

宮島棧橋步行5分 無

完美旅行的3大重點

宮島的旅行規劃

以下介紹出發前務必瞭解的宮島遊玩方式和主要觀光景點的相對位置等資訊！

point 1 瞭解宮島的遊玩方式！

必遊景點　宮島最具代表性的景點是

嚴島神社　彌山　表參道商店街

搭配左頁MAP詳加確認♪

如果是初次來宮島，世界遺產嚴島神社、能量景點彌山、伴手禮＆街頭美食天國表參道商店街是必遊的招牌景點。

最佳時段　事先查好乾潮、滿潮的時間！

若想步行前往大鳥居的話就挑乾潮時段，想欣賞神社浮在海上的話就在滿潮時造訪。由於乾潮、滿潮時間每天不一樣，務必事先調整好遊訪的時間。

旅遊重點

如何得知時間

若想事先查詢請上宮島觀光協會的官網，嚴島神社入口的黑板上也會標記當天的乾滿潮時間。

P.27有詳細資訊

在島上移動　島上觀光以步行為基礎

由於宮島大多店家都沒有停車場，請將車子停在對岸的宮島口。搭渡輪抵達宮島棧橋後，在島上以步行來觀光。景點多集中在步行30分鐘的範圍內。

旅遊重點

共乘巴士「Maple Liner」

約9人座的共乘巴士，約10分鐘來往於宮島棧橋及宮島水族館之間，沿路皆可自由上下車，單次300日圓。

最佳旅遊季節　秋季的紅葉時節優美動人

宮島全年都有許多來自各地的遊客造訪，其中又以秋季為最佳旅遊季節。紅葉谷公園等島上各地的紅葉都會染成一片赤紅，吸引人潮來一睹風采而熱鬧非凡。

旅遊重點

若想在秋季來訪須善加規劃

每逢旺季秋天，島上的住宿設施便會供不應求，建議決定好旅遊時間後儘早預約。

小情報　島上的有無一覽表

雖說是廣島No.1觀光勝地，島上還是有所不足的地方。先來看看一覽表吧！

項目	有無
便利商店	×
ATM	○(僅有3處)
公共廁所	○
投幣式置物櫃	○
鐵路	×

住宿　主要是1泊2食的旅館

島上有許多住宿設施，大多是含1泊2食的旅館。擁有溫泉的旅館只有寥寥幾間，若想泡溫泉的話也可將位在對岸宮島口的宮濱溫泉列入考慮。

住宿情報請見P.128

旅遊重點

廣島市區也在選擇範圍內

商務飯店林立的廣島市區也是推薦的住宿候補選擇。連結宮島與廣島市區的大眾交通工具也很方便，移動不成問題。

所需時間　觀光大約需要半天～1天

由於宮島有許多景點，最少也需要半天來玩，若要爬彌山則需要一整天。如果有一天的時間，便能一次欣賞到乾潮、滿潮的景色，建議安排得寬裕一些。

半天　嚴島神社　表參道商店街

1天　嚴島神社　表參道商店街　彌山

point 2 以參考行程事先模擬一下宮島觀光

網羅經典行程　所需1天　充實行程　約8小時

START

- 9:15 宮島棧橋
- 步行15分
- 9:30 嚴島神社 P.20
- 步行5分
- 10:15 宮島水族館 P.46
- 步行15分
- 11:30 午餐就吃2大宮島美食 P.34
- 步行15分
- 12:45 宮島空中纜車紅葉谷站
- 宮島空中纜車 榧谷站轉乘 約20分
- 13:05 宮島空中纜車獅子岩站
- 步行30分
- 13:35 彌山 P.28（登山步道綿延至山頂）
- 步行30分
- 14:45 宮島空中纜車獅子岩站
- 宮島空中纜車 榧谷站轉乘 約20分
- 15:05 宮島空中纜車紅葉谷站
- 步行15分
- 15:15 咖啡廳小憩 P.32
- 步行7～10分

網羅必遊行程　所需半天　標準路線　約4小時30分

START

- 10:15 宮島棧橋
- 步行15分
- 10:30 嚴島神社（建議趁滿潮時來參拜神社）
- 步行15分
- 11:15 宮島空中纜車紅葉谷站
- 11:35 宮島空中纜車獅子岩站
- 步行1分
- 11:40 獅子岩瞭望台 P.29（從山腹的瞭望台飽覽絕景後立刻下山）
- 步行1分
- 12:00 宮島空中纜車獅子岩站
- 12:20 宮島空中纜車紅葉谷站
- 步行15分

午餐可品嘗星鰻飯、牡蠣料理等著名美食

看地圖來掌握島上位置

宮島上的景點集中，
可事先掌握相對位置來妥善規劃行程。

宮島棧橋到空中纜車紅葉谷站步行25分

所需約3小時

彌山 ●みせん ➡P.28

豐沛大自然圍繞的能量景點＆絕景區域

海拔535m的靈峰為宮島的能量景點。可搭乘纜車登上山腰，再從那裡來趟單程30分鐘可爬上山頂的小小登山趣。山頂有景觀一流的瞭望台、神秘的巨岩、與弘法大師有淵源的寺院，能體會為何這裡有神之島美名。

⬆從彌山山頂瞭望台望見的美景

本區的樂趣

- 彌山 能量景點健行➡P.28

宮島棧橋步行5分

所需約1小時

表參道商店街 ➡P.40

●おもてさんどうしょうてんがい

牡蠣、星鰻、紅葉饅頭！宮島名產雲集的主要大道

餐飲店、伴手禮店櫛次鱗比，長約350m的拱廊商店街。如果想嘗嘗紅葉饅頭、牡蠣等宮島名產的話，不用懷疑就來這裡！由於店家會在17時左右陸續打烊，若有想逛的店須留意營業時間。

⬇生氣蓬勃的表參道商店街

紅葉饅頭也有好多種♪

本區的樂趣

- 牡蠣➡P.34 ●星鰻飯➡P.38
- 表參道商店街 名產 吃透透♪➡P.40
- 紅葉饅頭➡P.42
- 宮島伴手禮一網打盡！➡P.44

宮島棧橋步行15分

所需約1小時

嚴島神社 ➡P.20

●いつくしまじんじゃ

乾潮滿潮樂趣加倍的宮島象徵！

全球各地眾多觀光客爭相造訪，宮島最具代表性的名勝。滿潮時可見海上神社，乾潮時可徒步走到大鳥居的底座。周邊分佈著寶物館和五重塔等歷史悠久的景點，參拜前後一定要來逛逛。

本區的樂趣

- 參拜步驟模擬教學➡P.22
- 大鳥居近觀！➡P.26
- 嚴島神社的相關景點巡禮➡P.30

⬅莊嚴的嚴島神社

先來這裡做好準備

宮島渡輪碼頭

不但有提供島上地圖及觀光手冊的觀光服務處，還有商店和投幣式置物櫃、廁所等，可以做為宮島的觀光據點。

MAP 附錄③9B-1

小建議

由於表參道商店街的店家多在17時左右打烊，須特別留意時間。如果要前往彌山山頂，記得穿好活動的服裝與鞋子。

小建議

搭纜車在彌山山腰折返，是個能一次走完必遊景點的快速路線。若是安排下午遊訪，最晚須在15時往彌山出發。

東迴廊可說是嚴島神社首屈一指的觀景點

小知識大補帖！嚴島神社的必知7大重點

這點不得了！1 佇立沙洲上的神秘海上神社

宮島自古被視為神明棲息的島嶼，整座島便是信仰的對象，人們也因此忌諱將神社建於陸地，而選擇將其興建在近海的沙灘上。以瀨戶內海做為建地這異想天開的構思，造就每逢滿潮便顯現出神社宛如浮在海上的光景。

這點不得了！2 於6世紀創建、12世紀由平清盛改建

嚴島神社擁有悠長歷史，在超過1400年前由佐伯鞍職創建為一切開端，神祇能保佑出海平安、生意興隆而受到眾多信徒推崇。現在的風貌是由當時的掌權者平清盛改建而成，將平安時代的雅趣傳承至今。

這點不得了！3 全日本罕見寢殿造樣式的神社

將平安貴族住居的「寢殿造」樣式巧妙融入，建造出全日本也很少見的形式。御本社模仿寢殿風格，再以迴廊連接東西社殿。設計上將御本社前的平舞台做為庭院，把眼前一望無際的瀨戶內海挪用為庭中池塘。

神社

讓廣島聞名全球的嚴島神社，
2018年是神社修建
邁向850週年的紀念年份。
特此傾力取材來介紹這座
越來越受矚目的神秘神社的魅力！

2018年舉辦的代表性活動彙整！

舉辦日期	活動名稱	內容	地點	費用
～2019年3月31日的日落～23:00左右	宮島表參道商店街「あかり」	燈籠點亮商店街，獨具風情的夜間點燈。	表參道商店街	免費
～2019年4月30日的日落～23:00左右	宮島町家通的「行燈」	可將行燈上的圖案視為街頭藝廊來欣賞一番。	町家通	免費
2018年4月1日～販售用VR售完為止	VR裝置	藉由手機與VR裝置來觀賞從嚴島神社平舞台拍攝的「24小時360度影像」。	宮島觀光協會官網與智慧型手機	800日圓（在宮島棧橋商店購買VR）
2018年4月20日～5月20日	辻村壽三郎人偶展「平清盛」	能欣賞辻村以清盛為題材的作品。	大本山大聖院	免費
1期 2018年7月21日～8月31日 2期 2018年12月上旬～2019年1月中旬	宮島集章活動	蒐集嚴島神社及彌山超過10處的印章，便能參加紀念品抽獎。	島上	免費

2018年是值得紀念的一年！

嚴島神社 修建850年！
平清盛 誕生900年!!

2018年是嚴島神社成為如今面貌後邁入850週年的重大年份。除此之外，研發出該構想的關鍵人物平清盛也正值900週年誕辰，整座島嶼將舉辦各式精彩活動。

平清盛是……

元永元（1118）年生於京，是武家第一個任職太政大臣（相當於現今總理大臣的職務）的人物，建立起平家的興盛時期。治承5（1181）年因熱病去世，享壽64歲。

洽詢處
平清盛紀念事業實行委員會
0829-44-2011（宮島觀光協會）

這點不得了！4
不只有神社、前方海洋與後方山巒也是世界遺產

莊嚴華麗的建築之美、眼前無邊無際的瀨戶內海，以及聳立於背後的彌山自然美相互融合的神秘神社建築，擄獲全世界遊客的心。其無法比擬的優美景觀獲得肯定，在1996年列入世界文化遺產。

這點不得了！5
境內大部分景點都是國寶&重要文化財

包含御本社、東西迴廊、高舞台在內，神社建築大多都是國寶或是重要文化財。景點依序現身，令觀者無不深受震撼。

這點不得了！6
嚴島神社的象徵大鳥居

聳立於近海沙灘上的嚴島神社大鳥居，不但能從境內欣賞，也可以從沿岸眺望，退潮時更能步行走近鳥居！近距離欣賞高度達16m的大鳥居，氣勢驚人。

這點不得了！7
海水的乾潮、滿潮景致變化萬千

滿潮時神社宛如浮在海上，乾潮時則穩穩鎮坐在沙灘上。相傳讓神社景觀隨著時間變化的巧妙設計也是平清盛的構思。

世界遺產 嚴島

嚴島神社
いつくしまじんじゃ
MAP 附錄③9B-3
0829-44-2020
6:30～18:00
無休 昇殿費300日圓
廿日市市宮島町1-1
宮島棧橋步行15分
P無

清盛×嚴島神社 歷史故事

瞭解嚴島神社與平清盛的淵源關係
增添週年紀念的小知識！

平清盛擔任安藝守官重建高野山大塔之際，來了一位奇妙的老僧

只要你祭拜安藝的嚴島神社平家就會興盛

清盛34歲

真的假的！

永曆元（1160）年初次來嚴島神社參拜後……

清盛43歲

啪 啪

隔年妻子的妹妹就生下後白河上皇的皇子，與天皇家成為親戚

此外再3年後女兒盛子與關白藤原基實結婚

平家的權力逐漸UP

清盛越來越篤信嚴島神社，於長寬2（1164）年獻上平家納經

平家一家捐獻

從此開始著手修建神社

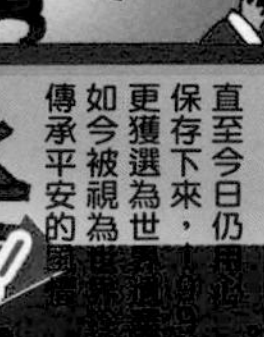

嚴島神社

參拜步驟模擬教學

精彩看點 參拜禮儀 通通一把罩

所需30分

國寶、重要文化財接連映入眼簾的嚴島神社，為避免受其優美迷惑了眼睛而錯過參拜地點和看點，先來紙上模擬一次參拜的順序吧！

※大鳥居預計於2019年6月開始（結束時間未定）進行全面整修，整修期間將影響參觀。

嚴島神社MAP →P.25

成排松樹很優美的御笠濱，其入口處有石鳥居，鞠躬一次再前進是基本禮儀

重要文化財 1 大鳥居（おおとりい）

相見歡

踏上通往嚴島神社的御笠濱，便能看見象徵神社的大鳥居。高約16m，從海岸眺望也足以感受到其魄力。

精彩看點
大鳥居是絕佳的拍照景點，從常夜燈的角度欣賞大鳥居更是格外迷人。

精彩看點
燈籠上的烏鴉像
停在入口前2座石燈籠上的2隻烏鴉石像，代表著當年是由2隻烏鴉引導至神社創建地點的傳說。

高雅的建築外觀

2 先在入口（いりぐち）好好淨身再開始參拜

參拜禮儀 一

從御笠濱步行3分即抵達嚴島神社的入口，先在入口旁的手水舍潔淨身心後再進入神社。別忘了站在懸山式的壯觀屋頂與世界文化遺產的看板前拍照留念。

先來瞭解！參拜禮儀

一 在手水舍洗滌身心

用長柄杓盛裝1瓢水來完成1～5的步驟。

1 右手握著長柄杓來洗淨左手

2 將長柄杓換到左手來洗淨右手

3 將杓內的水倒入左手掌來漱口（杓子不可碰嘴）

4 用水洗淨左手後，以右手立起長柄杓來清洗杓子

5 將長柄杓朝下輕輕歸回原位

宮島官方導覽員 藤井伸一先生

宮島官方導覽員

在經驗豐富的導覽員陪同下遊逛島上的導覽團，各路線會有不同的行程。當天報名也OK，務必來參加看看。

- **洽詢處** ☎0829-44-2011（宮島觀光協會）
- **舉辦日** 週六日、假日
- **時間** ①世界遺產路線10:00～ ②清盛路線10:30～ ③小巷弄路線13:30～
- **所需** 各1小時30分
- **費用** 1人500日圓（路線①②須另付嚴島神社的昇殿費300日圓）
- **預約** 不需預約 僅限在宮島棧橋的觀光服務處當天報名（2名～）

參拜步驟模擬教學

3 首先來參拜 客神社 まろうどじんじゃ

參拜禮儀 三 四

距離入口不遠的第一個攝社（神社內附屬於本社的小神社），是規模最大的攝社，神社的祭典都從這裡開始。祭神為天忍穗耳命等五位男神。

精彩看點

驅魔的愛心!?

客神社上方可見挖空成愛心型的裝飾，這是名為「猪之目」的日本古早圖樣，帶有驅魔含義的吉祥物。

位在東迴廊的一隅

4 東迴廊 ひがしかいろう 外的絕景令人感動！

銜接入口和御本社的東迴廊有著成排的朱紅樑柱，格局風雅。在這裡能將神社建築與海景、大鳥居盡收眼底，是境內數一數二的觀景點，令人不禁連按快門。此外，柱與柱之間（1間）皆鋪上8塊木板，將間隔統一成約8尺，有一說認為是與象徵廣招好運的吉祥文字「八」有所關聯。

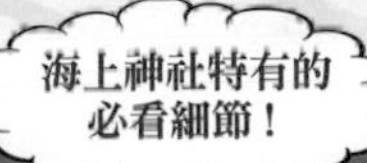

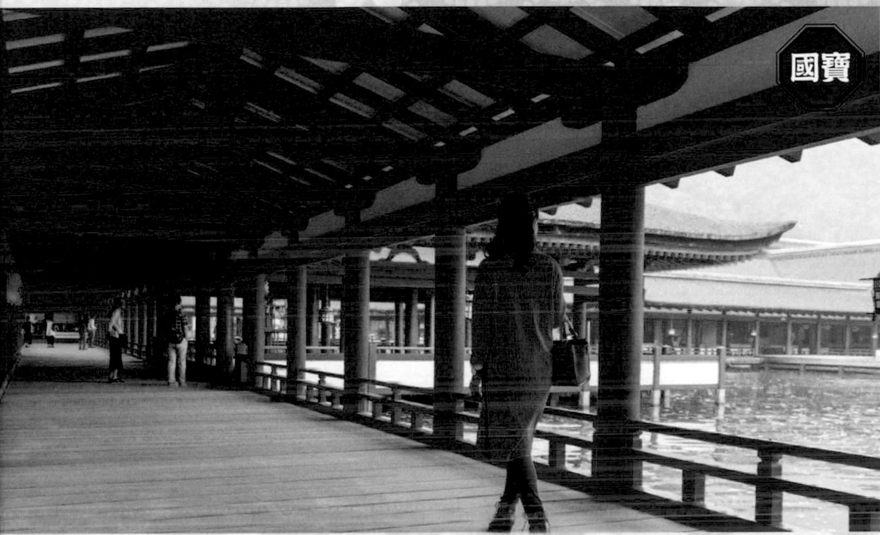

寬4m、東西迴廊加起來長達270m

海上神社特有的必看細節！

每逢颱風或滿潮等海面上升時為了降低水壓，隨處都須倚靠工匠的技藝，地板之間的縫隙也是其中之一，藉由刻意留縫隙來讓海水通過以減輕水壓。

精彩看點

隱密名勝也不容錯過！

雖然注意力會不由自主地被東迴廊外的美景吸引，但實際上還有些隱藏名勝躲在各個角落，以下介紹值得一看的3名勝。

康賴燈籠 ●やすよりとうろう

返京終獲批准的平康賴為了向嚴島大神致謝而供奉的燈籠，據信是宮島最古老的石燈籠。

卒塔婆石 ●そとばいし

揚水橋下有水池，池中之石便是卒塔婆石。據說是被流放到島上的平康賴在1000塊卒塔婆木牌上寫詩歌後放流，而其中一塊漂流至此。乾潮時可看見。

鏡池 ●かがみのいけ

浮現於境內沙灘上的小水池，是只有在乾潮時才看得見的光景，相傳有清泉（淡水）源源不絕湧出。含東迴廊在內，境內共有3個小池。

接續 P.24

二 神社內為單行道

由於入口與出口分別設在不同地方，神社內採單向通行。也因為無法隨意折返，要小心別錯失參拜＆參觀的機會。

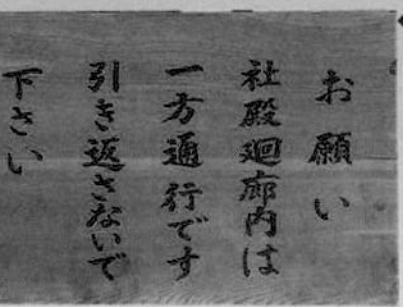

お願い
社殿廻廊内は
一方通行です
引き返さないで
下さい

三 在祓所淨身淨心

只有在客神社對面的祓所才有放置祓串，這點務必謹記。二拜二拍手一拜後用雙手拿著祓串，依序以左、右、左來輕點肩膀祓除穢氣。

四 參拜為二拜二拍手一拜

依序介紹投入香油錢的時機與合掌祭拜的方式等正確做法。

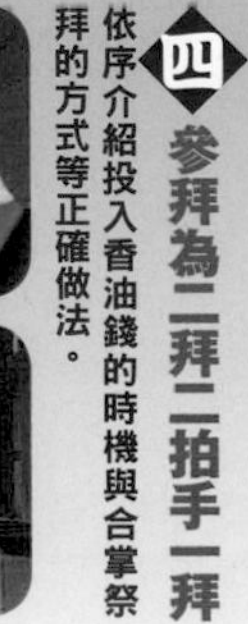

1 將香油錢置於掌心後靜靜投入賽錢箱內

2 慢慢地鞠躬兩次，再合掌拍手兩次

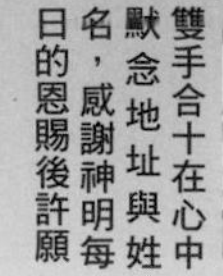

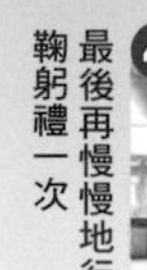

3 雙手合十在心中默念地址與姓名，感謝神明每日的恩賜後許願

4 最後再慢慢地行鞠躬禮一次

嚴島神社

從祓殿所看見的御本社，後方有本殿、幣殿、拜殿相連

5 御本社（ごほんしゃ）

參拜三女神

主祭神為市杵島姫命、田心姫命、湍津姫命三大女神，被視為海神、交通之神、財福神、技藝之神而深受崇仰。這是一棟由本殿、幣殿、拜殿、祓殿相連而成的複合神社建築，分別列為國寶。本殿廣達82坪，面積堪稱日本規模最大。

參拜禮儀

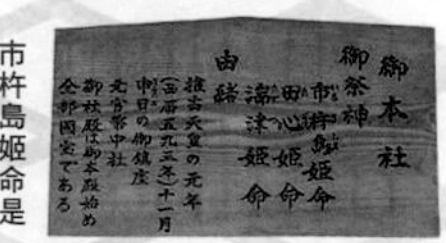
市杵島姫命是有一讀音同嚴島的重要神祇

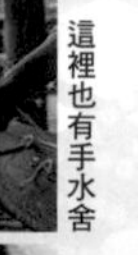

這裡也有手水舍

靜下心來參拜

6 火焼前（ひたさき）

拍張紀念照！

就算大排長龍也想來拍張照的熱門拍照點

國寶

火焼前是指突出於海面的部分，從此往前88間（約160m）便是聳立的大鳥居。這也是境內唯一能正面眺望大鳥居的位置。

精彩看點

左右兩旁的4座神社也是國寶

左門客神社、右門客神社

●ひだりかどまろうどじんじゃ みぎかどまろうどじんじゃ

分別位在火燒前的左右，祭神是豐石窗神與櫛石窗神，肩負看守御本社的使命。

左樂房、右樂房

●さがくぼう・うがくぼう

舉行舞樂時樂師奏樂的地點。當表演內容是從印度或中國等地傳來的左舞時，在左樂房演奏，若表演朝鮮半島等地的右舞時，則在右樂房奏樂。

7 高舞台、平舞台（たかぶたい・ひらぶたい）

傳承平安文化

高舞台是指面海的舞台，從平清盛傳承下來的舞樂至今仍在此上演。而相對於高舞台的低矮部分則稱為平舞台，若以寢殿造建築樣式來說就相當於「庭院」。從這裡可以飽覽東迴廊、客神社、五重塔，是能完整捕捉昔日氛圍的絕佳拍照景點。

國寶 平舞台

日本三舞台之一的高舞台

精彩看點

優雅的舞樂不可不看

舞樂是指從中國和印度傳來的舞蹈，身穿華麗衣裳的演員會隨著雅樂翩翩起舞。每年約會舉辦10次舞樂，僅需支付昇殿費便能自由觀賞。

御朱印與御守須待參拜後

神籤 1次100日圓

嚴島神社的神籤因有罕見的「平」而出名，代表少有吉凶變動。神籤可繫在西迴廊的結所

御守 各500日圓等

小鹿和大鳥居圖案裝飾的御守，有祈求結緣或交通安全等多種選擇

御朱印費 300日圓
御朱印帳 1000日圓

可以請神職人員題字蓋印，做為參訪嚴島神社的證明。不過必須先參拜御本社後再來索取

8 大國神社（だいこくじんじゃ）

祈求好姻緣

參拜禮儀 四

與出雲大社為同一祭神，祀奉著又以掌管姻緣的神祇而著稱的大國主命。還有一說是因為祂和田心姬命結婚，才會供奉在御本社附近。

重要文化財

在這裡參拜

俗稱為「大國桑」

9 天神社（てんじんしゃ）

獻納繪馬

參拜禮儀 四

創建於弘治2（1556）年，是毛利隆元進奉的攝社之一，祭祀學業之神菅原道真。欲獻納繪馬請來這裡。

重要文化財

信徒獻納的繪馬掛滿整面

因興建的時代不同而未漆成朱紅色

在這裡參拜

精彩看點

長橋也值得一觀

能從天神社眺望到的長橋，是將奉獻給神明的貢品從腹地外運進御本殿時的通道，長33m、寬3m。

重要文化財

10 西迴廊（にしかいろう）

景觀令人醉心

與東迴廊成對的西側迴廊，總長達156m。等間隔吊掛於迴廊上的吊燈籠為青銅製，如今所見的是大正時代奉獻的燈籠。從這裡也可以望見能舞台和反橋等名勝。

若在滿潮時來參拜，能體驗行走於海上般的威受

國寶

後方的橋梁便是反橋

精彩看點

反橋也看得到

過去只有天皇的使者（勅使）能踏上的橋梁。長24m、寬4m，高欄漆成紅色，橋腳則漆上黑色。

神籤請綁在西迴廊的結所，或是帶走也OK

11 能舞台（のうぶたい）

至今仍在使用

全日本唯一建在海上的能舞台。現在的舞台是在延寶8（1680）年重建，由於建造時代不同而未漆上朱紅色。能站在西迴廊欣賞。

重要文化財

每年4月16日起會獻演3天能劇與狂言

12 出口（でぐち）

建築美也是亮點的

穿過西迴廊後便是出口。據說以前這裡才是入口，與如今入口各異其趣的厚實唐博風式屋頂也令人印象深刻。

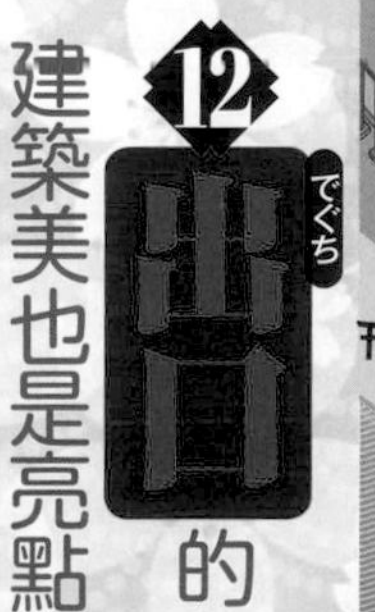

展現出往昔的風華

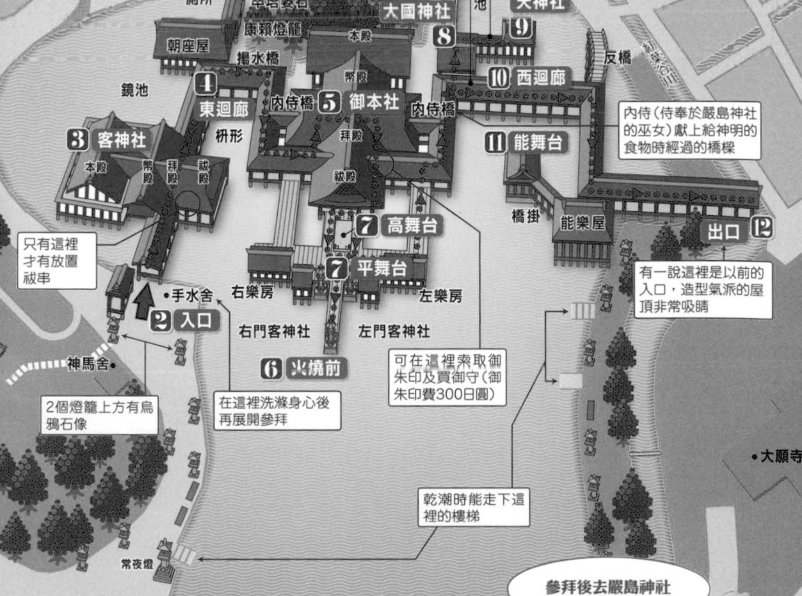

因佇立於海上而有
乾潮、滿潮的雙重景觀！

近觀！

無論規模或魅力都高人一等!

大鳥居

MAP附錄③9A-3

現今的大鳥居是在約140年前建造

從平安時代算起，現在的大鳥居是第8代，於明治8（1875）年改建而成。

日本規模最大的木造鳥居

高度達16m，相當於4層樓高。而主柱的周長約10m、重達60t，可說是日本最大規模的木造鳥居。

全日本也很少見的海上鳥居

整座宮島被視為信仰對象，也因為無法從陸路前往而須從海上參拜嚴島神社，才會將大鳥居建於拜殿外約196m的近海。

其實鳥居是直接立在地面上！

大鳥居的柱子並沒有嵌入地中，而是僅靠自己的重量佇立著。柱子下方打入數百根樁子來強化地基，再將礎石排列於上方做為基礎，才能以自身重量站穩。

近距離觀察大鳥居的秘密！

※大鳥居預計於2019年6月開始(結束時間未定)進行全面整修，整修期間將影響參觀。

大鳥居 close up

上頭繪有太陽與月亮

受到陰陽道的影響，東側有太陽、西側則繪有月亮的圖案。

西側

東側

大鳥居 close up

主柱的樹齡超過500年！！

樹齡超過500年、周長10m的天然樟木，當初可是花了超過20年歲月才找到。

大鳥居 close up

裡頭有好多小石子！

為了讓鳥居更加穩定，上方長方形的笠木與島木內裝有約7噸重的碎石。

大鳥居 close up

面海與面神社兩側不同的匾額

面海是「嚴嶋神社」、面神社是在萬葉假名中意指"虔誠祀奉神明之島"的舊稱「伊都岐島神社」。匾額題字兩面不一也屬罕見，兩者皆由有栖川宮家的第9代當家有栖川宮熾仁親王親自揮毫。

面海洋

面神社

乾潮時段是能親身感受大鳥居規模的絕佳機會（照片提供：廣島縣）

乾潮時 可走下沙灘 步行接近大鳥居

海水退去的乾潮時段是可以步行前往大鳥居底部的絕佳時機！能一睹平常無法看到的海面下柱子。

從沙灘走過去貼近鳥居

／來去大鳥居！／

參拜注意事項

- 潮位高於101cm時無法走到大鳥居下方。
- 即使海水退去地面仍泥濘，建議穿著不怕髒的鞋子。

1 可以從嚴島神社周遭的階梯或斜坡走下沙灘。

2 通往鳥居的路即使在乾潮也有海水殘留，請踩著踏腳石前往。

3 抵達底座！大鳥居仍可見海水退去的痕跡，再次為水痕高度感到震撼！

4 不妨從旁邊、下面等各種角度來欣賞這氣勢非凡的光景。

嚴島神社的象徵地標 大鳥居

巍然聳立在瀨戶內海上的大鳥居雖然能從岸邊和神社遠眺，但只要能利用乾潮、滿潮時間，更能近距離感受其魄力！以下介紹近觀大鳥居的2大方法。

滿潮時 搭船從下鑽過海上的大鳥居

相傳在平清盛的時代都是搭船穿過大鳥居，前往嚴島神社參拜。搭上能體驗古早參拜路線的「櫓櫂船」來貼近大鳥居吧。

來去大鳥居！搭上小船貼近鳥居

參拜注意事項

●即使在營運期間內也僅限於能穿過大鳥居的潮位時開船，務必上官網確認。

●人數到齊便會出發，時間不定。不需預約，建議開始出船時儘速上船。

1 集合地點在御笠濱的石鳥居前，船隻以這個沙灘做為起迄點

2 戴上防曬的斗笠準備出海，一次最多能載20個人左右

3 往宮島近海出發。因不使用引擎而能清楚聽見悅耳的海浪聲

4 搭船出發約5分鐘，大鳥居就來到眼前！在進行二拜二拍手一拜的過程中，小船便會緩緩穿過大鳥居

櫓櫂船 不需預約

◆ろかいぶね

可乘坐以櫓櫂划水前進的小船前往宮島外海的舊式風雅遊船，一面聆聽導遊的導覽，一面享受共約20分鐘的船旅時光。

營運時間 3~11月
集合 御笠濱周邊
MAP 附錄③9B-3
☎0829-78-1419
（宮島遊覽觀光） 🕒10:00～16:00滿潮前後 休天候不佳時、潮位較低的日子 ¥乘船費800日圓（週六日、假日為1000日圓）

從船上欣賞鳥居點燈

最晚2小時前報名的預約制

不妨試試搭船來趟夜間參拜？

屋形船 ◆やかたぶね

僅於夜晚開出的遊船，可搭乘屋形船周遊嚴島神社近海，能夠從海上欣賞點上華燈的大鳥居和神社，所需約30分鐘。

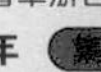0829-44-0888
（AQUA NET HIROSHIMA）
🕒17:55、18:35、19:15、19:55、20:35、21:15 休7月7日、管絃祭舉辦日、煙火大會舉辦日 ¥乘船費1600日圓
期間 全年 集合 宮島第三棧橋

潮汐表參考
2018年3月

日期	星期	潮種	滿潮（high tide）				乾潮（low tide）			
			時刻	潮位	時刻	潮位	時刻	潮位	時刻	潮位
25	日	小	3:27	277	15:02	237	9:31	156	21:56	80
26	一	長	5:13	276	16:59	229	11:38	157	23:44	77
27	二	若	6:41	293	18:39	249	-	-	13:03	131
28	三	中	7:41	316	19:44	281	1:04	57	13:56	100
29	四	中	8:27	334	20:34	311	2:02	34	14:38	71
30	五	大	9:07	347	21:17	334	2:49	18	15:16	47
31	六	大	9:43	352	21:57	347	3:30	11	15:52	30

安全界線
滿潮時為250cm以上
若想欣賞浮在海上的嚴島神社，須等待潮位達250cm以上。

安全界線
乾潮時為100cm以下
如果潮位在乾潮時仍超過101cm，海水便未能全數退去而無法步行至大鳥居下方。

出發前必知！ 潮汐時間表

乾潮、滿潮的週期約為6小時

1天分別有2次乾潮與滿潮，大約每6小時重複一次，只要待上1天便有可能一次欣賞到乾潮與滿潮兩種美景。

滿潮時 ↓約6小時↑ 乾潮時

乾滿潮的時間、海潮高度每天不同

由於乾滿潮時間1天會延後約50分，所以每天的時刻都會改變，再加上海面高度也是每天不同，有時乾潮滿潮的差異不大。

海潮高度、時間一目瞭然的潮汐表

欲近觀大鳥居必須事先查好海面的高度（潮位）、時間。宮島觀光協會的官方網站有發佈潮汐表，務必先做好確認。

請確認安全界線！

乾潮時不見得就能步行前往大鳥居，有所謂安全界線，請多加留意。

遺裡是彌山山頂（535m）

獲選為世界遺產的宮島最高峰

彌山（みせん）能量景點健行

經認證為世界遺產的彌山，是與嚴島神社齊名的能量景點而備受矚目。來追尋傳承至今的神秘與絕景，出發健行去！

文殊堂・觀音堂

彌山（みせん）

MAP 附錄③18D-2
☎0829-44-0316
彌山本堂 2
彌山的觀光據點
設有廁所和休息區、用餐空間。
（宮島空中纜車）
自由參觀 廿日市市宮島町
宮島空中纜車獅子岩站至山頂瞭望台步行30分
P無

健行的小建議

往返3小時
須留意最後一班回程纜車的時刻，最晚須在14時左右朝彌山出發。

建議穿好走的鞋&服裝
攀爬山脈時，穿運動鞋等好走的鞋子、方便活動的服裝是基本常識。

事先準備好飲料
由於在獅子岩站之後幾乎沒有可購買飲料的地方，必須事先備好。

活用接駁巴士！
從岩惣周邊到紅葉谷站需步行10分，這段區間有免費巴士可搭，能多加利用。

約20分鐘一班!

從彌山山頂能將神秘巨岩與瀨戶內群島一覽無遺！

絕景景點
首任內閣總理大臣伊藤博文曾盛讚「日本三景之一的真正價值在於山頂望出去的景觀」，巨岩與瀨戶內海群島的壯麗結晶美得令人感動。

看點 pick up!

自古以來深受崇敬的山脈
海拔535m的宮島最高峰，是由弘法大師開山，自古以來就被奉為靈峰所尊崇。

更是高人氣的能量景點
這裡有未受人為介入的原始林、弘法大師相關的寺院以及神秘的巨岩群等，諸多充滿神秘力量的景點。

能覽島嶼景致的絕景景點
從宮島最高峰的彌山能將瀨戶內海群島景色盡收眼底。設有2處瞭望台，不論是哪邊都有著絕佳美景！

還可以用肉眼看到嚴島神社的大鳥居

從瞭望台屋頂可欣賞到360度全景

絕景景點
天氣晴朗時甚至能望見四國！

就算對體力沒信心，也能從這裡盡情欣賞絕景

首先搭纜車移動到山腰！

宮島空中纜車

●みやじまロープウエー

雖然也可以從山腳爬上山頂，但考量到時間與體力還是強力推薦搭乘纜車！纜車連接紅葉谷公園（P.31）與彌山山腰，眼前所見的風景也非常迷人。

MAP 附錄③9C-4
0829-44-0316
9:00～17:00（有時期性變動）
休 天候不佳、維修期間休
¥ 往返（紅葉谷站～獅子岩站）1800日圓 所 廿日市市宮島町 交 宮島棧橋至宮島空中纜車紅葉谷站步行25分
P 無

紅葉谷站 → 約10分 → 榧谷站 → 約4分 → 獅子岩站
在這裡轉乘

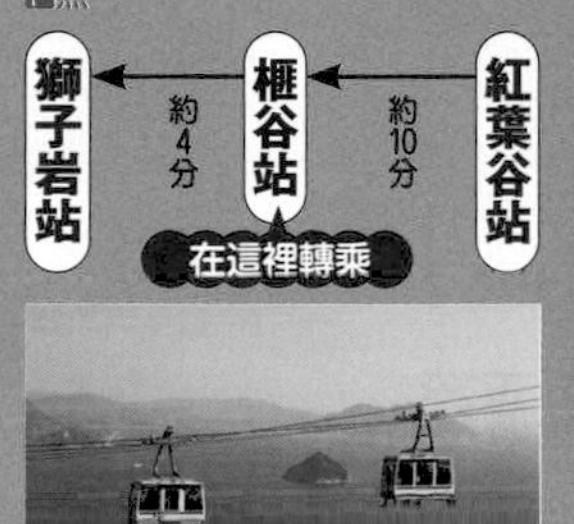

步行

第一個觀景點

1 獅子岩瞭望台

ししいわてんぼうだい

盡情感受絕景

瞭望台就坐落在獅子岩站附近，祥和的瀨戶內海多島之美就在眼前，空氣澄澈的上午更加優美。

在獅子岩站

CHECK

可以體驗親自烤紅葉饅頭！

獅子岩站的2樓會舉辦將心形內餡填入紅葉饅頭的製作體驗活動，可於當天、當場報名，約需15分鐘。

0829-44-0316(宮島空中纜車)
10:00～12:00、13:30～15:30
¥ 1人300日圓（2人～）

步行20分

別忘了拍照留念

參拜弘法大師的修行地

2 彌山本堂

みせんほんどう

記得來參拜

寺堂興建於相傳弘法大師曾修行過的地點。列為重要文化財的梵鐘是由平宗盛捐獻，主祀虛空藏菩薩，脇祀不動明王及毘沙門天。

0829-44-0111 MAP 附錄③18D-2
(大本山大聖院)
自由參拜 所 廿日市市宮島町 交 宮島空中纜車獅子岩站步行20分
P 無

CHECK

錫杖之梅

彌山七大不思議的梅樹，傳聞弘法大師立在此地的錫杖生根，就此長出梅樹。

步行

3 靈火堂

れいかどう

索取靈水

「不滅之火」是和平紀念公園的和平燈之火種之一

內有傳說由弘法大師點燃後燃燒至今的「不滅之火」，據說以此火煮沸的靈水能治百病，可以自由飲用。

MAP 附錄③18D-2
0829-44-0111
(大本山大聖院)
8:00～17:00 休 無休
所 廿日市市宮島町
交 宮島空中纜車獅子岩站步行20分 P 無

曾在2006年重建

步行7分

走近一看更加驚人

絕景景點
越接近山頂就有越多龐然巨石陸續現身！也有一說認為這片奇景便是山岳信仰的基礎。

巨岩堆成的

4 鑽岩

くぐりいわ

神秘體驗

宛如巨大岩石互相依靠而成的石頭隧道，周圍還散佈著舟岩等大自然塑造出的奇岩。

CHECK

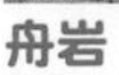

舟岩

有著小船外形的龐大岩石，下方安置了一尊地藏菩薩。

干滿岩

據說洞裡的水位會隨著海潮的漲退而有所變化。

步行3分

巨岩前方一望無際的島嶼景致

5 彌山瞭望台（彌山山頂）

賞美景

みせんてんぼうだいみせんさんちょう

相傳彌山是在超過1200年前由弘法大師開山，山頂上佈滿巨岩，並有傳說有神明坐鎮的「磐座石」，十分神秘。瞭望台是由建築師三分一博志設計，瞭望台內還設有廁所。

CHECK

兼具休息區的瞭望台

2樓的巨大屋頂下置有長椅，形成一片可眺望風景歇歇腳的空間，和風氛圍與周圍景觀融為一體。

展讀宮島的歷史

嚴島神社相關景點巡禮

能更深入瞭解嚴島神社和宮島歷史的景點都在這裡！參拜完嚴島神社後若時間上允許就來走走吧。

日本三大弁財天之一 嚴島弁財天供奉於此

1 大願寺

●だいがんじ

歷史悠久的真言宗寺院，過去擔任嚴島神社的修繕、建造職務。因神佛分離令而從嚴島神社遷出的日本三大弁財天之一嚴島弁財天（本尊、秘佛）安置於此。

MAP 附錄③9A-3
0829-44-0179
8:30～17:00
休無休
所廿日市市宮島町3
交宮島棧橋步行15分
P無

對外展示藥師如來坐像等4座重要文化財與大佛不動明王

Check
境內水池祀奉著弁財天的使者龍神，成為著名的能量景點

獻納給嚴島神社的珍品一字排開

2 嚴島神社寶物館

●いつくしまじんじゃほうもつかん

收藏了大名鼎鼎的武將所獻納的刀劍類與盔甲等無數珍寶，並展出部分寶物，其中有130件列為國寶或重要文化財，尤其必看平家為祈求家族興盛而獻上的《平家納經》（展示複製品）。

MAP 附錄③9A-3
0829-44-2020（嚴島神社）
8:00～17:00 休無休 ¥入館費300日圓 所廿日市市宮島町1-1 交宮島棧橋步行20分 P無

Check
有時也會在寶物收藏庫對外展出《平家納經》的真品，詳情請上嚴島神社官網確認

大本山大聖院有許多可愛的地藏菩薩

將古時候的宮島願掛設計成現代風格的細瓶御守砂700日圓，願望實現後記得送回來喔

在宮島最古老的寺院祈求神明庇祐

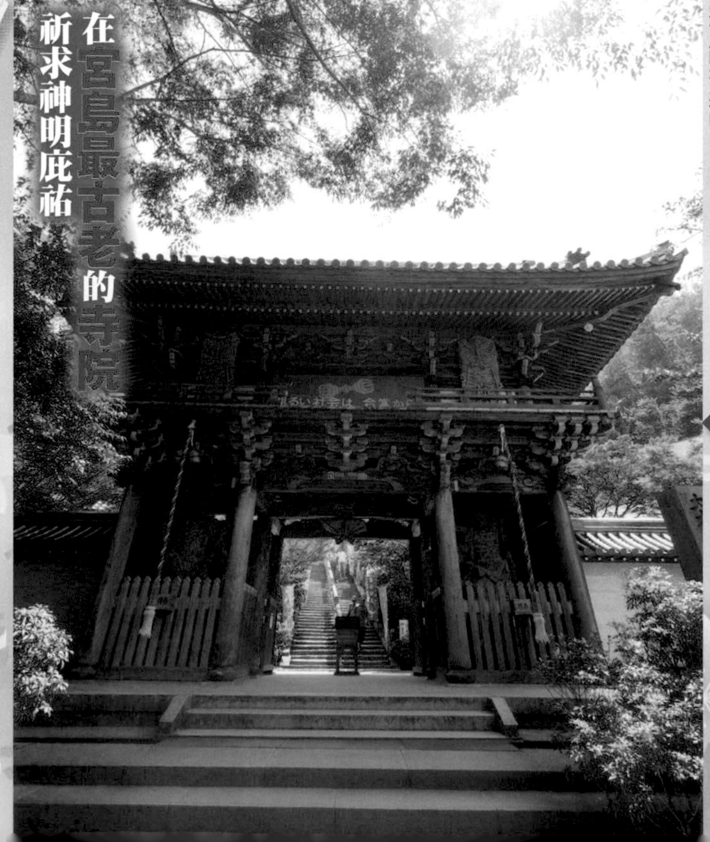

穿過仁王門走入境內

祈福景點

摩尼車 ★まにぐるま

印有般若心經的轉輪，據信只要轉動轉輪便有如誦讀般若心經的功德。

遍照窟 ★へんじょうくつ

安置四國八十八所靈場的各個本尊，更鋪上各處靈場的砂子，只要走在上面便形同踏上四國遍路而能獲得庇祐。

宮島小知識

這也是將嚴島神社推上世界遺產的一大原因！

直到江戶時代神道與佛教都是相互融合，但明治時代頒布的「神佛分離令」將神道與佛教徹底區分開來。因此過去供奉於嚴島神社的佛像便安置到了大願寺與大聖院。據說彰顯出這段神道與佛教交融、分離的歷史也是評鑑入選世界遺產的關鍵之一。

3 大本山大聖院

●だいほんざんだいしょういん

擁有超過1200年歷史的真言宗大本山，自古便是嚴島神社的神宮寺掌管祭祀，亦以保佑戀愛運等諸多運勢的能量景點而著稱。

Check
觀音堂供奉著從嚴島神社遷來的十一面觀音像

MAP 附錄③9A-4
0829-44-0111
8:00～17:00 休無休
¥免費參觀 所廿日市市宮島町210 交宮島棧橋步行20分 P無

在這裡休息

塔之岡茶屋

●とうのおかちゃや

大正末期開業的茶屋，知名的力餅重現了豐臣秀吉為興建豐國神社的工人送上的點心。

MAP 附錄③9B-3
✆0829-44-2455
10:00～17:00
休 不定休

力餅（附茶飲）550日圓

4 豐國神社（千疊閣）

●ほうこくじんじゃ（せんじょうかく）

豐臣秀吉下令興建的大經堂，但因秀吉猝死而停建，留下柱子與天花板樑柱裸露的未完風貌。氣勢磅礴的堂內通風良好，推薦在此歇腳一下。

MAP 附錄③9B-3
✆0829-44-2020（嚴島神社）
8:30～16:30 休無休 ¥入館費100日圓 所廿日市市宮島町1-1 交宮島棧橋步行15分 P無

祀奉豐臣秀吉的大經堂

Check
因神佛分離令而將本尊佛像遷至大願寺，成為祭祀秀吉的神社

5 五重塔

●ごじゅうのとう

高達27m的檜皮頂佛塔高聳於嚴島神社後方的高地，建造於應永14（1407）年，僅能自由參觀其外觀。春季有櫻花、初夏有新綠、秋季有紅葉與四周樹木增添色彩。這裡是絕佳的拍照景點，可在長長的石階前拍照留念。

MAP 附錄③9B-3
✆0829-44-2020（嚴島神社）
自由參觀（限外觀）
所廿日市市宮島町1-1
交宮島棧橋步行15分
P無

和式與中式風格融合的優美佛塔是絕佳的拍照勝地

Check
過去供奉釋迦如來像等，後因神佛分離令而遷往大願寺

順道來這走走

初夏的新綠、秋季的楓紅景色秀麗

紅葉谷公園

●もみじだにこうえん

坐落於彌山山腳下的公園，秋季是溪谷沿岸紅葉渲染成豔紅色的賞紅葉名勝。春季到夏季則有新芽綠意的清新風景，成為一整年都樂趣無窮的散步景點。

MAP 附錄③9B-3
✆0829-44-2011（宮島觀光協會）
自由入園 所廿日市市宮島町 交宮島棧橋步行15分 P無

從類型來選擇 宮島咖啡廳8選

近年來陸續新開張讓宮島更加熱鬧的咖啡廳，有絕景咖啡廳及和風咖啡廳等五花八門的類型。先看準人氣甜點，挑間想吃的當3點午茶小憩。

露台座僅於春～秋季限時登場

高處的景觀堪稱宮島第一！
精緻的高雅咖啡廳

宮島咖啡廳的新經典 絕景咖啡廳

能眺望五重塔或大鳥居的咖啡廳急增中！以下介紹帶動熱潮的3間咖啡廳。

廣島三次酒廠的TOMOE 1100日圓，搭配甜點一同享用

五重塔步行3分

牡蠣祝

◆かきわい

建於坡道上方高地的隱密咖啡廳，有大面落地窗的店內格外令人印象深刻。所有座位都能欣賞到祥和的瀨戶內風景，其中又以能獨佔全景的露台座為特等席。來點葡萄酒及自製甜點，品味優雅時光。

☎無 MAP附錄③9B-3
L12:00～16:00 休週四 所廿日市市宮島町422 交宮島棧橋步行15分 P無

雅致的優質空間

休憩良伴
巧克力蛋糕…650日圓
鮮榨檸檬莫希多…850日圓
口感濃郁入口即化的巧克力蛋糕與散發瀨戶內產檸檬香氣的莫希多非常對味

新開咖啡廳也CHECK!

日本首家需搭船前往的星巴克
星巴克咖啡 嚴島表參道店 →P.17
自製聖代吃進心坎裡
CAFE HAYASHIYA →P.17

靠近大鳥居的濱海咖啡廳

休憩良伴
自家烘焙起司蛋糕…510日圓
冰紅茶歐蕾…620日圓
使用2種起司製作的香濃蛋糕與法國產茶葉沖泡的紅茶

嚴島神社步行3分

Café Lente

◆カフェレンテ

店名為拉丁語，意指「慢慢地」。賣點是大鳥居就在眼前的絕佳位置，可以坐在面海的古董座椅上欣賞。麵食等正餐菜色也很豐富。

MAP附錄③9A-3
☎0829-44-1204
L11:00～日落的1小時前 休不定休（週六日、假日除外） 所廿日市市宮島町北大西町1167-3 交宮島棧橋步行15分 P無

座椅皆朝能觀景的面窗方向擺設

休憩良伴
蛋糕套餐…1000日圓～
飲料費用加上450日圓便能升級為蛋糕套餐

享受自家烘焙咖啡與絕景的沉穩時光

露台座是最好的特等座

嚴島神社步行5分

天心閣

◆てんしんかく

這間位處高地的宅邸咖啡廳是由伊都岐珈琲（P.33）打造，搭配自家烘焙咖啡來細細欣賞宮島的風景是這家店特有的享受方式。

MAP附錄③9B-3
☎0829-44-0611
L14:00～16:30
休週三、四 所廿日市市宮島町413 交宮島棧橋步行15分 P無

改裝自日本住宅的和風摩登空間

水準之高！
自家烘焙咖啡
搭配自家製甜點
來杯香濃咖啡

休憩良伴
蛋糕套餐…890日圓
綜合咖啡與濃醇但後味爽口的奶油起司蛋糕

嚴島神社步行3分

sarasvati
◆サラスヴァティ

喝得到點餐後才以濾泡式萃取出的咖啡。在改裝自大正時代倉庫的沉穩空間內，搭配道地的自製甜點好好品嘗。

MAP附錄③9B-3
☎0829-44-2266
L8:30～19:00 休不定休 所廿日市市宮島町407
交宮島桟橋步行15分 P無

伊都岐咖琲的系列店

嚴島神社即到

伊都岐珈琲
◆いつきこーひー

會隨咖啡豆改變烘焙方式，供應濃縮咖啡和美式咖啡等餐點。八天堂的奶油麵包是特別配合這裡的咖啡而推出的限定口味。

MAP附錄③9B-3
☎無
L9:00～18:00 休無休
所廿日市市宮島町420
交宮島桟橋步行15分
P無

來杯高水準的特調咖啡

也提供外帶

休憩良伴
美式咖啡…400日圓
伊都岐珈琲特製奶油麵包…280日圓
咖啡的苦澀與酸味配上奶油的香甜堪稱絕配

由屋齡100年的商店改裝而成

以休閒的自助式品吟正統咖啡

嚴島神社步行5分

宮島珈琲
◆みやじまこーひー

採自助式的咖啡店，提供拿鐵等自家烘焙的高品質咖啡。除了手工蛋糕，還有能品嘗到季節風味的多款午餐菜色。

MAP附錄③9C-4
☎0829-44-0056
L9:00～18:00（週六～19:00）
休無休 所廿日市市宮島町464-3
交宮島桟橋步行10分 P無

休憩良伴
蛋糕套餐…800日圓
起司蛋糕搭配微苦的拿鐵剛剛好

休憩良伴
A套餐…900日圓
（彌山湧水水晶餅、季節和菓子、抹茶）
包顆粒紅豆餡的水饅頭，可自己撒上焙茶黃豆粉與黑糖蜜來品嘗

透露出日本情懷
和風咖啡廳
宮島有許多豪華的和風咖啡廳，風雅的建築本身也深具魅力。

紅葉谷公園步行即到

玉氷
◆たまごおり

老字號旅館岩惣（P.128）所經營的刨冰專賣店，軟綿綿的刨冰會淋上使用生口島檸檬等瀨戶內食材自製的糖蜜。10～4月會將店名改為玉善，供應紅豆湯等。

建於紅葉谷公園內

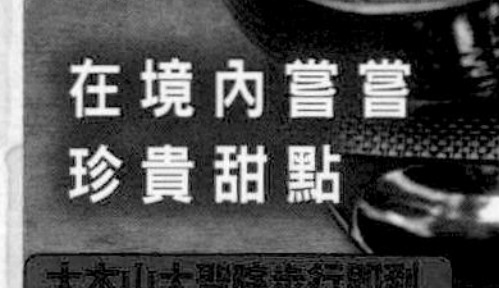

MAP附錄③9B-3
☎0829-44-2233（岩惣）
L10:00～17:00 休不定休
所廿日市市宮島町もみじ谷
交宮島桟橋步行15分
P無

休憩良伴
大崎上島藍莓優格…800日圓
瀨戶內檸檬牛奶…800日圓
刨冰在5～9月左右限期推出，自製糖蜜會每天更換口味，提供5種選擇

綿綿冰淋上滿滿的瀨戶內食材自製糖蜜

在境內嘗嘗珍貴甜點

大本山大聖院步行即到

お寺カフェ 六角茶房
◆おてらカフェろっかくさぼう

位於大本山大聖院（P.30）內的閑靜咖啡廳，吃得到使用世羅產茶葉沖泡的飲品以及和菓子、烏龍麵等輕食。以彌山湧泉製作的水晶餅是暢銷餐點。

☎080-2911-7442 MAP附錄③9A-4
L11:00～17:00 休週三（逢假日、1號則營業）
所廿日市市宮島町210 交宮島桟橋步行20分
P無

還有能欣賞枯山水庭院及仁王門的室外座

必吃！2大宮島美食

日本第一產地捕獲的牡蠣與源自宮島的星鰻飯是宮島美食的兩大代表!快來大吃特吃變化端多的牡蠣料理以及明治時代傳承至今的傳統風味!

牡蠣

鮮度風味都沒話說！
來一大產地大吃一番

來到日本第一的牡蠣產地廣島中產量特別高的宮島，能以划算的價格吃到優質且新鮮的牡蠣。來大口享用從經典到獨特口味應有盡有的多樣牡蠣料理吧。

生或烤都好吃 吃這2家

僅供應飼養3年的最頂級牡蠣

無論生的烤的 全年都吃得到的老店

整年 生牡蠣 4個1400日圓

若想直接品嘗那滑溜鮮嫩的口感、入口即擴散開來的海潮味、綿密的滋味，還是只有生牡蠣才辦得到！第一顆先別沾任何醬料，好好品嘗原味。

人氣的祕訣！

「生」品牌牡蠣一整年都吃得到

有著幾乎無法一口吞下的大小與高雅的甜味，養在瀨戶內海清淨海域並通過嚴格標準的鮮嫩生牡蠣，在這裡一整年都吃得到，在島上也十分罕見！

焼がきのはやし

☆やきがきのはやし

店門口現烤牡蠣的香氣令人垂涎三尺

創業約70年的宮島烤牡蠣創始店，也是罕見全年供應生牡蠣的店家。直接向生產者採買，使用養殖3年的地御前產品牌牡蠣，推出點餐後才在店門口烘烤的烤牡蠣以及生牡蠣、炸牡蠣等。還有以星鰻入菜的餐點，宮島名產雲集也是一大賣點。

MAP 附錄③9C-4
☎0829-44-0335
營 10:30～16:30（週六～17:00）
休 週三（逢假日則前日或翌日休）
所 廿日市市宮島町505-1
交 宮島棧橋步行7分 P無

供應牡蠣 全年
烤牡蠣 有
生牡蠣 有
牡蠣餐點 16道
座位 桌椅座54席、和式座位16席、吧檯座16席、無包廂

設於店後方的和式座位能欣賞中庭

還想吃這個！

牡蠣三景定食 2980日圓

樂享生、烤、炸3種經典吃法的豪華套餐，再加700日圓還能將牡蠣飯換成星鰻飯

牡蠣飯 1100日圓

大顆牡蠣佈滿蓋飯，創業以來的經典菜色。牡蠣鮮甜滲進白飯的這道菜廣受各個年齡層歡迎

品嘗之前先來瞭解一下 宮島牡蠣的基本知識

生產量在縣內也是穩坐第一

廣島牡蠣的市占率約為全日本6成，尤其宮島近海有豐富的浮游生物可做為牡蠣的飼料，非常適合養殖牡蠣，是擁有許多養殖業者的一大產地。

以大顆又濃郁的鮮甜風味為特色

宮島牡蠣的特色在於飽滿大顆的肉身及濃郁的甜味，無論烤過還是生吃都絕對好吃。還有「地御前牡蠣」等品牌牡蠣。

1、2月是最美味季節

牡蠣的季節是10～3月，尤以1、2月是美味的最高峰！有些店家在盛產季以外不會供應生牡蠣，建議事先確認。

品嘗方式 1

到排隊人氣店家品嘗 宮島牡蠣準沒錯

整年 烤牡蠣
1個 300日圓
將鮮甜與香氣緊緊鎖住的烤牡蠣，一進口中香濃精華便迸發開來！能單點1個輕鬆享用這點也很窩心。

若想拿著酒杯大吃牡蠣 就到宮島唯一的

牡蠣屋
かきや

宮島唯一的牡蠣料理專賣店，從菜餚到伴手禮皆使用大顆又濃醇的縣產牡蠣。再加上葡萄酒和日本酒的數量也堪稱島上第一，供應橄欖油漬牡蠣等非常下酒的單品料理及定食等多種牡蠣料理。

0829-44-2747 MAP附錄③9C-4
10:00～18:00（牡蠣售完打烊）
休 不定休 所 廿日市市宮島町539
交 宮島棧橋步行7分 P 無

這個最對味！
更備有多款可搭配牡蠣的酒品！
香檳
凱歌黃牌香檳
單杯 1300日圓
法國產的香檳，兼具優雅與細膩而口味達到完美平衡的干型酒

人氣的祕訣！
師傅以超強火力烤至半熟狀態
客人點餐後才撬開殼並由師傅以「超強火」在短時間內火烤而成。留有半熟口感的中心濃縮了鮮甜與美味的絕佳熟度，師傅果然技藝超群！

店面位在表參道商店街

店後方還設有時尚的酒窖

供應牡蠣 全年
烤牡蠣 有
生牡蠣 有（11月～3月底）
牡蠣餐點 11道
座位 桌椅座70席、和式座位24席、吧檯座12席、無包廂

牡蠣屋定食
2150日圓
能一次吃到烤牡蠣、牡蠣飯、炸牡蠣等5種牡蠣料理的特製定食是菜單上找不到的隱藏菜色！

還想吃這個！

焗烤牡蠣
3個 1620日圓
白醬與大量的起司、葡萄籽油配上牡蠣是絕佳組合

特選炸牡蠣
3個 1620日圓
大小是一般的1.5倍，以油炸方式品嘗不失原始濃郁風味的特選牡蠣

生牡蠣
2個 840日圓～
點餐後才撬開殼，吃得到滿滿鮮甜的地御前產牡蠣，11～3月底季節限定

品嘗方式

2 牡蠣料理單點美饌

想專程來試試的名店著名菜色！！

必吃！宮島2大美食

還想吃這個！

くらわんか

牡蠣變化式1 **御好燒**

宮島屈指可數的御好燒專賣店。主打高麗菜的甘甜、中華麵的彈牙口感，再加上宮島產牡蠣做為配料的御好燒是必吃暢銷菜，還有牡蠣與扇貝的鐵板燒。

MAP附錄③9B-4
☎0829-44-2077
L 11:00～17:00 休不定休
所廿日市市宮島町589-5
交宮島棧橋步行7分 P無

供應牡蠣 全年
烤牡蠣 有
生牡蠣 無
牡蠣餐點 3道
座位 桌椅座32席、無和式座位、吧檯座13席、無包廂

牡蠣鐵板燒 590日圓
烤到香噴噴的牡蠣再擠上檸檬汁的簡單菜色

充滿臨場感的鐵板吧檯是特等座

廣島牡蠣招牌燒 1300日圓
為保留原始風味而不調味直接烘烤的牡蠣香醇與蔬菜甜味非常搭！

岩むら
☆いわむら

牡蠣變化式3 **蓋飯**

能以實惠價格品嘗到星鰻和牡蠣等宮島名產的和食餐廳。宮島近海捕獲的牡蠣之精華融入和風高湯，以此烹製的蓋飯與烏龍麵很受歡迎。

MAP附錄③9C-4
☎0829-44-0554
L 11:00～14:40（週六日、假日～16:10） 休週四（逢假日則營業） 所廿日市市宮島町464-1 交宮島棧橋步行7分
P無

供應牡蠣 全年
蒸牡蠣 有
生牡蠣 無
牡蠣餐點 5道
座位 桌椅座32席、無和式座位、無吧檯座、無包廂

牡蠣丼 1200日圓
將牡蠣的甘甜鎖在軟綿綿的滑蛋裡，內含5顆牡蠣

木頭質感散發出穩重氣息

牡蠣變化式2 **火鍋**

牡蠣鍋御膳（冬季限定） 2200日圓
與牡蠣鮮甜滋味相襯的溫潤風味，還附有炸牡蠣

嚴島BARL 嚴齋
☆いつくしまバルいっさい

牡蠣變化式4 **蒜味料理**

位在宮島棧橋附近的多國籍料理餐廳。採用廣島縣票選出的「廣島頂級牡蠣」，能品嘗到蒸牡蠣、蒸籠飯等約10種牡蠣菜餚。

MAP附錄③9B-2
☎0829-78-0793
L 9:00～21:00 休週一（逢假日則翌日休）
所廿日市市宮島町860-7
交宮島棧橋即到 P無

供應牡蠣 全年
蒸牡蠣 有（12月上旬～3月中旬）
生牡蠣 無
牡蠣餐點 10道
座位 桌椅座22席、和式座位8席、無吧檯座、1間包廂

酒吧風味十足的愜意空間

大口品嘗

橄欖油蒜味廣島產牡蠣 1500日圓
紅椒粉風味顯著的油醬吃得到滿滿的牡蠣鮮甜

芝居茶寮 水羽
☆しばいさりょうみずは

還想吃這個！

約有十種以牡蠣或星鰻為主角的御膳，以用心的烹調與調味深獲好評的和食餐廳。用當地產牡蠣及特製綜合味噌製作的火鍋富含牡蠣精華，是只有冬季才能一嘗的美味。

MAP附錄③9B-3
☎0829-44-1570
L 10:00～17:00 休不定休
所廿日市市宮島町大町1-2
交宮島棧橋步行15分 P無

供應牡蠣 11月上旬～5月上旬
烤牡蠣 有
生牡蠣 無
牡蠣餐點 7道
座位 桌椅座20席、和式座位20席、吧檯座10席、包廂10人～

三寶丼 2200日圓
竹籠內有牡蠣丼、星鰻飯等8道菜色，整年都吃得到

江戶時代的米店改裝成的和風空間

品嘗方式 3

風味、品質、CP值皆一流！

在生產者直營店飽嘗牡蠣

牡蠣定食 1500日圓
（圖中附生牡蠣的是11～3月左右限定，1800日圓）將烤牡蠣、炸牡蠣等配成套餐，牡蠣飯可換成星鰻飯

使用大量牡蠣的

牡蠣烏龍麵 800日圓
牡蠣精華徹底融入的和風高湯很好喝，再鋪上多到看不見麵條的牡蠣！

烤牡蠣 500日圓
1盤（含2顆）
因使用遠紅外線烘烤而烤出恰到好處的飽滿狀態

單獨前來也不必拘謹的氛圍

沖野水産
☆おきのすいさん

由擁有40年養殖牡蠣經驗的水產業者經營，從單點料理到蓋飯、定食都有，每道都用上大量牡蠣令人心滿意足，也以能發揮食材風味的簡單調味深感自豪。

供應牡蠣 全年
烤牡蠣 有
生牡蠣 有（11～3月左右）
牡蠣餐點 12道
座位 桌椅座12席、無和式座位、吧檯座8席、無包廂

MAP附錄③9B-4
0829-44-2911
11:00～16:00左右（週六日、假日為10:00～） 休不定休
廿日市市宮島町533-1
宮島棧橋步行5分
P無

2017年6月開幕

かきふくまる

在宮島近海養殖牡蠣的第二代親自操刀，供應蒜味奶油、焗烤等多種風味的烤牡蠣，還有許多下酒菜，若想輕鬆品嘗牡蠣來這裡準沒錯。

供應牡蠣 全年
烤牡蠣 有
生牡蠣 有（11月左右～3月左右）
牡蠣餐點 9道
座位 桌椅座15席、無和式座位、無吧檯座、無包廂

MAP附錄③9B-4
0829-44-2537
10:00～16:00左右
休不定休 廿日市市宮島町553-2 宮島棧橋步行5分
P無

店門口也有販賣烤牡蠣

味噌

烤牡蠣

烤牡蠣
1顆 200日圓～
（加配料則1顆300日圓）
配料共有5種選擇

蒜味奶油

來 的

熱騰騰炸牡蠣
1盤 400日圓
點餐後現炸的大顆牡蠣一次來3顆！

牡蠣比薩 400日圓
鋪滿牡蠣與起司的手掌大迷你比薩

若想在宮島對岸的「宮島口」大吃牡蠣

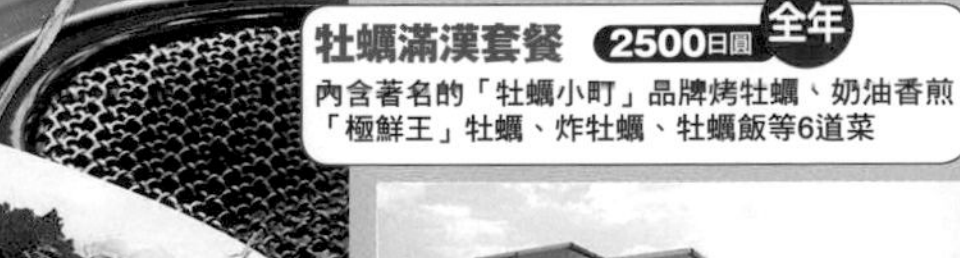

牡蠣滿漢套餐 2500日圓 全年
內含著名的「牡蠣小町」品牌烤牡蠣、奶油香煎「極鮮王」牡蠣、炸牡蠣、牡蠣飯等6道菜

直銷店集結了多款牡蠣伴手禮

來牡蠣複合設施划算大啖牡蠣！

宮島口棧橋車程10分

Oyster Queen
☆オイスタークィーン

有生牡蠣與海產品的直銷店、餐廳進駐的生產者直營複合設施。宮島近海捕獲的帶殼牡蠣最少可只買1顆（110日圓），也很推薦烤牡蠣（10顆）1200日圓。

0829-50-0058 MAP附錄③18D-2
11:00～15:30、17:00～20:30（入店～19:30）夏季有調整，商店為10:00～18:00
休不定休 廿日市市上の浜1-2-1
JR前空站步行20分 P免費

必吃！宮島2大美食

星鰻飯

熱銷超過100年 源自宮島的知名美食

師傅大展廚藝的飽滿星鰻與秘傳醬汁交織出絕配美味

星鰻飯（上）

2000日圓

星鰻的鮮嫩口感與濃濃香氣非常誘人，附紅味噌湯

滿滿的星鰻
肥厚又軟嫩的口感與芳香風味令人食指大動的星鰻，在白飯上排得滿滿

白飯也有星鰻味！
由於米飯是以星鰻的頭和骨頭熬出的高湯所炊煮，白飯也吃得到星鰻的風味，更添加糯米來增添口感

傳統的烤法
重複4次將星鰻沾醬後烘烤的工法，讓星鰻的油脂與醬汁形成圓滑風味

陳年的秘傳醬汁
堅守傳統風味的醬汁有著絕佳甜辣味，讓人吃到最後一口也不膩

明治時代當作車站便當的星鰻飯，如今已成為宮島美食的代名詞，宮島周邊的名店櫛次鱗比。午餐時間一定要吃，也推薦買便當外帶！

出發前不可不知的うえの二三事

星鰻飯的創始店

過去由第10代老闆上野他人吉在明治30（1897）年開通的JR宮島口站（當時為JR宮嶋站）做為車站便當販售而成為星鰻飯的開端。曾經是米商的他人吉將星鰻鋪在醬油調味的白飯上做成星鰻飯，超過100年仍緊抓住眾人的胃。

無法避免的人龍

平日有時得排1小時，假日更可能排上約2小時，人龍不斷的超人氣餐廳。

將目光放在便當上！

只有便當能在當天預約。可以在開往宮島的船上吃，或是回程在電車上享用。

這裡也有販售

廣島三越 MAP附錄③6E-1
福屋 廣島站前店 MAP附錄③4D-2

在2樓的懷石料理店好好品嘗

2樓是星鰻懷石料理店，供應全餐（4320日圓～），採預約制。

懷石料理 他人吉
かいせきりょうりたにきち
MAP附錄③9A-1
11:00～14:30、17:00～21:30（週一、四僅午間營業） 休週二、三

復古氛圍的店內

店家坐落在宮島口

明治34（1901）年創業，星鰻飯的創始店。以秘傳醬汁烤至芳香四溢的星鰻鋪滿白飯的蓋飯，吸引全日本各地的饕客前來品嘗。菜色有小、上、特上的星鰻飯，以及將整隻星鰻不沾醬直接烤的白燒星鰻（1296日圓）。雖然因無法訂位而大排長龍，還是務必來試試一輩子得吃一次的名店！

0829-56-0006 MAP附錄③9A-1
10:00～18:30（便當為9:00～），週三9:00～18:00，僅販售便當，售完打烊
休無休 所廿日市市宮島口1-5-11
JR宮島口站即到 P免費

星鰻餐點 2道
座位 桌椅座28席、無和式座位、吧檯座5席、無包廂

便當也是絕品

星鰻飯便當
1944日圓
星鰻飯的元祖風味。裝在木片便當盒裡販售，冷掉也一樣好吃！

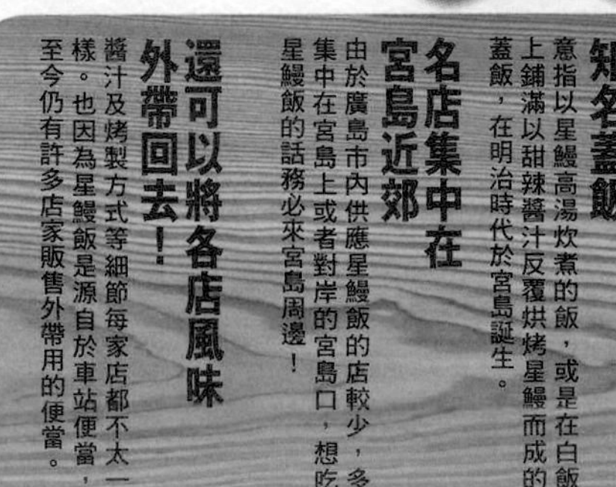

品嘗之前先來瞭解一下 星鰻飯的基本知識

佈滿星鰻的知名蓋飯
意指以星鰻高湯炊煮的飯，或是在白飯上鋪滿以甜辣醬汁反覆烘烤星鰻而成的蓋飯，在明治時代於宮島誕生。

名店集中在宮島近郊
由於廣島市內供應星鰻飯的店較少，多集中在宮島上或者對岸的宮島口，想吃星鰻飯的話務必來宮島周邊！

還可以將各店風味外帶回去！
醬汁及烤製方式等細節每家店都不太一樣。也因為星鰻飯是源自於車站便當，至今仍有許多店家販售外帶用的便當。

若想在島上的人氣店家品嘗……

星鰻飯
2300日圓
師傅烤到鬆軟的星鰻堪稱絕品。冬季會附上廣島牡蠣湯，春～秋則是扇貝湯

堅持使用天然星鰻 明治時代營業至今的名店

ふじたや

在宮島也廣受好評的實力派，使用天然星鰻製作的星鰻飯是從明治時代堅守至今的傳統滋味，以創業當年傳承下來的醬汁重複烘烤兩、三次的星鰻鋪滿在白飯上。

捕獲量少時可能會公休

☎0829-44-0151 MAP附錄③9A-4
🕒11:00～17:00 休不定休 所廿日市市宮島町125-2 交宮島棧橋步行15分 P免費

星鰻餐點 3道
座位 桌椅座5席、和式座位18席、吧檯座6席、無包廂

星鰻丼
1680日圓
口感軟嫩的星鰻與微甜醬汁擄獲許多粉絲的心！附湯品、醬菜

軟綿綿的星鰻與甜醬汁十分對味

お食事処 梅山
★おしょくじどころうめやま

創業超過100年的牡蠣與星鰻料理餐廳。星鰻飯使用蒸星鰻，打造出軟嫩綿密口感，與微甜醬汁也非常對味，豪邁用上2條星鰻的飽足分量讓人吃得開心。

MAP附錄③9B-4
☎0829-44-0313
🕒10:00～16:40 休不定休 所廿日市市宮島町844-1 交宮島棧橋步行10分
P無

採古風設計的店內

星鰻餐點 3道
座位 桌椅座18席、和式座位25席、無吧檯座、無包廂

あなごめし 花菱
★あなごめしはなびし

風味高雅而溫和的星鰻飯備受好評，堅守著100%廣島米加上糯米再以星鰻高湯炊煮的傳統調理方式。外帶用的便當即使冷掉也好吃。

☎0829-44-2170 MAP附錄③9B-4
🕒10:30～15:00（外帶～17:00）
休不定休 所廿日市市宮島町856
交宮島棧橋步行5分 P無

店內瀰漫高雅的日式氣息

星鰻餐點 3道
座位 桌椅座37席、無和式座位、無吧檯座、無包廂

星鰻飯（多層飯盒）
2800日圓
飽滿的糯米與星鰻形成絕配！稍小分量為2200日圓

帶出星鰻風味的傳統煮法

いな忠
★いなちゅう

島上第一家販售外帶用星鰻飯便當的店家，每天在店門口烘烤的星鰻與星鰻高湯炊煮的米飯非常對味。烤牡蠣、炸牡蠣等牡蠣單點料理也很熱門。

MAP附錄③9C-4
☎0829-44-0125
🕒10:30～15:00（週六日、假日～15:30）
休週四 所廿日市市宮島町507-2
交宮島棧橋步行7分 P無

星鰻餐點 6道
座位 桌椅座26席、和式座位50席、吧檯座9席、無包廂

1樓是一般桌椅及吧檯座，2樓則是和式座位

星鰻飯
2000日圓
以星鰻高湯炊出的甜辣白飯上，鋪滿肉質緊致的星鰻

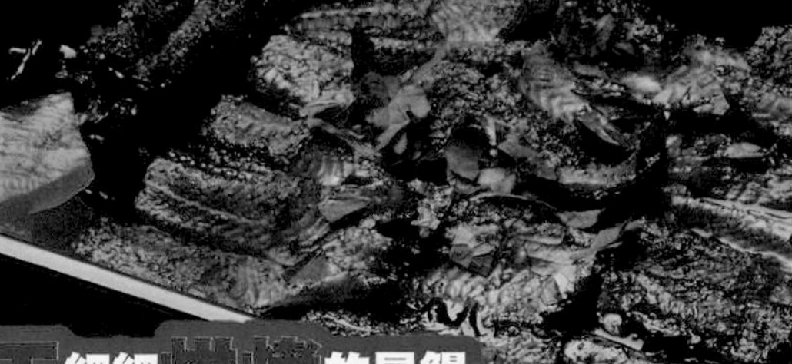

人工細細烘烤的星鰻因秘傳醬汁而香氣四溢！

來點星鰻天丼吧？

天冨良 津久根島 宮島店
◆てんぷらつくねじまみやじまてん

宮島唯一的天麩羅專賣店，由廣島市內的天麩羅名店經營，炸出外皮酥脆、內餡蓬軟的絕佳口感。名菜是使用1整條日本星鰻油炸成的星鰻天丼。

MAP附錄③9A-3
☎0829-44-1205
🕒11:00～17:00（售完打烊，晚間採預約制）
休不定休 所廿日市市宮島町北大西1167-3 交宮島棧橋步行15分 P無

能眺望大鳥居的店面位置也是賣點

星鰻天丼 1800日圓
淋上隨季節變換提味佐料的自製醬汁，附蔬菜天麩羅、湯品、小菜

用一枚硬幣進入美食世界

表參道商店街 名產吃透透♪

宮島的主要幹道表參道商店街上，從主食到甜點等誘人的外帶美食五花八門！快來用實惠價格吃遍宮島名產吧。

必吃

飄散星鰻香氣的蒸饅頭

宮島星饅肉包

450日圓

包滿了以星鰻和香菇、牛蒡等製作的特製餡料，並以柚子胡椒提味！

B ○錦本舖 ◎まるきんほんぽ

老字號旅館錦水館（P.128）所經營的蒸饅頭專賣店，還有牛肉包、豆皮包等。

MAP附錄③9B-4
☎0829-44-2131(錦水館)
L10:00～18:00 休不定休 所廿日市市宮島町1133 錦水館1F 交宮島棧橋步行7分 P無

宮島汽水250日圓也可試試！

炸紅葉饅頭 必吃

各180日圓

購買人潮不斷的宮島名產，以高溫快速油炸的酥脆外皮與熱騰騰內餡風味絕妙！

現炸而口感酥脆的進化版紅葉饅頭

紅豆泥 奶油 起司

A 紅葉堂 弐番屋 ◎もみじどうにばんや

炸紅葉饅頭的專賣店，口味有3種，還會推出季節限定的檸檬口味。可以在商家建築改裝成的店裡內用。

MAP附錄③9C-4
☎0829-44-1623
L9:30～18:00左右（有時期性變動） 休不定休 所廿日市市宮島町 表參道商店街 交宮島棧橋步行7分 P無

隨時都能吃到現炸美味♪

在店後方發現供奉竹籤的炸紅葉饅頭神社！

展現師傅技藝的包餡甜點

紅豆螺旋(左) 200日圓 宇治抹茶(右) 250日圓

將師傅燉煮的顆粒紅豆餡與卡士達醬填入派皮的新穎甜點，還有抹茶奶油口味

2017年2月開幕

C 古今果anco ◎ここんかアンコ

藤い屋（P.42）指導的甜品店，螺旋麵包與紅豆麵包等甜餡點心十分暢銷。

☎0829-44-1020 MAP附錄③9C-4
L10:00～18:00 休無休 所廿日市市宮島町490 交宮島棧橋步行10分 P無

搭配冰沙（夏季限定）1杯480日圓～一同享用

吃得到滿～滿的自製糖煮水果♪

草莓&藍莓　酸甜奇異果果香　紅肉葡萄柚果香　鮮榨檸檬

莫希多 各500日圓

自家薄荷與自製糖煮水果迸出清爽好滋味，也提供無酒精飲料

2017年5月開幕

D 牡蠣屋のモヒート ◎かきやのモヒート

由牡蠣屋（P.35）開設的莫希多外帶專賣店，冬季還會販售牡蠣巧達濃湯。

☎無 MAP附錄③9B-4
L9:30左右～18:00左右（有時期性變動）
休不定休 所廿日市市宮島町530-1
交宮島棧橋步行7分 P無

＼必遊原因看過來！／ 表参道商店街

最佳逛街時間是下午5點前
由於許多店家會在傍晚打烊，若有特別想逛的店家就先去看看。須留意有些店家會在雨天公休。

宮島名產大集合！
供應牡蠣和星鰻的餐飲店、紅葉饅頭專賣店、販售宮島名產的商店應有盡有！不只能吃遍美食，還能採買伴手禮。

約70家店櫛次鱗比
綿延至嚴島神社，長約350m的拱廊商店街，有各具特色的70家店林立，也是新店家陸續開張的宮島第一熱鬧大街。

以鹿的便便為發想的特色霜淇淋

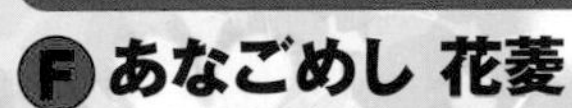

小鹿廣島蜜柑(右)

570日圓

小鹿克雷米爾(左)

660日圓

以小麥巧克力做為鹿的糞便，非常獨特的霜淇淋。共有7種口味

F あなごめし 花菱

◎あなごめしはなびし

能在風雅店內享用星鰻飯的星鰻料理店，店門口還有販售外帶餐點。

MAP 附錄③9B-4
0829-44-2170
10:30～15:00（外帶～17:00）
休 不定休 所 廿日市市宮島町856
宮島棧橋步行5分 P無

2017年11月開幕

E MIYAJIMA BREWERY

◎みやじまブルワリー

宮島啤酒的釀造廠，可以在1樓的啤酒吧檯站著喝桶裝生啤酒。

MAP 附錄③9C-4
DATA 參考 P.16

以彌山天然水釀造的在地啤酒

新 必吃

宮島啤酒

各350日圓～

從附設的釀造廠直送的宮島在地啤酒，隨不同季節能品嘗到各式風味

這就是必吃的宮島街頭美食！

G 沖野水産

◎おきのすいさん

牡蠣養殖業者經營的店家，以遠紅外線烘烤的牡蠣肉質飽滿、熟度剛剛好。

MAP 附錄③9B-4
DATA 參考 P.37

必吃

烤牡蠣

外帶1顆200日圓

帶殼下去烘烤、濃郁鮮甜的大顆牡蠣，能以1顆為單位購買的隨興也是一大誘因

※照片為3顆600日圓

I 三遊姫 ◎みゆき

店門口擺滿了宮島出名的手握甜不辣，有牡蠣、青蔥等14種口味。

MAP 附錄③9C-4
0829-44-2798
10:00～17:00 休 不定休
所 廿日市市宮島町幸町西浜459-7
宮島棧橋步行10分 P無

口感Q彈的炸魚漿與啤酒非常搭！

必吃

手握甜不辣

1支300日圓

將魚漿加上配料均勻混合後下去油炸而成。點餐後才重新下鍋炸，隨時都能吃到熱騰騰風味

有著清新甜味的自然派義式冰淇淋

夾入義式冰淇淋的三明治餅乾1個400日圓也很熱門

義式冰淇淋

1支450日圓

不添加防腐劑、色素，從廣島名產檸檬到季節限定款每日替換，常備18種口味

H gelateria BACCANO

◎ジェラテリアバッカーノ

重視食材原始風味，宮島唯一的義式冰淇淋專賣店，2樓設有內用空間。

MAP 附錄③9C-4
0829-44-2880
10:00～18:00(冬季～17:00)2樓可使用至關店前30分 休 不定休
所 廿日市市宮島町幸町西浜435-3
宮島棧橋步行10分 P無

坂本菓子舖的內用空間

紅葉饅頭的基本知識

源自宮島的和風甜點

起源於旅館「岩惣」的老闆娘委託高津堂（P.49）製作，以紅葉谷公園的楓葉為靈感創造出現在的外形，成為往後110多年間備受喜愛的名點。

約有20家店鋪聚集於島上

從名店到只有在島上營業的店家，表參道商店街周遭約有20家店雲集。每家店的外皮和口味都不一樣，多吃多比較非常好玩！

剛出爐最好吃

能一嘗剛出爐熱騰騰的紅葉饅頭是宮島才有的享受。若想品嘗剛出爐的風味，可鎖定中午前後。最少可只買1個，也可內用。

現在推薦買這個！
★★★
Miyajima Souvenir
PART 1

紅葉饅頭

多多嘗試，找出自己喜愛的風味！

從聞名全日本的大廠牌到
島上才有的特定店家等名店齊聚一堂！
來試試五花八門的紅葉饅頭比較各種口味♪

這才是經典風味！

紅豆餡

A 紅豆泥 90日圓
美麗的「紫藤色」紅豆泥與餅皮譜出美味合奏，高雅的甜味餘韻爽口

C 紅豆顆粒 90日圓
花上約8小時製作的自製紅豆顆粒餡，冷掉也一樣好吃

I 紅豆沙餡 90日圓
去除紅豆皮製成的內餡口感滑順，讓人以為吃的是上生菓子

C 紅豆泥 90日圓
北海道產紅豆的風味與粗糖的優雅甘甜，顯出格外出眾的美味

G 紅豆泥 70日圓
用心去除雜質、甜度適中的餡料，以綿軟的餅皮包裹住

食材運用不簡單！

和風

D 抹茶 90日圓
將抹茶揉入餅皮而非做成餡料，微微的抹茶香與紅豆粒餡超對味

E 南瓜 90日圓
濃醇的南瓜風味非常好吃，與口感紮實的外皮非常搭配

I 蒙布朗紅葉（秋季限定） 90日圓
將和栗連皮加入奶油，擁有宛如蒙布朗般的香濃滋味

宮島限定
E 10口味 6席
木村家本店
きむらやほんてん
以創業當時傳承至今的製法，做出南瓜和豆奶等原創風味十足的紅葉饅頭。
MAP 附錄③9B-4
0829-44-0211
L 9:00～20:00(售完打烊)
休 無休 所 廿日市市宮島町844-1 交 宮島棧橋步行5分
P 無

宮島限定
D 10口味 6席
ミヤトヨ本店
ミヤトヨほんてん
堅守創業當時的手烤製法，從經典熱賣的起司到奇特的冰淇淋紅葉饅頭應有盡有。
MAP 附錄③9B-4
0829-44-0148
L 9:00～17:30 休 無休
所 廿日市市宮島町854-1
交 宮島棧橋步行5分
P 無

C 2口味 10席
岩村もみじ屋
いわむらもみじや
紅豆顆粒餡紅葉饅頭的元祖店，更曾榮獲高松宮宣仁親王造訪宮島時指定品嘗。
MAP 附錄③9B-3
0829-44-0207
L 9:00～17:00(售完打烊)
休 週三(逢假日則有補休)
所 廿日市市宮島町304-1
交 宮島棧橋步行15分 P 無

B 20口味 20席
やまだ屋 宮島本店
やまだやみやじまほんてん
昭和7（1932）年創業，推出約20種口味，想買風味獨特的紅葉饅頭就來這裡。
MAP 附錄③9B-4
0829-44-0511
L 8:00～20:00 休 無休
所 廿日市市宮島町835-1
交 宮島棧橋步行5分 P 無

A 5口味 80席
藤い屋 宮島本店
ふじいやみやじまほんてん
大正創業的老店，廣受各年齡層支持。以豐富口味為賣點，可在店內品嘗剛出爐的美味。
MAP 附錄③9C-4
0829-44-2221
L 8:30～18:00 休 無休
所 廿日市市宮島町1129
交 宮島棧橋步行7分
P 無

●口味…紅葉饅頭的口味　●席…內用空間的座位數　宮島限定…只在島上販售的店

緊緊抓住少女心！西式

A 巧克力 90日圓

微苦的巧克力奶油有著成熟風味，與軟綿綿的餅皮非常搭

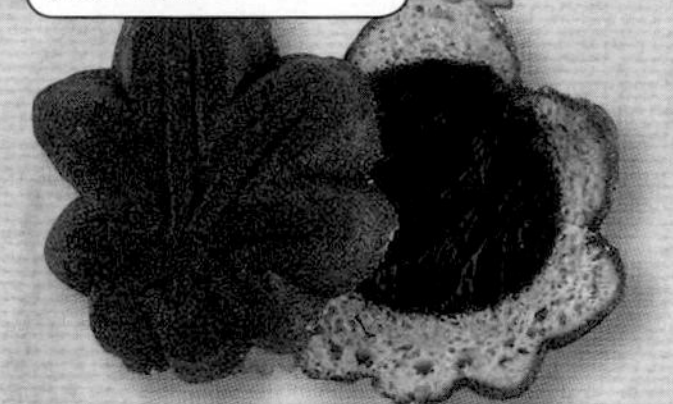

D 起司 100日圓

起司紅葉饅頭的元祖風味，內餡的加工起司也很下酒

B 紅葉 105日圓

將廣島產的夏秋草莓果醬添入內餡，吃得到滿滿草莓！

F 蘋果含果肉 110日圓

宛如戚風蛋糕的餅皮與香煎蘋果果肉交織出西點般的滋味

E 奶油 90日圓

特色在於圓滑的口感，也推薦用烤箱稍微烤過再吃

奇妙口味也陸續登場！進化版

D 冰淇淋紅葉 120日圓

冰涼的長崎蛋糕餅皮與冰淇淋的經典組合，外觀也很可愛的人氣商品

I 鹽味奶油紅葉 90日圓

飄散奶油香氣的長崎蛋糕餅皮帶有微微鹽味！不夾餡料的新式紅葉饅頭

H 紅葉可頌 200日圓

酥脆餅皮的新口感，包含經典的紅豆粒餡及季節限定款共6種口味

還有其他進化版！

紅葉饅頭酒
(左)紅豆泥(右)抹茶
各1100日圓

以紅豆泥風味重現紅葉饅頭濃密口感的利口酒，可以至津田屋(→P.47)購買

A 加油紅葉 140日圓

提供濃醇的奶油起司及巧克力2種選擇

宮島口的店家一併CHECK!!(→P.49)

宮島限定 **I** 3口味 16席

坂本菓子舗

さかもとかしほ

除了有手打麵糰加上自製餡料做成的紅豆沙口味，也不可錯過季節限定款的紅葉饅頭！

MAP 附錄③9B-3

☎0829-44-0380
L 9:00～17:00 休 不定休
所 廿日市市宮島町455
交 宮島棧橋步行10分
P 無

宮島限定 **H** 10口味

観光センター鳥居屋

かんこうセンターとりいや

使用高品質麵粉製作的4種紅葉饅頭及紅葉可頌深受歡迎。

MAP 附錄③9C-4

☎0829-44-2200
L 8:30～17:00 休 無休
所 廿日市市宮島町492
交 宮島棧橋步行10分
P 無

宮島限定 **G** 1口味 3席

吉川 七浦堂

きっかわななうらどう

創業約90年，宮島唯一一家僅以紅豆泥決勝負的老店，來這裡盡情品嘗名店風味。

MAP 附錄③9B-4

☎0829-44-0408
L 9:00～18:00左右(有時期性變動) 休 不定休
所 廿日市市宮島町541-12
交 宮島棧橋步行7分
P 無

宮島限定 **F** 5口味 8席

菓子処きむら

かしどころきむら

由西點店經營，以戚風蛋糕的蛋糕體為基底，供應紅豆顆粒餡和起司等5種口味。

MAP 附錄③9B-4

☎0829-44-0041
L 9:30～18:30(有時期性變動) 休 不定休 所 廿日市市宮島町592 交 宮島棧橋步行7分 P 無

現在推薦買這個！

★★★

Miyajima Souvenir

PART 2

想買的

把宮島特色帶回家♪

宮島伴手禮一網打盡！

杓子及紙糊偶等傳統伴手禮到獨特風味伴手禮，在此介紹來到宮島不可不看的迷人商品！

杓子形的筷架（各350日圓）也很可愛♪ C

C 獨創設計湯匙
各400日圓
仿杓子形狀的楓木迷你湯匙，適合吃甜點或給兒童使用，鹿的烙印也是亮點

B 鳥居鈕扣形筷架
各540日圓
鳥居形的筷架，也可以拿來做為裝飾用鈕扣，由藝術家手工打造的藝品

B 獨創花樣手巾
各1080日圓
將鹿與猴子、鴿子組成音樂隊的圖案，有胭脂紅、灰、黑3種顏色

A 宮島紙糊偶
(陵王)7000日圓
(鹿猿)2800日圓
以宮島的文化和生物為意象並塗上鮮豔色彩，從塑形到上色都是師傅手工製作

賞心悅目

宮島雜貨

{ 必買的理由！ }

☆吉祥物杓子是宮島伴手禮的一大代表！推出多款杓子造型的雜貨，非常適合在日常使用！
☆有許多以鹿或鳥居等宮島形象設計的商品，光是帶在身邊便能帶來好心情。

G 御守袋
1個1000日圓
繡有鳥居、鹿、楓葉圖案的御守袋是老闆親手縫製，還會附上紅包袋

F 宮島飛針繡 鹿與鳥居（底寬3.3）2052日圓
楓葉吊飾 378日圓
掌心大小的口金包上有鳥居與小鹿的刺繡做點綴，再搭個楓葉吊飾吧

E 宮島帆布MINI托特包
3500日圓
包包令人聯想到鳥居的朱紅色非常搶眼，質料是使用久了會越來越軟的天然棉

D 宮島明信片
各170日圓
由定居宮島的插畫家親自設計，以藍染色調呈現出宮島風景

C 杓子吊飾
1個500日圓～ ※照片為各800日圓
將具有「能盛起幸福」含義的吉祥物做成吊飾！還可以加上文字

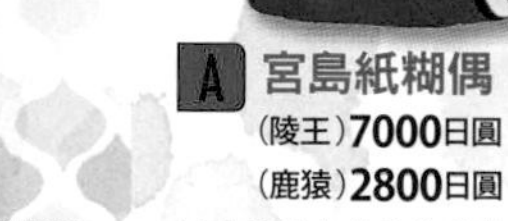

E 宮島帆布
◎みやじまはんぷ
由帆布師傅沖野先生親自開設的工作室兼商店，也接受商品訂製。
MAP 附錄③9B-3
☎0829-44-0788
10:00～18:00
休 不定休
所 廿日市市宮島町久保町290
交 宮島棧橋步行15分
P 無

D 佐々木文具店
◎ささきぶんぐてん
有宮島工藝製作所的杓子、文具、器皿等，盡是老闆親自蒐羅的雜貨。
MAP 附錄③9B-2
☎0829-44-0273
9:00～18:00
休 不定休
所 廿日市市宮島町527-3
交 宮島棧橋步行10分
P 無

C 杓子の家
◎しゃくしのいえ
從實用款到專家款，集結五花八門款式的杓子專賣店。
MAP 附錄③9C-4
☎0829-44-0084
9:15～17:30(有時期性變動) 休 週三 所 廿日市市宮島町488
交 宮島棧橋步行10分
P 無

B zakkaひぐらし
◎ザッカひぐらし
販售原創設計的陶瓷器以及高設計性和風雜貨的選貨店。
MAP 附錄③9B-4
☎0829-44-0168
(蔵宿いろは) 10:00～17:00 休 不定休(準同蔵宿いろは的公休) 所 廿日市市宮島町589-4 蔵宿いろは1F 交 宮島棧橋步行7分 P 無

A 民芸藤井屋
◎みんげいふじいや
創業120多年的民藝店，網羅宮島的傳統工藝品、熊野的彩妝刷具等。
MAP 附錄③9C-4
☎0829-44-2047
9:00～17:00(有時期性變動) 休 不定休
所 廿日市市宮島町 表参道
交 宮島棧橋步行10分
P 無

宮島
風味
伴手禮
必買的理由！
★宮島名產牡蠣的加工品不容錯過，不分季節都能買到也是一大關鍵
★風味不在話下，好看的外觀也是亮點

J 宮島啤酒
1罐450日圓～
有口感濃醇又帶有果香的小麥啤酒等3種口味的精釀啤酒

B 小鹿斑比餅乾
5片裝 648日圓
以低溫細細烘烤的餅乾是在宮島上製成，包裝上也有小鹿圖案♪

I 宮島蜂蜜檸檬
4個裝1080日圓
將宮島採收的蜂蜜搭配瀨戶內產的檸檬，製作出酸甜的檸檬蛋糕

B 鹿的遺落物
864日圓
廣島市內的和菓子名店「平安堂梅坪」製作，甜度適中的濕甘納豆。商品名超有梗！

H 牡蠣醬油
(右)濃口180mℓ 850日圓
(左)淡口180mℓ 820日圓
添加牡蠣精華的獨創醬油，有著高湯風味顯著的圓潤滋味

M 牡蠣屋的油漬牡蠣
1300日圓
將地御前產的牡蠣一邊淋上蠔油一邊以低溫烘烤，再做成油漬牡蠣

L 聖 乃志久礼
8個裝 1000日圓
將添加栗子的扁豆餡以彈牙餅皮包裹而成的和菓子，上頭還有大本山大聖院家紋的烙印

K 柿子羊羹
3個裝240日圓
創業以來備受喜愛的藤い屋羊羹，紅葉饅頭老店製作的傳統紅豆泥口味和香氣都很高雅

J MIYAJIMA BREWERY P.16

K 藤い屋 宮島本店 P.42

L やまだ屋 宮島本店 P.42

M 牡蠣屋 P.35

I 喫茶しま
◎きっさしま
擺滿剛出爐麵包的烘焙坊兼咖啡廳，可以在店裡內用。
MAP 附錄③9B-4
☎0829-44-2672
營 8:30～17:00
休 週三
所 廿日市市宮島町588
交 宮島棧橋步行7分
P 無

H 宮島醬油屋本店
◎みやじましょうゆやほんてん
販賣口味多元的獨創醬油，還有醬菜、味噌、佃煮等。
MAP 附錄③9C-4
☎0829-44-0113
(參匠)
營 9:00～17:30 休 無休
所 廿日市市宮島町439-1
交 宮島棧橋步行10分
P 無

G 三栗屋
◎みくりや
原創設計的和風雜貨十分吸睛，繪有季節花草圖案的吊繩款式也很豐富。
MAP 附錄③9B-2
☎0829-44-2668
營 10:00～17:00 休 週四
所 廿日市市宮島町北之町浜541-6 交 宮島棧橋步行7分
P 無

F ぽっちり宮島店
◎ぽっちりみやじまてん
宮島首家口金包專賣店，推出多款宮島限定的圖案與動物花樣等設計包款。
MAP 附錄③9C-4
☎0829-20-4025
營 10:00～17:30(僅冬季～17:00) 休 無休
所 廿日市市宮島町中之町浜504-2 交 宮島棧橋步行10
P 無

宮島玩樂景點

還有數不清的樂趣!

以下介紹能透過人工烤紅葉饅頭的體驗或是接觸瀨戶內海的生物等方式來進一步加深旅遊回憶的宮島特色景點。

景點 宮島水族館

みやじますいぞくかんみやじマリン

☎0829-44-2010 MAP附錄③9A-3

與瀨戶內海的人氣王相見歡

重現瀨戶內海的廣島第一水族館，由「瀨戶內海的鯨魚」等10大區域組成，能欣賞到本館的象徵「江豚」等超過350種、13000隻水生生物。1天上演3～4次的海獅表演很受歡迎。

營9:00～16:00 休無休 ¥入館費1400日圓 所廿日市市宮島町10-3 交宮島棧橋步行25分 P無

瀨戶內海的鯨魚

介紹唯一棲息於瀨戶內海的哺乳類江豚，可以從2樓的後台隔著玻璃窗欣賞。

江豚充滿好奇心，有時只要揮揮手牠們就會靠過來喔!

海之餽贈

廣島特有的牡蠣浮棚水槽，魚群在牡蠣周圍悠游的光景令人宛如置身海中。

現場表演池

室外的特設水池，加州海獅會在此帶來各式表演。週六日、假日的13時表演結束後還可以和海獅一起拍照留念

⬆設有屋頂，下雨也不必擔心

海獅表演歡聲如雷!

企鵝池&友誼廣場

1樓可欣賞在頭頂悠游宛如翱翔天際的企鵝，2樓可看見牠們在岩石上休息的模樣。1樓的廣場每天都會舉辦企鵝觸摸體驗。

⬇能與洪堡企鵝互動的體驗

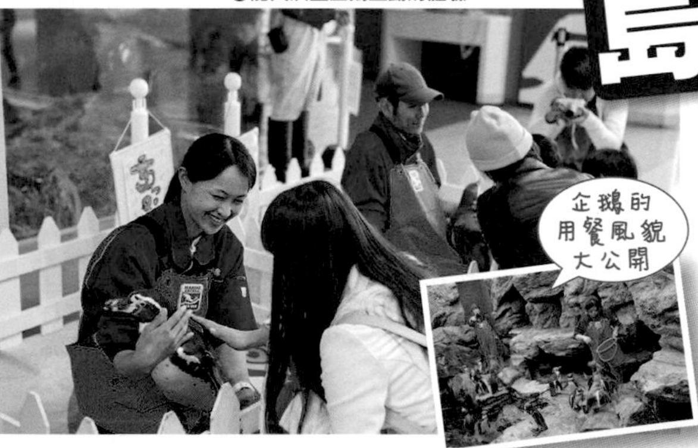

企鵝的用餐風貌大公開

玩樂 みやじま紅葉の賀

みやじまもみじのが

☎0829-44-0175 MAP附錄③9B-3

穿上平安壺裝束漫遊宮島

宮島唯一的正統服裝體驗所，不但有穿著平安外出服「壺裝束」漫步島嶼的方案，還可租借高級和服，享受宮島特有的時光。

營10:00～17:00(報名時間視方案而異) 休週四、不定休 所廿日市市宮島町334-7 柳小路 交宮島棧橋步行約15分 P無

體驗DATA

- 費用 平安壺裝束方案6480日圓(含著裝、服裝租借費)
- 時間 9:30～16:00 所需 1小時30分(＋著裝)
- 預約 預約制 體驗人數 1名～

⬅增添旅行的美好回憶

玩樂 やまだ屋 宮島本店

やまだやみやじまほんてん

☎0829-44-0511 MAP附錄③9B-4

挑戰親手製作紅葉饅頭

將麵糰與餡料放進烤模裡烘烤，挑戰製程簡單的親手烤饅頭！自己製作的熱騰騰紅葉饅頭特別好吃，還可以包裝起來帶回家。

體驗DATA DATA P.42

- 費用 756日圓(紅葉饅頭2個，附伴手禮)
- 時間 10:30、13:00、14:15、15:30(週六日、假日為9:45、11:00、13:00、14:15、15:30)
- 預約 建議預約(若還有名額也可當天體驗)
- 所需 約45分 體驗人數 1～36名

剛出爐特別好吃!

⬇會有工作人員指導，初次嘗試也能放心

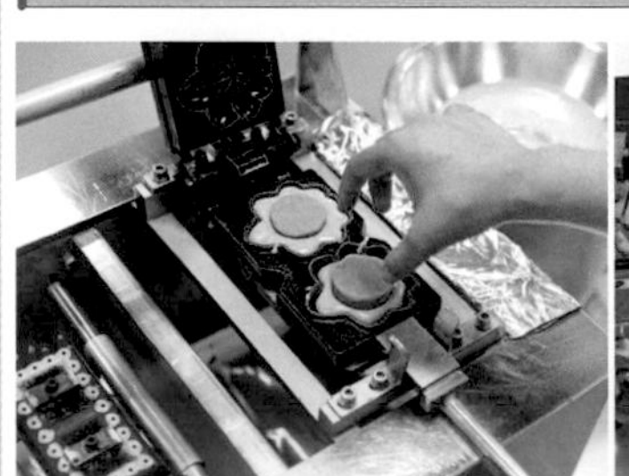

⬆謹慎填入餡料

包裝好之後也可以寫上一些字句♪

紅葉饅頭大功告成♪

⬆操作機械來用玻璃紙包裝

景點 廿日市市宮島歷史民俗資料館
はつかいちしみやじまれきしみんぞくしりょうかん

☎0829-44-2019 MAP附錄③9A-3

將登錄為有形文化財的舊江上家改成設施

江上家族是江戶時代至明治時代繁盛一時的宮島富商，將其主屋及倉庫的一部分保存修復，展出與宮島歷史、文化相關的多元資料。

L9:00～16:30 休週一(逢假日則翌日休) ¥入館費300日圓 所廿日市市宮島町57 交宮島棧橋步行20分 P無

能輕鬆進去逛逛的資料館

景點 清盛神社
きよもりじんじゃ

☎0829-44-2020（嚴島神社）MAP附錄③9A-3

讚揚清盛遺德的神社

為了表揚平清盛的遺德，在他逝世770年的昭和29（1954）年創建。每逢3月20日的清盛忌日會舉辦清盛神社祭。

L境內自由參觀 所廿日市市宮島町 交宮島棧橋步行20分 P無

佇立於西之松原

景點 宮島傳統產業會館
みやじまでんとうさんぎょうかいかんみやじまんこうぼう

☎0829-44-1758 MAP附錄③9C-1

快樂學習宮島產業的大小事

介紹宮島傳統產業的體驗型觀光設施。1樓展示兼販售宮島工藝品，2、3樓可體驗烤紅葉饅頭、製作杓子、挑戰宮島木雕等。

L8:30～17:00(體驗為9:00～16:00，需預約) 休週一(逢假日則翌日休) ¥免費入館、體驗需付費 所廿日市市宮島町1165-9 交宮島棧橋即到 P無

販賣民藝品的1樓空間

美食 みやじま食堂
みやじましょくどう

☎0829-44-0321 MAP附錄③9B-4

位在表參道商店街的食堂，吃得到宮島特有的星鰻和牡蠣料理。

L11:00～19:30 休不定休 所廿日市市宮島町590-5 交宮島棧橋步行5分 P無

宮島定食 2700日圓

美食 まめたぬき

☎0829-44-2152 MAP附錄③9B-4

宮島老字號旅館「錦水館」內的餐廳，名菜是連同陶器放下去蒸的星鰻飯。

L11:00～14:30、17:00～22:00 休不定休 所廿日市市宮島町1133 錦水館1F 交宮島棧橋步行7分 P無

星鰻陶箱飯1950日圓

玩樂 okeiko japan宮島
オケイコジャパンみやじま

☎0829-30-9888 MAP附錄③9C-2

改建自禪寺的體驗設施，能嘗試茶道、書法、料理等日本文化。

L10:00～17:00 休無休 所廿日市市宮島町741-1 交宮島棧橋步行5分 P無

約有10種體驗活動

購物 津田屋
つだや

☎0829-44-0682 MAP附錄③9B-4

販售和風圖案的雜貨和在地酒，獨特的原創商品也深受好評。

L9:00～18:00 休無休 所廿日市市宮島町843-3 交宮島棧橋步行5分 P無

飯糰化妝包 各1300日圓

咖啡廳 ぎゃらりぃ宮郷
ぎゃらりいみやさと

☎0829-44-2608 MAP附錄③9B-3

將屋齡250年的杓子批發商家翻修而成的咖啡廳，供應和風甜點等餐點。

L10:00～18:30 休週三 所廿日市市宮島町 町家通り 交宮島棧橋步行10分 P無

能欣賞小庭院的窗邊座

咖啡廳 タムカイマ

☎0829-44-1682 MAP附錄③9C-4

以不增加身體負擔的甜點為賣點的咖啡廳，還販售木雕擺飾品等。

L11:00～17:30 休週三、不定休 所廿日市市宮島町幸町西浜435-4 交宮島棧橋步行10分 P無

店內盡是復古家具及木雕藝術品

宮島口Navi

宮島伴手禮&時尚咖啡廳這裡也有！

宮島口 みやじまぐち

可以來尋找只有在宮島口才買得到的伴手禮，更可以在宮島人氣店家指導的咖啡廳歇歇腳，往返宮島時順道來走走吧♪

渡輪碼頭&車站建築持續進化！NEWS

宮島口棧橋將翻修為具備伴手禮店、以杓子為設計意象的廣場等設施的渡輪碼頭，還有完善的大型渡輪棧橋。

JR宮島口的車站已改建為散發木頭溫潤感的寬闊空間，還開設了服務處及手提行李寄放處，成為更便民的車站。

宮島的門戶

Navi 1 咖啡廳悠閒放鬆

和菓子與西點交融的甜點

B 古今果 ★ここんか

藤い屋（→P.42）開設的點心店，販售將傳統甜餡融入西點的新形態甜點。1樓是商店，2樓附設咖啡廳。

以甜餡取代奶油製作的烘焙點心 燒浮島1個180日圓～

☎0829-20-5670 MAP附錄③9A-1
營10:00～19:00（咖啡廳～17:30） 休無休 所廿日市市宮島口1-12-5 交JR宮島口站步行3分 P免費

紅豆泥水果冰淇淋鬆餅 1000日圓

冰抹茶 700日圓

法式鄉村肉醬三明治套餐 950日圓

宮島在地的伊都岐珈琲直營店

A 伊都岐珈琲factory

★いつきこーひーファクトリー

在宮島有4家分店的「伊都岐」的直營店，使用店內的烘豆機自家烘焙嚴選咖啡豆。不但販售咖啡豆，更設有餐飲空間。

MAP附錄③9A-1
☎0829-20-5106
營10:00～18:45 休無休
所廿日市市宮島口1-11-7
交JR宮島口站步行5分
P免費

寬敞店內洋溢著咖啡香氣

還有這種玩法♪

レンタルきものみやじま小町 ●レンタルきもの みやじまこまち

提供多款和服及浴衣的和服租借店。租借和服、腰帶、草鞋再加上附贈的襪子，包含著裝費4800日圓起。也備有男性的和服。

MAP附錄③9A-1
☎0829-56-5058
營10:00～17:00
休週二（黃金週、盂蘭盆節期間營業） 所廿日市市宮島口1-6-7
交JR宮島口站步行3分 P無

穿上和服漫步宮島，更能增添遊興

當地簡單介紹

往宮島的渡輪在此出航

位於宮島的對岸，設有渡輪碼頭的宮島門戶，有2家渡輪公司每15分鐘開出一班。周邊有JR及廣電（路面電車）的車站，從鐵路轉乘渡輪十分方便。

JR西日本宮島渡輪

宮島松大汽船

星鰻飯的名店うえの就在這裡

宮島名產星鰻飯的創始店うえの（P.38）正位在宮島口！有販賣便當，也推薦買來在回程電車上或飯店裡吃。

有許多伴手禮店、餐飲店

宮島口也有不少紅葉饅頭的老店以及漂亮的咖啡廳，造訪宮島前後來順道逛逛也不錯！

車子停放在宮島口

由於島上幾乎沒有停車場，請將車子停在宮島口再坐船。宮島口有許多停車場，不必擔心。

採買知名伴手禮

選購廣島相關的優質商品做為伴手禮

C epilo ★エピロ

位在うえの（→P.38）的別館，1樓以廣島藝術家的作品為中心，網羅許多伴手禮和無添加物食品。2樓則是舊書圖書館兼咖啡廳，能在喝茶的同時沉浸於書中世界。

MAP附錄③9A-1
☎080-3879-0016
營10:00～18:00（週六日、假日～19:00） 休不定休
所廿日市市宮島口1-5-11 交JR宮島口站即到 P免費

奶油刀 864日圓
宮島的蜂蜜(小) 650日圓～
採自宮島的果蜂園
飯勺 1296日圓
與倉本杓子工場合作的商品

能自由閱讀古書的咖啡空間

各式各樣的宮島伴手禮大集合

E 宮島口もみじ本陣

★みやじまぐちもみじほんじん

宮島伴手禮及縣內特產品一應俱全的大型商店，紅葉饅頭及限定店鋪商品等種類齊全，更附設餐飲處。

MAP附錄③9A-1
☎0829-56-0153
營8:40～17:30（有時期性變動） 休無休
所廿日市市宮島口1-11-7
交JR宮島口站步行5分
P1日1000日圓

熊野筆洗面刷
價格需洽詢
使用山羊毛製作 膚觸無可挑剔!

五花八門的宮島燒陶

D 川原厳栄堂

★かわはらげんえいどう

嚴島神社的御用燒窯。保留著以嚴島神社的沙揉合泥土製作的御砂燒傳統，推出多款從日常用品到裝飾壺都有的宮島燒商品。

MAP附錄③9A-1
☎0829-56-0238
營9:00～19:00
休無休，工房為週日、一休
所廿日市市宮島口1-5-15
交JR宮島口站即到
P免費

宮島燒的筷架
1個 324日圓～
優雅色調獨具魅力

宮島口限定！紅葉饅頭

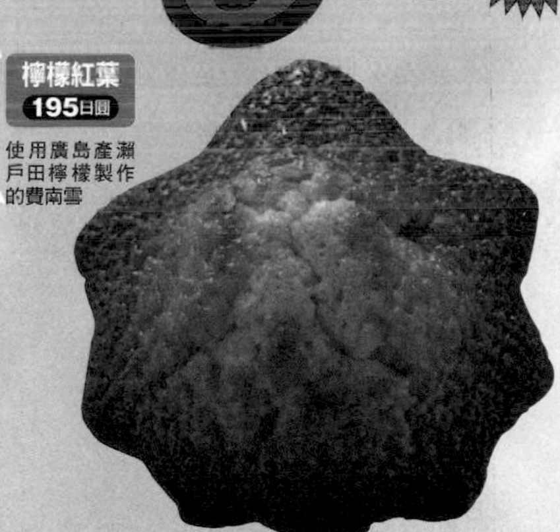
檸檬紅葉 195日圓
使用廣島產瀨戶田檸檬製作的費南雪

白雪紅葉 160日圓
包有北海道紅豆顆粒餡、Q彈麻糬的冬季限定紅葉饅頭

季節限定的紅葉饅頭獲好評

F おきな堂 ★おきなどう

堅持使用最頂級的食材手工現烤。除了經典口味，栗子紅葉等隨季節更換的限定款紅葉饅頭也獲好評。也能在店門口品嘗熱騰騰的饅頭。

MAP附錄③9A-1
☎0829-56-0007
營9:00～19:00
休週四（逢假日則有補休）
所廿日市市宮島口1-10-7
交JR宮島口站步行3分
P免費

販售獨創點心

紅葉饅頭的元祖在這裡！

G 高津堂 ★たかつどう

研發出紅葉饅頭前身「紅葉形烤饅頭」的始祖店，現在是由第3代經營，至今仍以當年的方式人工烤製。

MAP附錄③9A-1
☎0829-56-0234
營8:00～19:00
休無休
所廿日市市宮島口西2-6-25
交JR宮島口站步行7分
P免費

↖店內還保有當年的商標註冊證
紅葉饅頭（紅豆顆粒餡） 110日圓
彈牙的餅皮與紅豆餡非常對味

創業110年的老店

做為**旅遊據點**的**中心區**

廣島市區

ひろしまタウン

中國、四國地區最大的鬧區

小而美的城市，有世界遺產原爆圓頂館以及百貨公司和商店、多元餐飲店、飯店雲集，是中國、四國地區最大的都市，人潮聚集熱鬧不已。

網羅廣島名產的美食之都

擁有御好燒以及牡蠣、沾麵、瀨戶內海產等各式美饌的美食城市，尤其名店多集中於廣島第一鬧區的流川、八丁堀一帶。

區域的關鍵字 1

水與綠意環繞的公園，內有世界遺產原爆圓頂館及諸多祈求和平的紀念設施，是來到廣島必訪的地點。

→P.52

區域的關鍵字 3

廣島市區是廣島東洋鯉魚隊的根據地，大街小巷隨處可見球迷對鯉魚隊的愛，也有許多相關景點。

→附錄②

區域的關鍵字 2

將高麗菜與豬五花、麵條等層層疊起的御好燒是廣島的靈魂美食。務必在起源地廣島市區飽享道地風味。

→P.66

MAP 附錄③8

前往廣島的方式 ➡P.132

市內有廣島電鐵（俗稱廣電）路面電車的完善鐵路網。基本上先搭JR到廣島站再轉乘廣電移動。

廣島機場

- 開車：縣道73號 約5km 約10分 → 河内IC → 山陽自動車道 約40km 約30分 → 広島IC → 國道54號（祇園新道）約9km 約20分 → 和平紀念公園
- 巴士：廣電巴士 利木津巴士 約45分 1340日圓 → JR廣島站
- 巴士：藝陽巴士 約15分 390日圓 → JR白市站 → 電車：JR山陽本線 約46分 760日圓 → JR廣島站
- JR廣島站 → 電車：廣電(路面電車) 約16分180日圓 → 和平紀念公園（原爆圓頂館前電車站）

若想再逛1個區域

電車+渡輪 約50分	瀨戶內海上的世界遺產 宮島 見P.12
電車 約45分	海軍歷史悠久的港都 吳 見P.104
電車 約35分	灰泥牆及紅磚煙囪林立 西条 見P.118

洽詢處

廣島市觀光服務處…☎082-247-6738

重點看過來!!
區域一目瞭然MAP

詳情參考 附錄③P.24

在廣島市區內移動搭路面電車「廣電」最方便

暱稱「廣電」深為市民熟悉的路面電車，以8條路線涵蓋廣島市區及宮島，沿線上有原爆圓頂館等主要觀光名勝，首班車約在6時前後，白天9～12分鐘一班車。

☎0570-550-700

廣島觀光的門戶

廣島站周邊 (➡P.60)

●ひろしまえき

同時是新幹線與廣電的停靠站，是交通據點。站內＆站前集結了當地名產及廣島伴手禮。鯉魚隊的根據地馬自達球場也在這個區域。

美食的繁華區

流川周邊 (➡P.72)

●ながれかわ

廣島規模最大的夜遊景點，居酒屋、料亭、酒吧等各種類型的餐飲店櫛次鱗比。

廣島觀光千萬不可錯過的景點

和平紀念公園周邊 (➡P.52)

●へいわきねんこうえん

廣布在廣島中心區的公園，園內有慰靈碑等祈求和平的設施散佈。原爆圓頂館位於公園的東北方。

當地人聚集的中心區

本通周邊 (➡P.85)

●ほんどおり

本通商店街以及百貨公司、地下街、選貨店等商家雲集，廣島首屈一指的購物區。

規劃行程的提示和訣竅

1 周遊廣島的據點

廣島市區位處的地理位置，能搭乘大眾交通工具前往宮島、吳、尾道等縣內各地以及山口縣岩國等地來趟一日遊。由於市內有許多住宿設施和營業到較晚的餐飲店，建議以廣島市區做為**觀光住宿的據點**來規劃行程。

2 在中心區移動就搭廣電&步行

主要區域位在JR廣島站往西約2km遠的地方。和平紀念公園等觀光名勝以及美食、購物景點多集中於此，能一次享受觀光與逛街的樂趣。雖然**市內的移動上廣電（路面電車）與巴士的路線相當發達**，若只有1～3站的距離也可以走路逛過去。

觀光小幫手

Hiroshima meipuru~pu

行經和平紀念公園、廣島縣立美術館、廣島美術館、廣島市現代美術館等地的循環巴士，約50分鐘繞行一圈。搭乘1次200日圓，也有1日乘車券400日圓。

広島とりっ歩

導覽志工帶遊客參觀廣島市內，有遊覽遺核爆建築等17種路線，費用因路線而異。需事先上官方網站報名。

https://www.hiroshima-navi.or.jp/special/trip/

廣島真心款待周遊券（HOP）

広島おもてなしパス HOP Hiroshima Omotenashi Pass Please enjoy our city "Hiroshima"

能在廣島和平紀念資料館等設施以及餐飲店等地獲得優惠的「優待券」，只要向市內的合作住宿設施購買電車或循環巴士的一日乘車券、觀光自行車租借一日通票任一便會附送。

彙集世界各地想望和平的所在

和平紀念公園

原爆圓頂館和慰靈碑、紀念碑等許多祈求世界和平的設施散布在和平紀念公園內。正因我們身處在和平的時代，更要探訪這必須烙印在心的重要場所。

5大要事

1 將核爆中心重新規劃成祈求永恆和平的場域

昭和20（1945）年8月6日上午8時15分，人類史上首次用於實戰的核彈投在廣島市區。核爆中心附近的中島地區後來重新規劃，花上6年歲月於昭和30（1955）年打造出和平紀念公園，自此之後這裡成為祈求永恆和平的場域，吸引許多人前來祈禱。

2 美國前總統歐巴馬等全球各地人士來訪

2016年5月27日，歐巴馬以投下核彈之國的現任總統身份，首次訪問核爆地廣島而引起一陣話題。此外，這裡更榮登貓途鷹「2017最受外國人歡迎的觀光景點排行榜」第三名，深受全球矚目。

和平鐘塔

每天在當年投下核彈的上午8時15分都會敲鐘，鐘響獲選為「希望保存的『日本聲音風景100選』」。

舊太田川(本川)

世界遺產航路→P.13

來往於和平紀念公園及宮島的定期船班，元安棧橋出發1天17班（冬季有船班停駛）。

元安川

必遊景點

原爆圓頂館→P.54

傳達核爆慘狀並祈求永恆和平的象徵，也列入世界遺產。

和平紀念公園

●へいわきねんこうえん MAP附錄③7A-3

082-247-6738（廣島市觀光服務處）

自由入園 広島市中区中島町1、大手町1-10

廣電原爆圓頂館前電車站步行5分 P無

參觀前不可不知 公園的遊逛方式

前往公園的交通方式

搭乘行駛於廣島市區的路面電車「廣電」（P.84）移動最方便。聽說當時核爆3天後便重新營運，更令人感慨萬千。

廣島站電車站
廣電 往宮島口（或江波）方向 16分、180日圓
原爆圓頂館前電車站

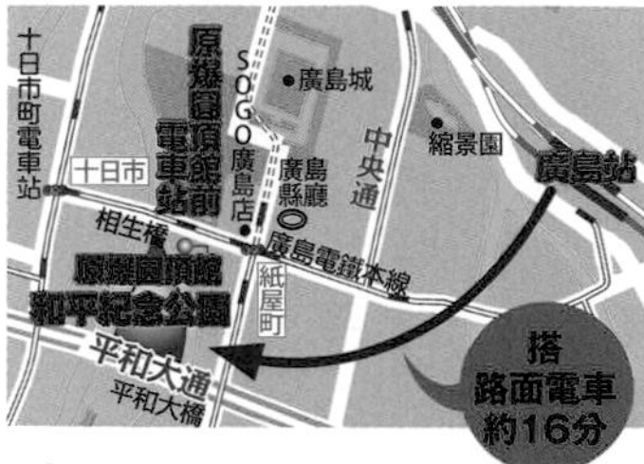

參觀的大略時間

如果只參觀原爆圓頂館和紀念碑，所需約1小時到1個半小時。由於資料館非常值得一看，建議預留時間好好參觀。

建議總計預留約3小時參觀

欲知觀光資訊 請到臨時服務處

由於負責觀光諮詢的休息處目前正逢休館整修。2018年4月1日至施工完成前（預計2019年度）改在原爆之子像西邊的臨時設施提供觀光資訊，請到這裡索取觀光手冊等資料。

8:30～18:00（有時期性變動）
休 無休

8月6日的和平活動

和平寄語燈籠放流

MAP 附錄③7A-2

會在元安川等廣島市內的河川放流約1萬個燈籠，在祈求平民犧牲者安息的同時祝禱永遠的和平。

082-245-1448
（燈籠放流實行委員會）

和平紀念儀式

MAP 附錄③7A-3

祈求核爆犧牲者安息及世界永遠和平的儀式。在投下核彈的上午8時15分進行默禱後，會舉行「和平宣言」等活動。

082-504-2103
（廣島市市民局 市民活動推進課）

1「原爆之子像」頂端立有少女像
2 從世界各地捐來的紙鶴
3 原爆死歿者慰靈碑有鮮花供奉
4 全球人士為了祈求和平而造訪
5 元安橋的前方便是原爆圓頂館
6 從一片核爆焦土中成長茁壯的梧桐樹至今仍高聳於園內

瞭解和平紀念公園的

3 約60個祈願和平的景點聚集在12.2公頃的腹地內

廣達12.2公頃的園內集結了紀念碑和資料館等諸多祈願和平的景點。

4 必遊原爆圓頂館及廣島和平紀念資料館！

在為數眾多的景點當中，廣島和平紀念資料館和原爆圓頂館是必看的地方，務必花點時間來參觀。

5 花草蔥鬱的市民休閒所在

和平紀念公園是坐落在舊太田川（本川）與元安川之間三角洲上的濱水公園，林木繁花錦簇，園內還設有長椅。春季有櫻花、初夏有新芽，秋季則能賞紅葉，是深受市民喜愛的休憩場所。

核爆後最早在此盛開的夾竹桃花為夏季的園內增添色彩

前總統歐巴馬的紙鶴展示在廣島和平紀念資料館(P.56)

必遊景點
廣島和平紀念資料館 →P.56
2017年4月東館整修完成。提倡廢核與和平重要性的設施。

原爆死歿者慰靈碑（廣島和平都市紀念碑） →P.55
紀念核爆犧牲者的鎮魂碑，刻有著名的和平碑文。

元安橋

休息處
改建自遺核爆建築物的觀光服務處，目前休館，（預計）整修至2019年。

從紙鶴塔望出去的景觀

佇立於原爆圓頂館東邊的新名勝，可以從約50m的高度俯瞰原爆圓頂館及和平紀念公園。

→P.57

由和平志工熱情解說!!
和平紀念公園 散步參考行程

所需 約1小時

在遠眺原爆圓頂館、參觀資料館時，不妨透過廣島和平志工的介紹，一邊聆聽每個景點的理念一邊遊覽。

深入解說

核爆前的建築物是在大正4（1915）年開設的廣島縣物產陳列館，展示並販售縣產品等，之後改名為廣島縣產業獎勵館，成為日本第一個販賣年輪蛋糕的地方，曾經是熱鬧的廣島名勝。

核爆前的樣貌，摩登洋樓非常吸睛（照片提供／廣島和平紀念資料館）

重點看過來！
因露出圓頂型的鐵骨架而不知從何時開始被稱為「原爆圓頂館」。

留下核爆當時的殘缺風貌 登上世界遺產的和平象徵

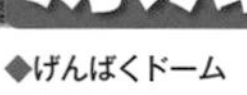
世界遺產

1 原爆圓頂館

◆げんばくドーム

昭和20（1945）年8月6日上午8時15分，投於廣島的原子彈在城市上空600m處爆炸，瞬間襲擊35萬人與整座城市。原子彈於「廣島縣產業獎勵館（今原爆圓頂館）」東南方160m附近的上空爆炸，建築物骨架裸露、完整呈現出核爆當時的慘狀，令人看了無不心痛。後來以廢除核武與永恆和平的象徵之名，在1996年列入世界遺產。

☎082-247-6738（廣島市觀光服務處）MAP附錄③7A-1
自由參觀（限外觀） 所広島市中区大手町1-10 和平紀念公園內 廣電原爆圓頂館前電車站下車即到 P無

重點看過來！
即使建築因原子彈爆炸而全部燒燬，但爆炸氣流幾乎是垂直吹襲而有部分牆面免於崩塌。

圓頂館北側設有說明看板

夕陽下的圓頂館

步行即到

2 原爆之子像

頂端立有捧著金色紙鶴的銅像

從世界各地捐來的無數紙鶴

◆げんばくのこのぞう

為了因罹患白血病而在12歲逝世的佐佐木禎子等因核爆犧牲的孩童所設的慰靈碑，內側掛著金色的紙鶴。

每年會獻上多達1000萬隻的紙鶴

深入解說

禎子2歲時暴露在原爆輻射下，10年後被診斷出白血病。她在與疾病奮鬥的8個月間為祈禱早日康復而摺的紙鶴，至今仍保存在資料館裡。

資料館展示出禎子摺的紙鶴

步行即到

3 和平之鐘

可以自由敲鐘

祈求世界不再有核武及戰爭的象徵

◆へいわのかね

鐘樓以圓頂表示宇宙，敲擊處畫上核能標誌，表達禁止核武的意涵。

步行即到

廣島和平志工

志工會陪同參觀和平紀念公園與資料館，親自解說其歷史和事件。

☎082-541-5544（廣島和平紀念資料館啓發課）
10:30～14:30
無休 免費導覽
※和平紀念公園的導覽預約從預定參觀日的1年前～1週前可報名，資料館僅限當天報名。

松本愛美小姐

已燃燒超過50年

5 為祈禱和平而持續燃燒的反核悲願象徵 和平燈

◆へいわのともしび

持續燃燒直到核武從地球上消失的和平燈，是在昭和39（1964）年自日本各地蒐集火種來點火。

4 保留核爆當時的地面 遭爆墓石

◆ひばくしたぼせき

位在距離核爆中心約200m處慈仙寺遺跡的墓石。寺院及其他墓石已因核爆而崩毀，這是唯一保留下當時樣貌的墓石。

廣島藩淺野家御年寄職位岡本宮內的墓石

深入解說

雖然和平紀念公園是經填土整地而成，但墓石周邊以石頭圍住，保留下原本的狀態，也因此得以知道當時的地面高度。

步行即到

步行即到

6 為了將核爆體驗傳給下一代而生的設施 國立廣島原爆死歿者追悼和平祈念館

第3週日還會舉辦遭核爆朗讀會

◆こくりつひろしまげんばくしぼつしゃついとうへいわきねんかん

地下2樓以360度全景重現當時的街景

能自由閱覽核爆逝者遺照、遭逢核爆經歷的紀事及影像等。本館的宗旨在於讓人們追悼核爆犧牲者並祈求永遠和平的同時，能將核爆體驗傳承給後世。

☎082-543-6271 MAP附錄③7B-2

營8:30～18:00（有時期性變動）

休12月30日、31日 ¥免費入館

步行即到

7 歐巴馬曾獻上花束 為平息核爆逝者而設的場域 原爆死歿者慰靈碑（廣島和平都市紀念碑）

◆げんばくしぼつしゃいれいひひろしまへいわとしきねんひ

許多人來此獻上對和平之祈禱的慰靈碑，美國前總統歐巴馬也曾獻上花束。中央的石室存放著超過30萬名核爆逝者的名冊。

慰靈碑上刻有「願逝者安息 我們不會重蹈覆轍」的碑文

深入解說

為了避免核爆逝者的靈魂遭受風吹雨打，採用屋形埴輪設計。從這裡能一直線看見原爆圓頂館。

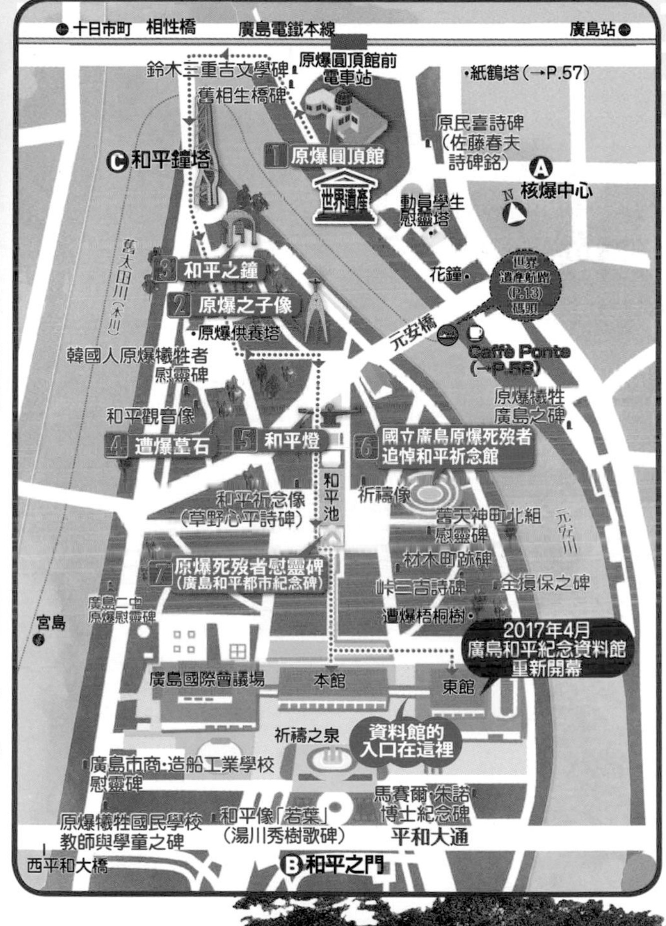

也務必來這裡參觀一下

C 和平鐘塔

每天早上在投下核彈時的8時15分會發出鐘響的鐘塔。

B 和平之門

分別以18種文字與49種語言刻上「和平」的文字。

A 核爆中心

投下的原子彈稍微偏離原定目標，在島醫院的上空爆炸。

世界各地的人來到這裡獻上祝禱

News!!

2017年4月東館整修後重新開幕！

耗時約2年8個月的歲月將東館徹底翻新！以電腦動畫重現核爆前後的廣島與觸控式螢幕等新展覽值得一看。

Topics

2019年春季本館整修後重新開幕！

為了更深入呈現出核爆的慘況，進一步將展覽聚焦於受害者後重新開放展館。

和平紀念公園的主要設施

廣島和平紀念資料館

以下介紹持續進行翻修的資料館、自2016年開幕以來備受矚目的紙鶴塔這2大祈求和平的景點。

3樓 核武器的危險性

展出核彈開發的緣由、核爆災害、戰後核武器開發等，呈現出為人類帶來威脅的核武器問題。

3樓 人們失去的生活

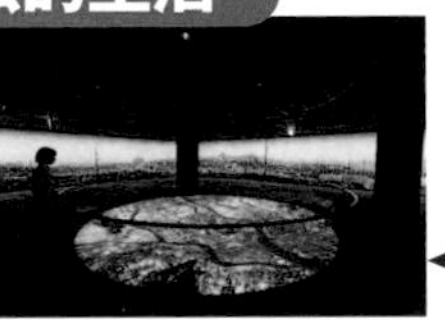

播出城市在核彈投下前後的影像，能藉此看到投下核彈後瞬間毀滅的慘況。

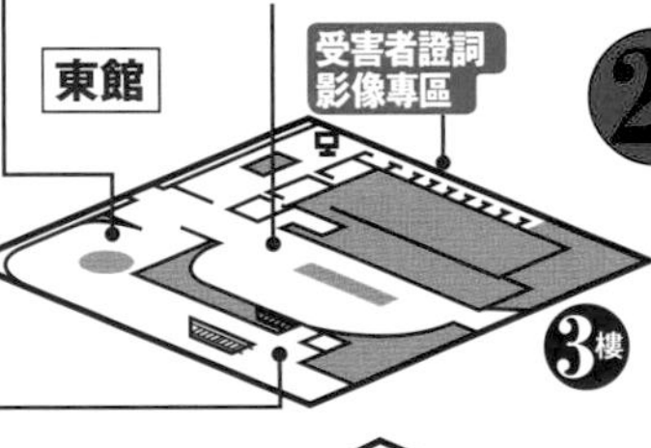

2樓 廣島的發展歷程

介紹廣島在核彈投下前的戰時風貌以及投下後重建城市的光景，以傳遞永久和平的渴望。

可藉由觸控式螢幕閱讀和平宣言

3樓 被炸前的廣島

有小朋友的照片、行駛於大街上的路面電車等，透過照片展示出當地人在廣島核爆前的生活樣貌。

博物館商店

語音導覽

2樓

1樓

1樓 企劃展示室

舉辦展出核爆真相的展覽，在本館重新開幕之前都可以在這裡參觀核爆資料。

展示出受害者的遺物等

佐佐木禎子因核爆罹患白血病而逝世，展示其相關物品

B1樓 前總統歐巴馬的紙鶴

展出歐巴馬赴日時親自摺出的紙鶴。

藉由煥然一新的展覽來傳達原子彈的悲慘

展出核爆受害者的遺物與透露核爆慘狀的資料，向世人傳達許多人的生命與生活遭到原子彈剝奪的事實。由東館及本館2棟建築構成的資料館，經過分別整修後展覽也跟著更新。由於本館需改裝施工至2019年春季，目前能參觀的僅有煥然一新的東館。透過全新展示的電腦動畫和觸控式螢幕等大量影像，介紹原子彈的威脅與遭核爆前後的廣島風貌。從3樓的常設展示室開始往下參觀的路線較為順暢。

廣島和平紀念資料館

●ひろしまへいわきねんしりょうかん

☎082-241-4004 MAP附錄③7A-3

營8:30～17:30（8月～18:30，8月5、6日～19:30，12～2月～16:30） 休12月30、31日 ¥入館費200日圓 所広島市中区中島町1-2 交廣電原爆圓頂館前電車站步行10分 P無

參觀時的實用資訊

博物館商店

販售以紙鶴再生紙製作的便條紙等。

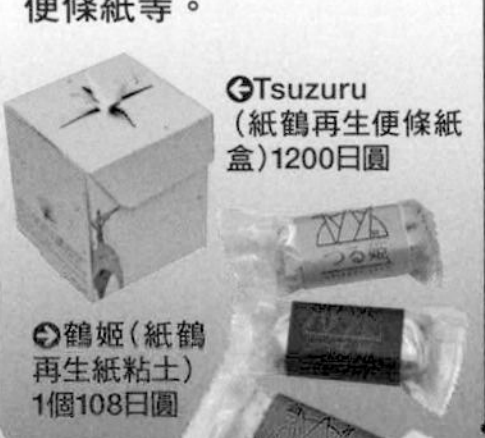

←Tsuzuru（紙鶴再生便條紙盒）1200日圓

→鶴姬（紙鶴再生紙粘土）1個108日圓

受害者證詞影像專區

可以觀賞從昭和61（1986）年開始記錄的證詞影片。

語音導覽

租借1台僅需200日圓（英、日語），所需約40分鐘。

Topics
喝著飲料 一面悠閒享受

能坐在頂樓的外帶咖啡專賣店，一手拿著菜單坐在階梯上悠閒享受也是一大賣點。推出多款瀨戶內風味的飲品。

頂樓 屋頂瞭望台「廣島之丘」

可將原爆圓頂館及完成重建的廣島街景一覽無遺，藉此見證廣島的過去與現在。木製露臺使用從以廣島縣為中心的中國地區網羅過來的檜木與杉木打造，營造出一片山丘般的空間。

就在和平紀念公園附近！景觀絕佳的 最新的2大和平景點 紙鶴塔

俯瞰優美全景 祈求世界和平

位在原爆圓頂館東邊的複合設施，由以紙鶴為主題的數位科技體驗專區「紙鶴廣場」、供應濃濃廣島風味菜色的咖啡廳、物產館等設施所組成。最大的看點是有宜人微風吹拂的屋頂瞭望台「廣島之丘」，能站在木製露臺飽覽前方的原爆圓頂館及和平紀念公園等廣島街景。由於當日內可重新入場，也推薦在不同時段來走走。

12樓 紙鶴廣場

以摺紙為主題的影像結合人體動作的數位技術體驗專區，設有只要將紙鶴模型放上平台便會秀出紙鶴形煙火的「花火」、1500張摺紙會依據站在螢幕前方的人體做出反應的「化身」等設施。

能享受聲音與影像的「花火」

從這裡能望見核爆中心

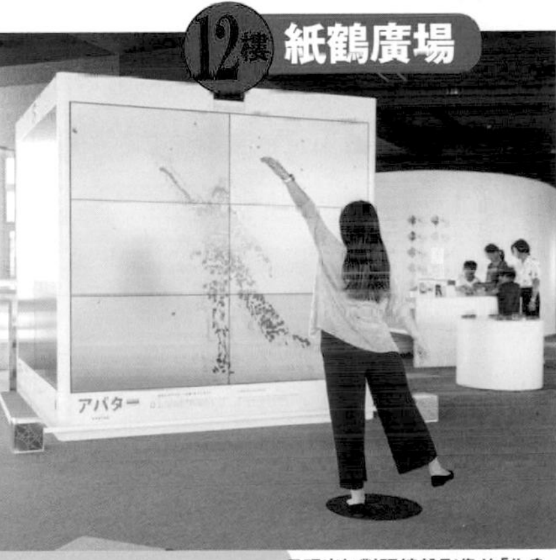

呈現出如對照鏡般影像的「化身」

紙鶴塔 ●おりづるタワー

✆082-569-6803 MAP附錄③7B-1
瞭望台為10:00～18:00、物產館～19:00（兩者皆有季節性變動）、咖啡廳～20:30，週日（若逢連假則為最後一天）～18:30 休過年期間 ¥入館費1700日圓、投入紙鶴5張500日圓（另外購買為600日圓）
所広島市中区大手町1-2-1 交廣電原爆圓頂館前電車站即到 P無

1樓 握手カフェ

長條狀的御好燒「Okos」等獨特菜色很受歡迎，不用門票也能入店消費。

→P.58

12樓 紙鶴牆

可以將自己摺出的紙鶴從12樓投下，層層堆疊的紙鶴將化身為「紙鶴牆」來裝飾大樓的牆面。需另行購買摺紙。

使用獨創花色的摺紙

紙鶴會從上方翩翩落下、堆疊成牆

1樓 人と樹

網羅約1000款廣島特產的物產館，也有販售象徵和平的商品，不用門票也能入店消費。

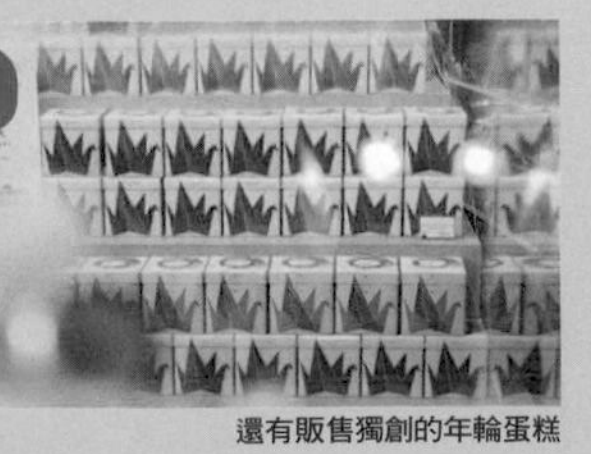

還有販售獨創的年輪蛋糕

1樓～屋頂 散步坡道

1樓到頂樓的螺旋形斜坡，牆面展示出能感受廣島歷史的繪畫作品等，中央還有深受小朋友歡迎的溜滑梯。

步行距離約450m

散步後的歇腳去處

和平紀念公園附近喝下午茶&午餐

逛完幅員遼闊的公園後，前往能稍作歇息的餐飲店。在此精選出和平紀念公園步行範圍內的迷人餐廳。

如果想嘗店家自豪的手藝
下午茶

能眺望和平紀念公園的露天咖啡廳

柑橘烤布蕾 750日圓
咖啡拿鐵 600日圓
添加柑橘果肉的烤布蕾，上頭還灑上幾片微苦的柑橘皮

原爆圓頂館即到

A Caffè Ponte

午餐OK

◆カフェ　ポンテ

位於元安橋的橋墩旁，以能遠眺對岸和平紀念公園的位置為賣點。務必坐在可以欣賞河景的露天座，嘗嘗由外籍主廚製作的甜點和道地義大利菜。

082-247-7471　MAP附錄③7B-2
10:00～21:00(週六日、假日為8:00～，有時期性變動)　休無休　所広島市中区大手町1-9-21
交廣電本通電車站步行5分　P無
席 露天座40席、桌椅座30席

河岸的露天座最為搶手

小小情報
飲品及義式冰淇淋可以外帶，坐在園內的長椅上悠哉品嘗也不錯。

柳橙汁650日圓

皇家法式吐司套餐 1296日圓
浸滿蛋汁的吐司有著布丁般的綿軟＆濃郁口感而格外誘人（14:00～17:00供應）

來廣島的在地麵包店試試自製麵包甜點

原爆圓頂館步行7分

B ANDERSEN HIROSHIMA 紙屋町

◆ひろしまアンデルセンかみやちょう

為了讓有麵包佐味的日常更繽紛而網羅了葡萄酒、起司、花卉等商品的麵包店。2樓的咖啡廳從早餐到晚餐皆有供應，推出多種以麵包為主角的菜色。

午餐OK

MAP附錄③7B-1
082-247-2403
10:00～19:00（咖啡廳為7:30～21:00，週日、假日為～19:00）
休不定休　所広島市中区紙屋町2-2-2
交廣電本通電車站即到　P無
席 桌椅座70席

小小情報
麵包店擺滿了多達80種的麵包，也可以買好帶到公園野餐去。

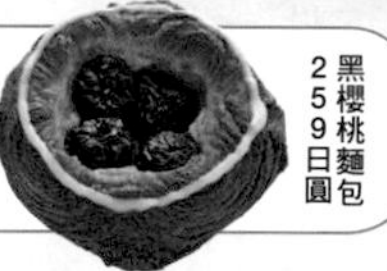
黑櫻桃麵包259日圓

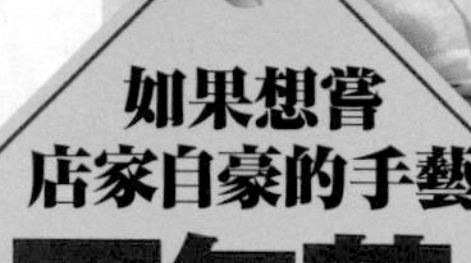

在店內還可使用北歐的家具及餐具

年輪蛋糕佐廣島當季新鮮水果 626日圓
廣島是年輪蛋糕首次傳進日本的地方。重現當年食譜的溫和風味

透過餐點呈現出廣島和瀨戶內的風味

原爆圓頂館即到

D 握手カフェ

◆あくしゅカフェ

位在紙鶴塔（P.57）內的咖啡廳，在時尚風格的店內能品嘗到使用廣島和瀨戶內產食材製作的餐點。除了甜點以外，還有將御好燒加以變化的菜色。

082-569-6802　MAP附錄③7B-1
10:00～20:30，週日（逢連假則為最後一天）～18:30
休過年期間　所広島市中区大手町1-2-1 紙鶴塔1F　交廣電原爆圓頂館前電車站即到　P無
席 桌椅座50席

具開放感的空間

原爆圓頂館步行10分

C コオリヤユキボウシ

當地備受好評的刨冰專賣店，將南阿爾卑斯山八岳的天然冰置於常溫下而有綿柔的口感。還有推出將糖漿打成泡沫狀的ESPUMA刨冰。

一整年都吃得到刨冰

082-248-2810　MAP附錄③7C-2
12:00～18:00（冬季的週六日、假日為11:00～、7～9月為10:00～20:30）
休週一、二（7～9月無休）　所広島市中区紙屋町1-5-17　交廣電紙屋町東電車站即到　P無
席 吧檯座14席、桌椅座15席

招牌刨冰雪帽子780日圓

刨冰 680日圓～
以當季水果等製作出的自製糖漿每天都有10種可選

宛如細雪般的刨冰加上濃厚的自製糖漿！

午餐&下午茶MAP
原爆圓頂館、廣島和平紀念資料館、SOGO廣島店、廣島縣廳、原爆圓頂館前、本川町、紙屋町東、紙屋町西、立町、廣島站、十日市町、本通、袋町、お好み焼 長田屋P.71、かき船かなわP.74、元安川、舊太田川

如果想在氣氛佳的地方 吃午餐

到商家風味的古民宅大啖知名的星鰻飯

廣爆圓頂館即到

F 月あかり

◆つきあかり

改建自屋齡60年的古民宅，1樓是設有地爐的鋪木和式座位，也備有一般桌椅。廣島名菜星鰻飯是以炭火烘烤，香噴噴的星鰻非常美味。晚餐可嘗當季的炙燒料理。

MAP 附錄③7B-2
☎082-545-7777
L 11:30～14:00、17:00～23:00（週日晚間～22:00）
休 週一（逢假日則翌日休）
所 広島市中区大手町1-8-9
交 廣電本通電車站步行3分 P無
席 桌椅座10席、和式座位80席

散發出高雅而穩重的氣息

星鰻、牡蠣膳 1850日圓

星鰻飯一開始先吃原味，之後能以茶泡飯方式品嘗，還附上廣島著名的炸牡蠣

在洋樓餐廳品味道地的義大利菜

特製午餐 1814日圓

可從每月換口味的6種義大利麵中擇一，還可以選擇沙拉和甜點

廣島和平紀念資料館即到

E RISTORANTE MARIO

◆リストランテマリオ

在廣島這間餐廳可說是義大利菜的先驅。在這間布滿爬牆虎的2層樓餐廳內，中午供應3種午餐，晚上則有隨季節更換的菜色及全餐、單點菜色等。

MAP 附錄③7B-3
☎082-248-4956
L 11:30～14:30（週六日、假日～15:00）、17:00～22:00
休 無休
所 広島市中区中島町4-11
交 廣電原爆圓頂館前電車站步行10分
P 無
席 桌椅座60席

每到夏天便會被翠綠的爬牆虎布滿

大買特買廣島製商品

H 長崎屋

◆ながさきや

明治時代創業，陳列廣島名產的專賣店，商品從點心到鯉魚隊周邊商品應有盡有。

店內還擺設了舊市民球場的長椅

MAP 附錄③7C-2
☎082-247-2275
L 9:30～19:00 休 無休 所 広島市中区本通6-8 交 廣電本通電車站即到 P 有合作停車場

還有販賣向島USHIO CHOCOLATL的巧克力！

G monokoto store

◆モノコトストア

精挑細選廣島及日本各地的優質製品，販售宮島的御砂燒等約600件商品。

2017年9月重新開幕

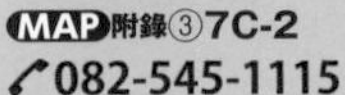

MAP 附錄③7C-2
☎082-545-1115
L 10:00～19:00 休 週四
所 広島市中区袋町2-5 Mビル袋町1、2F
交 廣電本通電車站步行5分 P 無

御砂燒的三角酒杯
1個2160日圓

大圖解

隨著全新商業設施開幕及車站內改裝等持續進行，JR廣島站一帶變得更加熱鬧，快來預習樂趣無窮的站內＆站前吧！

廣島站的活用方式

廣島伴手禮五花八門

EKI CITY HIROSHIMA及ekie等購物商場陸續開張，縣內各地的廣島伴手禮齊聚一堂。

廣島美食一應俱全

不愧於車站的絕佳位置，實力派店家雲集。EKI CITY HIROSHIMA、ASSE皆有許多餐飲店。

善加利用外帶

若沒有時間用餐就善加運用外帶服務。むさし（P.63）提供便當、ANDERSEN（P.62）則售有麵包，更有許多店家可外帶御好燒。

JR廣島站前的嶄新地標

EKI CITY HIROSHIMA

2017年2月開幕

●エエキシティ·ヒロシ

誕生於廣島站前的商業住宅複合設施，1～3樓有全日本第2家蔦屋家電全新開幕，不但販售家電，更融合了書籍、文具、咖啡廳。1樓還有御好燒等餐飲店進駐，吸引觀光客和當地人湧入。

MAP附錄③4E-2

☎082-261-7033(EKI CITY HIROSHIMA防災中心)

營視店鋪而異 休不定休 所広島市南区松原町3-1

交JR廣島站即到 P30分200日圓

1～3樓為商業設施

不可錯過的亮點商店

1樓

YEBISU BAR EKI CITY廣島店

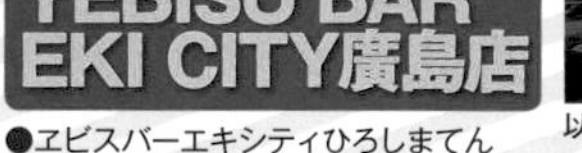

以「和」為主軸的店內

●ヱビスバーエキシティひろしまてん

供應6種生啤酒和7種啤酒調酒，搭配啤酒的菜餚也備受好評，使用牡蠣或檸檬等「廣島食材」的限定菜色更是不容錯過。

☎082-568-0304

營11:30～22:15（週日、假日～21:15）休無休

瀨戶之雫 734日圓

EKI CITY廣島店限定的特級啤酒調酒

1樓

鉄板焼 お好み焼き ひらた

●てっぱんやきおこのみやきひらた

吃得到麵糊內添加咖哩粉的辛香味御好燒，麵條則是將細麵蒸過的蓬軟口感。還有豆皮煎餃（600日圓）等多種鐵板燒菜色。

☎082-236-3260

營11:00～14:00、17:00～22:00（週日、假日～20:00）

休週一（逢假日則翌日休）

麵肉蛋、牡蠣配料 1450日圓

加入滿滿高麗菜和豆芽菜等蔬菜，非常有飽足感！

充滿臨場感的鐵板吧檯座

1樓

つつむ EKI CITY廣島店

●つつむエキシティひろしまてん

手工肉包專賣店。彈牙的外皮也是自家製，內餡則將肉的鮮甜緊緊鎖住。包入一大塊焢肉的角煮饅頭（刈包）也很受歡迎。

☎082-262-0226

營10:00～20:00（週日、假日為11:00～，若有夜間棒球賽則營業至賽後約1小時）

休不定休

肉包 130日圓

如以優質豬肉自製絞肉等，堅持自家製作

也可以內用

角煮饅頭 280日圓

入口處每季都會以不同的展示來展銷家電

2017年4月開幕

1～3樓

Edion蔦屋家電

●エディオンつたやかでん

由Edion開設，結合家電與書籍、文具等的全新形態家電行，可以邊喝外帶飲品邊開心購物也是一大賣點。還附設販售在地酒和當地食材的商店。

☎082-264-6511

營10:00～21:00（視店鋪而異）

休無休

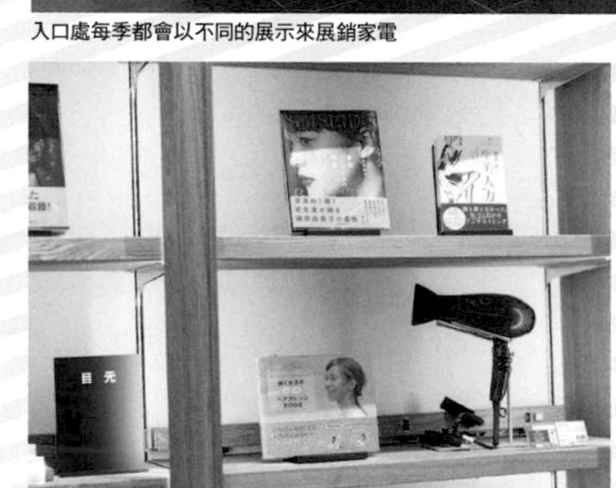

介紹與家電相關的書籍和雜貨

提供大量的鯉魚隊相關書籍

在3樓可以喝著Maru5deli的飲料一面選購書籍或家電

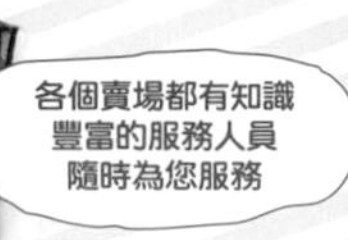

各個賣場都有知識豐富的服務人員隨時為您服務

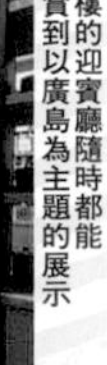

1樓的迎賓廳隨時都能欣賞到以廣島為主題的展示

廣島站內&站前

雜貨、伴手禮、美食琳琅滿目

ekie ●エキエ

2017年10月 開幕

於廣島站的鐵路上方及高架橋下開設的商業設施，有販售雜貨、廣島美食、伴手禮等形形色色的商店進駐，預定在2019年達到約100家店鋪。

雜貨與美妝品雲集的雜貨市集

MAP 附錄③4D-1
☎082-567-8011(ASSE)
營10:00～21:00(視店鋪而異)
休無休
所広島市南区松原町1-2
交JR廣島站內
P消費滿2000日圓可免費停1小時(新幹線名店街)

不可錯過的亮點商店

LUPICIA ekie廣島店

●ルピシアエキエひろしまてん

販賣紅茶和日本茶等世界各地茶品的專賣店，還有廣島限定的茶品。

☎082-264-7778
營10:00～21:00 休不定休

廣島限定「瀨戶內檸檬」50g標籤罐裝 1050日圓
散發檸檬香氣、風味清爽的南非國寶茶

News

美食街開幕

能一嘗御好燒等廣島美食的美食街，於新幹線的月台下方開張。

2018年秋季 伴手禮&美食街開幕

2019年春季以後 食品區開幕

2017年10月 開幕

提供廣島的觀光資訊

廣島站綜合服務處

有工作人員駐點，提供觀光和交通資訊，也備有縣內各地的觀光手冊。

營6:00～24:00 休無休

廣島站的北邊形成寬闊空間

行人天橋

從廣島站新幹線口2樓連接至廣島站北邊，有屋頂的天橋。

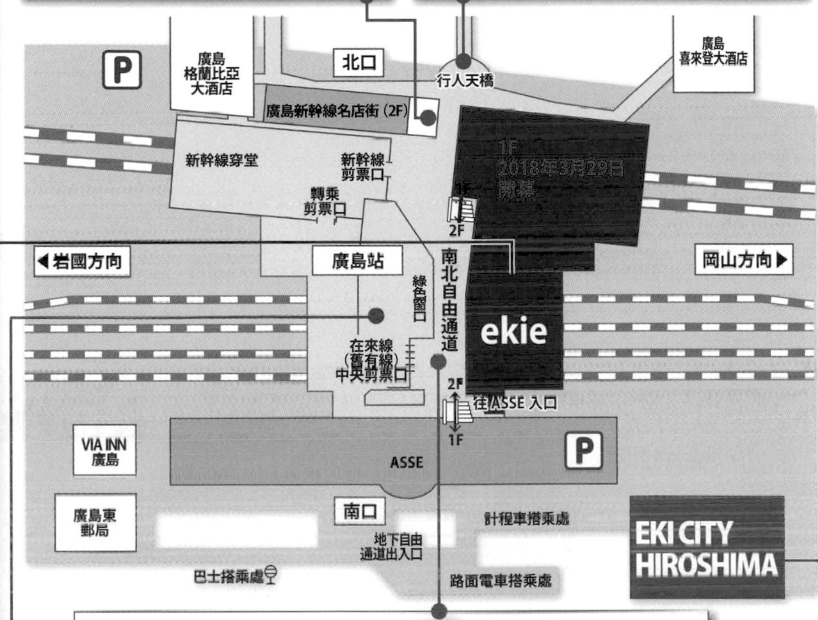

2017年10月 開幕

站內通行更加方便！

2樓 南北自由通道

將廣島站的新幹線口與南口串聯起來的2樓自由通道開通，綠色窗口亦開設於通道上。

大買剛出爐的點心、伴手禮

Entrée Marché 廣島店

アントレマルシェひろしまてん

2017年6月 開幕

入店需要入場券或車票

開設於JR廣島站在來線（舊有線）的車站內，由伴手禮專區及Calbee+等專賣店組成。店內以熊野筆彩妝刷具等廣島伴手禮為主題的商品展示也是亮點。

MAP 附錄③4D-1
☎082-263-6245(JR服務網廣島)
營7:00～21:00 休無休 ¥入場券140日圓或車票
所広島市南区松原町1-2 交JR廣島站內 P無
※Entrée Marché廣島店及專賣店的營業時間可能隨時變動。

不可錯過的亮點商店

Calbee+ 廣島站店

●カルビープラスひろしまえきてん

可以購買熱騰騰的美味現炸Poterico薯條杯和卡樂比商品。

營7:00～21:00（現炸食品供應時間為10:00～20:30）

洋芋吉拿棒 鹽味 210日圓
外皮酥脆、內餡彈牙，可當成逛街小點心

Poterico沙拉味 310日圓
爽脆口感的Jagarico化為熱騰騰的現炸美味

FUJIYA FACTORY

●フジヤファクトリー

供應與鯉魚隊合作推出的戚風蛋糕、做成球棒外形的泡芙等。

營10:00～21:00

鯉魚隊戚風 1000日圓
戚風蛋糕內添加了牛奶風味的奶油

鯉魚隊球棒泡芙 1條250日圓
球棒狀的長條形泡芙，有瀨戶內檸檬味及鮮奶油口味

廣島站包羅萬象NAVI

廣島伴手禮一次買齊

旅途尾聲到車站採買♪

JR廣島站內和車站大樓集結了大量廣島名產！忘記買的伴手禮都可以在這裡一次買到。

檸檬伴手禮

以國產檸檬發源地著稱的廣島縣正掀起空前的檸檬伴手禮熱潮，從甜點到酒類選擇豐富。

廣島檸檬奶油蛋糕（1盒）864日圓
蛋糕特色是蜂蜜的高雅甜味與優質的奶油香氣，再加上檸檬的清爽酸味

A B 平安堂 梅坪

Yamato F LEMOSCO味炸花枝（70g）346日圓
Yamato F LEMOSCO RED味炸海苔（60g）357日圓
帶有LEMOSCO酸辣味的炸花枝與炸海苔，酥脆的輕盈口感非常下酒

A YOURSふるさとコレクション

年輪蛋糕太陽（4號）972日圓
外層酥脆、裡頭彈牙，使用廣島檸檬製作的硬質年輪蛋糕

A B 櫟~Kunugi~

瀨戶田檸檬蛋糕&瑪德蓮 1080日圓
以瀨戶田檸檬製作的蛋糕及瑪德蓮各3塊的組合，可愛的包裝也很吸睛

A B ANDERSEN

淡雪花（8顆裝）1600日圓
添加廣島產大長檸檬的果汁和果皮製成的棉花糖夾入檸檬羊羹，迸出「爽脆、綿軟、彈嫩」的新口感

A B 藤い屋

大長檸檬酒（500ml）1026日圓
將採自大崎下島的大長檸檬榨汁釀成的正統檸檬酒，有著清爽俐落的風味

B フードパレットLIVI

紅葉饅頭

從經典口味到新穎口味應有盡有，尤以宮島沒有販賣的「にしき堂」產品絕不可錯過！

生紅葉（6顆裝）770日圓
Q彈外皮包入甜度適中的內餡，口感濕潤的生菓子，是人氣高居不下的廣島必買伴手禮

A B にしき堂

こし餡 生もみじ

紅豆泥餡
抹茶
紅豆粒餡

瀨戶的柑橘奶油起司
大崎上島的檸檬
瀨戶的藻鹽巧克力

新式紅葉（8顆裝）1140日圓
にしき堂與ANDERSEN HIROSHIMA（→P.58）的合作商品，進化版的紅葉饅頭，擁有西點般的全新口感

A B にしき堂

抹茶紅葉饅頭（8顆裝）1360日圓
將頂級抹茶摻入餅皮，吃得到濃醇風味。由茶の環（→P.83）操刀

A 菓匠茶屋
B 茶の環

紅葉饅頭5種口味組合（10顆裝）930日圓
宮島名店藤い屋（→P.42）的綜合紅葉饅頭，有紅豆泥餡、紅豆粒餡、卡士達醬等5種口味

A B 藤い屋

來這裡GET!!

B ASSE ★アッセ
位於廣島站南口，擁有地上7層、地下1層樓的購物大樓，聚集了時尚服飾及美食、雜貨、書籍等約140家店面。
MAP 附錄③4E-1
082-567-8011
8:00～20:00（視店鋪有所變動） 休 不定休
所 広島市南区松原町2-37
交 JR廣島站內
P 消費滿2000日圓可免費停1小時

A 新幹線名店街 ★しんかんせんめいてんがい
鄰接JR廣島站新幹線口的剪票口，提供廣島名點、御好燒等多款廣島伴手禮和美食。
MAP 附錄③4D-1
082-263-6110（中國SC開發）
8:30～20:00（視店鋪有所變動） 休 不定休 所 広島市南区松原町1-2 交 JR廣島站內
P 消費滿2000日圓可免費停30分

廣島市區

廣島伴手禮一次買齊

鯉魚隊商品

從周邊商品到甜點，種類之多與設計之獨特在球團中堪稱首屈一指，也別錯過聯名商品！

鯉魚隊小鴨 600日圓

身體和嘴巴都成了大紅色的鯉魚隊設計款，勇猛的表情更顯可愛

A CARP station

連帽浴巾（鯉魚小子、史萊利） 各2620日圓

觀賞鯉魚隊球賽時可遮陽擋風，非常方便！居家也適用的萬能毛巾

A CARP station

鯉魚隊帽 野燕麥餅乾（10片裝） 864日圓

散發杏仁香氣的野燕麥餅乾，帽子外形的包裝很受小朋友歡迎

A BACKEN MOZART

鯉魚隊紅葉饅頭綜合包（10個裝） 1000日圓

鯉魚隊圖案包裝的紅葉饅頭，有紅豆泥餡及巧克力、抹茶等5種口味

A 廣島香月

B 香月堂

廣島風味

以下介紹擁有高人氣的名點、蘊含瀨戶內美味的調味料等廣島縣民愛用的風味伴手禮。

桐葉菓（1個） 120日圓

糯米粉製的餅皮包住甜味高雅的內餡，有著Q彈口感的和菓子，榮獲全日本菓子大博覽會的名譽總裁獎

A B やまだ屋

川通餅（7個裝） 360日圓

將高級求肥餅撒上黃豆粉的廣島名點，核桃口感畫龍點睛

A B 亀屋

海人藻鹽 布袋裝（300g） 1188日圓

將海藻以素陶器燉煮製成的天然鹽，圓潤滋味能提升料理的層次

A YOURSふるさとコレクション

旅行之友（23g） 114日圓

發揮小魚及芝麻、海苔等的天然風味，深受男女老幼喜愛的廣島香鬆

A YOURSふるさとコレクション B YOURS LIVI

牡蠣

牡蠣可說是廣島的代名詞。從零食到罕見美食，只有產地才有如此多元的商品，一年四季都買得到也是一大關鍵。

整顆牡蠣仙貝（8袋×2片裝） 810日圓

由整顆牡蠣壓製而成！牡蠣的鮮味與仙貝中廣島紅土孕育出的馬鈴薯風味非常對味

A 高木屋

牡蠣醬油調味海苔 452日圓

海苔原始美味再加上牡蠣香醇風味的奢華滋味，搭配白飯也很好吃

B フードパレットLIVI

檸檬蒜蓉牡蠣 1188日圓
油漬牡蠣和起司 1080日圓
牡蠣沾醬 864日圓

使用廣島產牡蠣製作的油漬食品。種類豐富，每一種都能盡情品嘗到牡蠣的鮮美

B フードパレットLIVI

かき若 1080日圓

創業100多年的坂井屋幾乎全程以手工製作的牡蠣魚板，有著濃濃牡蠣與海潮味的珍品

B フードパレットLIVI

盛滿廣島好滋味的車站便當GET！

若雞飯糰 820日圓

以炸春雞、三角飯糰為號召的便當，再加上高麗菜、蘋果等，菜色樸實。

※水果可能因季節而異

むさしASSE店 ★むさしアッセてん B

清盛瀨戶之彩便當 1080日圓

放入章魚及星鰻等滿滿瀨戶美味，傳說清盛愛吃的鹽烤鱸魚也十分好吃。

ひろしま駅弁 ★ひろしまえきべん A

あじろや B

星鰻飯 1620日圓

廣島著名的星鰻飯，特製醬汁與烤到芳香多汁的星鰻堪稱絕配。

じんぼ A B

廣島菜音戶魩仔魚乾紫蘇羊栖菜仙人梅 便當 496日圓

內含廣島菜、音戶魩仔魚乾的紫蘇羊栖菜飯糰、仙人梅飯糰的經典款便當。

膳七 廣島車站大樓ASSE店 ★ぜんしちひろしまステーションビルアッセてん B

廣島站包羅萬象NAVI！

尾道拉麵

豪邁放上大量青蔥與彈牙麵條譜出美味

廣島產牡蠣釜飯
1000日圓
以創業以來不變的高湯將嚴選牡蠣炊煮成的佳餚

牡蠣

牡蠣料理的多元選擇備受好評！

出發前的最後衝刺！

廣島美食 吃完再走

廣島站內是美食重鎮，集合了對風味拍胸脯掛保證的實力派店家，為您精選出吃得到廣島名產的4大人氣店家！

ASSE 2F

三公 ●さんこう

人龍不斷的尾道拉麵店，堅持以雞骨、小魚乾、飛魚等熬煮出的湯頭已持續添加並使用超過10年，有著清爽卻濃醇的滋味，與可自選扁寬麵或細麵的特製麵條形成絕配，滿滿的九条蔥更替美味加分！

MAP 附錄③4E-1
☎082-262-1374
🕒11:00～21:30（湯頭售完打烊） 休不定休（準同ASSE的公休日）

1天平均有400人光顧的高人氣餐廳

ASSE 6F

醉心 廣島車站大樓店

●すいしんひろしまえきビルてん

能一嘗廣島鄉土料理的名店，深受廣大年齡層的喜愛。除了知名的星鰻及牡蠣的釜飯以外，還供應大蒜奶油烤牡蠣等菜色。

定食的選擇也很豐富

☎082-568-1120 MAP 附錄③4E-1
🕒11:00～21:00 休不定休（準同ASSE的公休日）

ASSE 2F 2017年10月開幕

ねぎ庵 廣島車站大樓ASSE店

●ねぎあんひろしまえきビルアッセてん

招牌菜為御好燒，大量使用瀨戶內海上倉橋島出產的風味濃郁寶島蔥，麵條彈性十足、香氣馥郁。曾經在大多福創意菜色競賽獲得「日本第一」的殊榮。

MAP 附錄③4E-1
☎082-264-9923
🕒11:00～21:30 休不定休（準同ASSE的公休日）

所有座位皆設有鐵板

ASSE 6F

魚肴おばんちゃい

●さかなさかなおばんちゃい

吃得到以當令食材烹製的創意家常菜，使用瀨戶內海鮮魚的菜餚也深獲好評，每道都與日本酒或葡萄酒非常對味。提供午餐到全餐、單品料理等多樣化選擇。

MAP 附錄③4E-1
☎082-262-6411
🕒11:00～22:00 休不定休（準同ASSE的公休日）

主推家庭式樸實風味的料理

星鰻生魚片
星鰻料理有醬烤和清烤等共6種

月見招牌特餐
使用世羅產的高級雞蛋，對食材也很講究

御好燒

以嚴選食材製作濃郁的好滋味

詳細介紹！P.66 CHECK！

瀨戶內海產

由日本料理師傅製作簡樸的家常菜

※圖片僅供參考

6種美食46家一併介紹!!

御好燒&知名美食BOOK

大口吃遍廣島的絕品美饌!

P.66
廣島的靈魂美食
御好燒

P.74
日本第一的生產量
牡蠣

P.76
以麻辣口感為賣點!
乾拌擔擔麵

P.77
滑順麵條沾上麻辣醬汁
廣島沾麵

P.78
廣島晚餐的新經典!
瀨戶內鮮魚&在地酒

P.80
廣島最熱門的居酒屋街
[illegible]

蔚為傳奇的原因在這裡！

為廣島御好燒立下基礎

加入高麗菜和中華麵及研發出御好燒醬汁的人，皆是老闆井畝滿夫。

店內展示御好燒歷史的資料

為引出高麗菜鮮甜而下盡各種工夫

藉由隨季節更換產地、視狀態來調整切法和蒸煮時間的方式，讓高麗菜保持在最美味的狀態！

帶有果香的特製醬汁

歷經超過100次研發測試後終於完成的醬汁是清爽的果香風味，還有販售外帶用。

蓬軟口感

打造出廣島御好燒原型的先驅者

廣島的靈魂食物 御好燒

廣島御好燒的發源地
廣島市區有多達900間店雲集。
只要事先掌握「美味重點！」
就不用擔心該選哪家好！

麵肉蛋 800日圓

這就是王道！

將麵糊煎至蓬軟，高麗菜的甜味也藉此托出。帶果香的特製醬汁讓人胃口大開

流川·八丁堀地區

みっちゃん総本店 八丁堀店

★みっちゃんそうほんてん はっちょうぼりてん

昭和25（1950）年從路邊攤起家，以形塑出今日廣島御好燒的店家之名廣為人知。口感鮮嫩的清甜高麗菜、煎到蓬軟仍不失酥脆的麵條、濃郁的醬汁所構成的三重奏是自古以來備受喜愛的廣島風味，吸引各地愛好者前來品嘗。

由多位師傅分成3大步驟分別煎烤，使當天的口味能均一

店內飄散著醬汁的香氣

即使平日也是大排長龍！

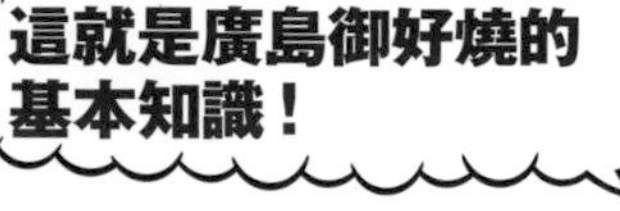

☎082-221-5438 MAP附錄③6D-1
11:00～14:00、17:30～21:00（週六日、假日為11:00～14:30、17:00～21:00）
休週三 所広島市中区八丁堀6-7 チュリス八丁堀1F 交廣電八丁堀電車站步行3分 P無
席 桌椅座44席

這就是廣島御好燒的基本知識！

以鏟子享用熱騰騰美味！

在廣島一定要用鏟子直接吃！吃起來比想像中容易，不妨在小心別被燙傷的前提下挑戰看看。

基本配料是炸花枝

加上在廣島被當成零嘴的炸花枝是標準款。放在蔬菜上蒸烤時獨特的風味便會融入其中，超級好吃！

經典口味是麵肉蛋！

加入中華麵＋豬五花＋蛋的「麵肉蛋」是廣島經典口味，還有「肉蛋麵」、「加麵」等各種說法。

滿～滿的高麗菜！

幾乎佔據整體的一半，分量紮實卻也健康滿分。將麵糊取代鐵蓋，蓋在上頭悶烤，使高麗菜更加柔軟。

起始於戰後的路邊攤

源自一錢洋食（文字燒的一種），後來增加裡頭的配料並加以改良，在昭和30年左右形成如今的風貌。

みっちゃん総本店 八丁堀店 老闆 井畝滿夫先生

流川·八丁堀地區

八昌 ★はっしょう

昭和46（1971）年創業以來獲得當地廣大支持，對口味深感自豪的名店，當年確立了將麵條煎至酥脆的嶄新流派，為御好燒的人氣帶來莫大貢獻。半熟的蛋、微甜的麵糊、柔軟鮮甜的高麗菜，細膩的風味吸引長長人龍。

082-248-1776 MAP附錄③6E-3
16:00～22:30（週日、假日～21:00） 休週一（逢假日則翌日休），第1、3週二 所広島市中区薬研堀10-6
廣電銀山町電車站步行7分 P無

席 鐵板吧檯座21席、鐵板和式座位24席

師傅在眼前煎製的臨場感也別有一番風味！

認清藍色門簾

稱霸廣島！2大傳奇名店

美味重點！可以跟人炫耀**這間我去過！**的**名店**

美味重點！不可不吃的**經典御好燒口味**

首先前往坐穩御好燒餐廳2大強者王位的みっちゃん與八昌。若是初次品嘗，務必試試堪稱王道的最強「麵肉蛋」！

蔚為傳奇的原因在這裡！

人龍不證自明的高人氣

開店前便有這般人潮！若須排隊就要有等上30分到1小時的心理準備。即使平日也要排隊。

精挑細選的種種食材

使用優質的低筋麵粉、雙黃蛋、向合作農家進貨的高麗菜，獨特食材撐起了八昌風味。

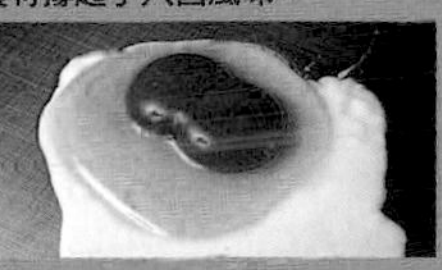

用心熱炒的酥脆麵條

八昌的作法是點餐後才將麵下鍋煮並用心熱炒，脆脆的口感與香氣格外突出！

在等待御好燒煎好之前，一定要來份桔醋牛筋（486日圓）及啤酒

明明有加麵條卻能壓得這麼平

←約20分

大量的高麗菜！

酥脆口感

建立酥脆麵條新流派 人氣不滅的名店

這就是王道！

麵肉蛋 864日圓

麵條與麵糊的焦香、微甜的高麗菜加上半熟蛋的蛋黃，交織出渾然一體的美味

最大特色在於重疊煎烤！

廣島作風不是將麵糊與配料拌在一起，而是層層堆上煎烤！從上而下共使用了這麼多食材！

青海苔

御好燒醬 特色是甜味與濃稠感，也有店家以獨門醬料為賣點。

蛋 各家店不同，有些煎到半熟、有些是全熟。

麵 雖可選擇中華麵或烏龍麵，但廣島以中華麵為主流。

豬肉 一般使用豬五花肉，疊上天婦羅花更加好吃！

豆芽菜

蔥花

天婦羅花

高麗菜 以大量高麗菜為特徵，藉由悶蒸帶出甘甜味

柴魚片

麵糊 將麵粉加水製成，蒸煎食材時蓋在上頭。

御好燒 蓬軟口感 酥脆口感的人氣店

美味重點！口味與口感的差異大評比

美味重點！當地人也常去的店

廣島御好燒以將麵條煎炒透徹的酥脆口感及古早味的蓬軟口感這2種最具代表性。不妨到當地人也推薦的人氣餐廳比較其口味的差異。

流川·八丁堀地區

蓬軟口感 元祖へんくつや総本店

★がんそへんくつや そうほんてん

昭和22（1947）年由路邊攤起家。將靜置一晚的麵糊疊上高溫快速蒸過的蔬菜，再加上特製生麵來煎製，堅持古早製法，彈牙的麵糊與麵條有著溫和的口感。

橫長的鐵板吧檯規模驚人

MAP附錄③6D-2
082-242-8918
11:00～翌日1:00 休不定休
所広島市中区新天地2-12 西豊ビル1F
廣電八丁堀電車站步行5分 P無
席 鐵板吧檯座21席、桌椅座25席

旁邊就是新天地分店

麵肉蛋 800日圓
麵條、麵糊的Q彈口感與柔軟的高麗菜堪稱絕配

蓬軟口感的秘密

將較大片的麵糊蓋在上頭，單純蒸熟而不加壓餡料才能煎出蓬軟風貌。

廣受好評美味祕訣

堅守自路邊攤時期以來的煎法 高麗菜和麵條皆飽滿好吃

御好燒的基礎

蓬軟口感、酥脆口感的差異在哪

「蓬軟口感」不將食材壓扁煎烤，みっちゃん総本店等從路邊攤起家的老店大多是此類作法，也可說是廣島御好燒原型的風味。八昌在之後確立了將麵條煎成酥脆口感的獨特作風，精緻風味掀起的熱潮吸引了許多店家跟進。

流川·八丁堀地區

酥脆口感 八紘

★はっこう

以嚴選小麥和地養蛋製作帶甜味的麵糊、隨狀態改變高麗菜的切法等對食材絕不妥協，烘托出食材原始風味的煎法展現出大廚手藝！

牆上掛滿了藝人的簽名

牡蠣864日圓～為11～3月限定

082-242-4330 MAP附錄③6E-2
17:30～24:00 休不定休
所広島市中区薬研堀5-18 パールビル1F
廣電胡町電車站步行7分 P無
席 鐵板吧檯座24席

麵肉蛋 1188日圓 （加炸花枝、蔥花）
麵條酥脆帶來輕盈口感，與微辣的獨特醬料非常對味

酥脆口感的秘密

麵條兩面煎炒，配料以鏟子壓烤，將水分收乾帶出鮮美風味。

廣受好評美味祕訣

無論麵條或配料都徹底壓烤！營造出絕佳美味的爽脆口感

貴家・特製 1050日圓
加上鮮蝦、鮮花枝的豪華版，口感上的對比妙不可喻

店內僅有鐵板吧檯座

廣受好評美味祕訣

麵條一面酥脆、另一面彈牙的新穎口感不妨來親自試試

酥脆口感的秘密

將單面的麵條煎至焦褐色，沒煎過的那一面則吸入滿滿的蔬菜鮮甜，美味加倍

平和大通南地區

酥脆口感 貴家。地藏通本店

★たかやじぞうどおりほんてん

老闆曾在みっちゃん総本店（→P.66）修行15年，做出的御好燒有不加壓煎烤的高麗菜及單面酥脆的麵條，食材鮮味與口感顯著的風味使常客越來越多。

082-242-1717 MAP附錄③6D-4
11:30～14:30、17:00～23:00 休週二、第1週一（逢假日則營業） 所広島市中区富士見町5-11 廣電中電前電車站步行7分 P無
席 鐵板吧檯座12席

本通地區

酥脆口感 がんすけ

位在本通商店街附近

將生麵燙過後以冷水冷卻再煎炸單面，以獨特作法來展現風格，使用廣島的品牌豬「幻霜豬肉」，頂級肉品的油脂讓滋味更上一層樓。

MAP附錄③6D-2
082-569-8899
11:30～14:30、17:30～22:30
休第2、4週三
所広島市中区袋町8-11
交廣電立町電車站步行7分
P無
席 鐵板吧檯座8席、桌椅座6席

酥脆口感的秘密

由於炒麵是以充分的油下去仔細煎炸而有著輕盈口感與香味。

廣受好評美味祕訣

鏟子一切入便聽見酥脆聲響！口感&香味No.1的香脆麵條

御好燒 800日圓
口感輕盈，但蒜粉香氣十分顯著的重口味

蓬軟口感的秘密

將麵糊蓋在上方蒸煎，以達到入口即化的綿軟口感。

蔥花麵肉蛋 864日圓
蒸過的高麗菜既甜又軟，滋味清爽輕盈

廣受好評美味祕訣

力求食材原始味道用心煎製 貼近正統風味的終極御好燒

店面設在廣島站後方

廣島站周邊地區

蓬軟口感 いっちゃん本店

★いっちゃんほんてん

配合當天食材更改切菜方式與煎法，不使用任何化學調味料，藉此托出食材原始風味的御好燒深獲好評，安心又溫和的滋味受到不分年齡層的粉絲支持。

MAP附錄③4E-1
082-567-6776
11:00～15:00、17:00～21:00
休週二（逢假日則翌日休）
所広島市東区光町1-6-30
交JR廣島站步行10分
P免費
席 鐵板吧檯座5席、吧檯座5席、桌椅座15席

若想試試更多口味的變化！

個性派御好燒

加飯御好燒的始祖就在這裡！ひらの

為了讓學生能吃飽而從開店當年便推出的加飯御好燒是本店名菜，使用厚片豬五花也是特色之一。

MAP附錄③8E-2
082-252-6116
11:00～14:00、17:00～20:00
休週二 所広島市南区皆実町4-24-12
交廣電皆實町六丁目電車站步行10分
P免費
席 鐵板吧檯座4席、鐵板桌椅座12席

御好燒麵飯山加納豆 880日圓

墨西哥青辣椒是美味關鍵！Lopez ★ロペズ

瓜地馬拉人洛佩茲先生開的餐廳，除了放入墨西哥青辣椒的御好燒外，還吃得到中南美菜。

MAP附錄③8E-1
082-232-5277
16:30～22:30（週二、五11:30～13:45亦有營業） 休週六、日 所広島市西区楠木町1-7-13 交JR横川站步行5分 P免費
席 鐵板吧檯座17席

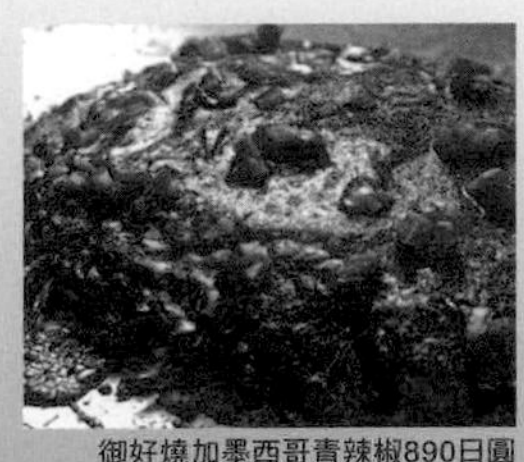

御好燒加墨西哥青辣椒890日圓

御好燒

廣島站周邊的實力店

廣島站及和平紀念公園是名店分店與排隊店家集中的一級戰區。整理出能在觀光時前來一嘗的推薦店家。

直通JR廣島站

麗ちゃん ★れいちゃん

從路邊攤開張至今的名店，長長人龍展現出高人氣。以靜置超過4小時的Q彈麵糊、加入番茄醬拌炒的生麵等用心製作的御好燒，吃得到飽滿的口感與香濃的滋味，添加牡蠣等在地食材的御好燒也不可錯過。

082-286-2382 MAP附錄③4D-1
11:00～21:30 休不定休（準同ekie的公休日）
所広島市南区松原町1-2 ekie內 交直通JR廣島站 P無

※於2018年3月中旬搬遷關店，3月下旬在ekie重新開幕。店內、外觀為搬遷前的照片

開店的同時已有許多客人登門

於排隊時點餐，客人入座時便能剛好上桌

推薦菜

特製御好燒

1290日圓

麵肉蛋加上新鮮花枝、蝦子的豪華版，與特製的鯉魚隊醬汁超級對味！

到車站直通的排隊店家 飽享古早路邊攤的口味

與店員隨興聊天也很有趣

原爆圓頂館前
相生通り
原爆圓頂館
和平紀念公園
平和大通り
54
八丁堀
福屋八丁堀本店
中央通り
JR
廣島站
廣電廣島站
馬自達球場
廣島站地區

御好燒的基礎

站內有許多家名店的分店！

ekie
みっちゃん総本店 ekie店
●みっちゃんそうほんてんエキエてん
082-263-2217 MAP附錄③4D-1
11:00～22:00 休不定休（準同ekie的公休日）
※2018年3月29日全新開幕

ASSE 2F
貴家。廣島ASSE店 ●たかやひろしまアッセてん
082-264-1217 MAP附錄③4E-1
11:00～21:30 休不定休（準同ASSE的公休日）

ASSE 2F
いっちゃん ASSE店 ●いっちゃんアッセてん
082-261-0680 MAP附錄③4E-1
11:00～21:30 休不定休（準同ASSE的公休日）

外觀和味道都令人印象深刻的進化版御好燒

推薦菜

電光石火

1050日圓

將經典的麵肉蛋加以變化，這款以蛋包住蔬菜鮮甜與美味的御好燒是以紫蘇風味做為提味

JR廣島站步行3分

電光石火

★でんこうせっか

位於「廣島御好燒物語 站前廣場」一隅的高人氣餐廳，招牌菜是外形宛如蛋包飯的「電光石火」，煎製時不把空氣壓出去而有著膨潤口感。鐵板燒菜色也很豐富。

082-568-7851 MAP附錄③4D-2
10:00～22:00 休無休 所広島市南区松原町10-1 6F 廣島御好燒物語 站前廣場 交JR廣島站步行3分
P無
席 鐵板吧檯座22席

御好燒的基礎

電光石火位在大樓中的御好燒攤販村！

電光石火所在的「廣島御好燒物語 站前廣場」是洋溢昭和40年代復古氣息而獨具魅力的御好燒攤販村，在大樓的其中一樓開設約15間店面。

廣島御好燒物語 站前廣場
MAP附錄③4D-2
082-568-7890
休視店鋪而異

馬自達球場步行15分

まるめん本店 ★まるめんほんてん

御好燒專用麵條「磯野製麵」的直營店，是藝人也常去的熱門店家。視當天的麵條狀態來調整煮麵時間與煎法，炒到條條分明的麵條有著入口即散開的絕佳口感。

可以從店內一窺製麵工廠

082-298-8903 MAP附錄③4F-1
11:00～15:00、17:00～21:00
休週一（逢假日則翌日休）、第2週二（逢假日則營業，有補休）
所広島市東区東蟹屋町18-15 磯野製麵2F
交JR廣島站步行15分
P免費

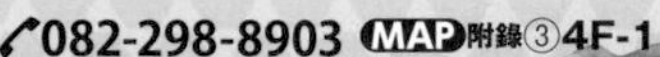

席 鐵板吧檯座9席、鐵板桌椅座4席、桌椅座4席

推薦菜

加麵 青辣椒＋蔥花

900日圓

以橄欖油拌炒過的青辣椒為整體加上一層辛辣滋味

由麵條專家製麵所做出 在口中彈開來的口感與美味

彷彿置身於昭和30年代的復古店內

原爆圓頂館即到

お好み焼 長田屋

★おこのみやきながたや

每天都擠滿來自各地的客人而熱鬧不已，可盡享倉橋島的寶島蔥及三次的新鮮雞蛋等食材，醬料採用番茄加量的特製款，生麵則先以豚骨湯頭炒過，增加口感與風味。從食材選購到煎法都毫不妥協的御好燒抓住許多常客。

✆082-247-0787 MAP附錄③7B-2
⏰11:00～20:30 休週二、第4週三
所広島市中区大手町1-7-19 重石ビル1F
🚃廣電原爆圓頂館前電車站步行3分 P無

席 鐵板吧檯座6席、鐵板桌椅座34席

即使過了中午依舊人潮不斷

推薦菜
長田屋燒
1350日圓
麵肉蛋加上鮮蝦和新鮮花枝，蛋黃與大量蔥花為口味增添變化

一流的工夫與口味搭配！大排長龍的超高人氣店

美味重點！
各店的推薦拿手菜色

美味重點！
地點方便又好吃的店家

和平紀念公園&

推薦菜
特製御好燒
1300日圓
麵肉蛋加上花枝與蝦仁等隨季節更換的食材

師傅精心講究煎製出的御好燒專賣店

原爆圓頂館步行5分

本家うずしお

★ほんけうずしお

聲優大山羨代的著作《全國美味店家巡禮》中曾介紹過的店，能吃到不壓平蒸煎出的蓬軟口感御好燒。

MAP附錄③7B-2
✆082-245-0117
⏰9:45～21:30 休無休
所広島市中区大手町1-5-15 本通り西ビル2F 🚃廣電本通電車站步行3分 P無

席 鐵板吧檯座9席、桌椅座40席

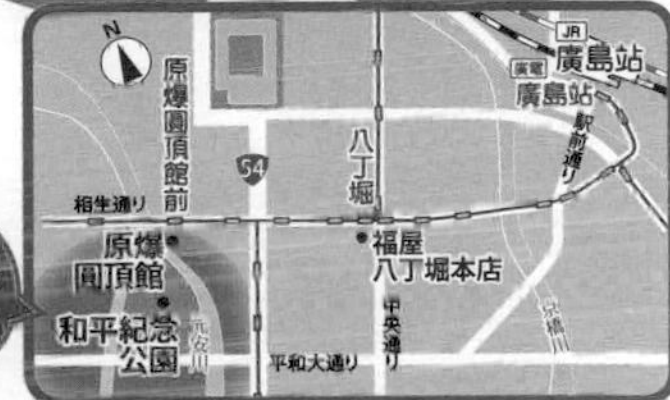

位在大樓2樓散發出隱密氛圍

廣島和平紀念資料館步行3分

こひなた

休閒氣氛也是賣點之一的熱門餐廳。最後放上的濃稠雞蛋與酥脆細麵的口感形成絕妙對比！還供應多種西式鐵板燒菜色，也可當成居酒屋來坐坐。

MAP附錄③7B-4
✆082-246-7054
⏰11:30～14:00、17:30～23:00（週日、假日晚間～22:00）
休不定休 所広島市中区大手町3-3-6
🚃廣電中電前電車站步行3分 P無

席 鐵板吧檯座10席、桌椅座10席

瀰漫休閒氣息的店內

推薦菜
招牌御好燒
880日圓
麵肉蛋加上炸花枝與鋪天蓋地的蔥花，無可匹敵

最後放上的半熟蛋提升蓬軟口感！

廣島No.1的居酒屋街 流川周邊 御好燒&鐵板燒之夜

美味重點！ **不可不點**的店家**推薦菜**

美味重點！ 可當成**居酒屋樂享**的餐廳

御好燒的基礎

流川周邊是名店林立的一級戰區

八昌及越田等鼎鼎有名的名店聚集。因位處娛樂區，有許多店家營業至深夜。

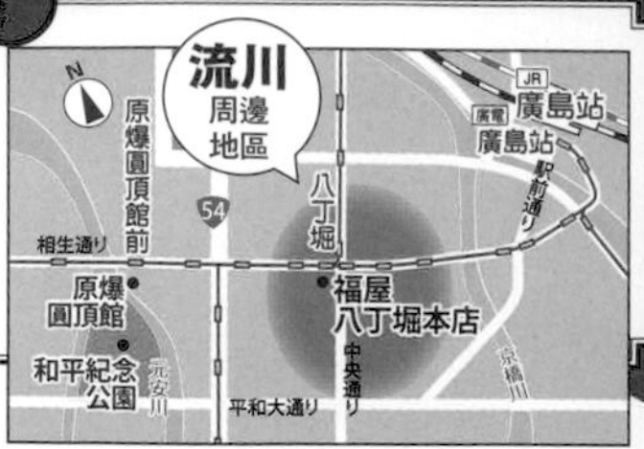

匚字型的吧檯座當地客人與觀光客齊聚一堂，總是熱鬧非凡

廣島第一鬧區流川與其周邊，有數不清的御好燒餐廳暗藏多元的副食餐點！做為居酒屋來光顧才是御好燒之夜的享樂方式。

御好燒的基礎

推薦坐在鐵板吧檯

要坐就坐在充滿臨場感的鐵板吧檯座，可以欣賞大廚驚人的煎炒手藝，讓等待上菜的時間也樂趣無窮！

越田 ★こしだ

創業於半世紀以前，傳承前任老闆娘口味的御好燒堅守煎蒸至蓬軟的古早味製法。鐵板燒中也有餐點使用繼承自前任的私房醬油醬汁，口味較重，非常下酒。

位處娛樂區，直到深夜仍然熱鬧非凡

坐在充滿臨場感的鐵板吧檯 品嘗傳承自上一代的名店風味

壓軸！ 肉、蛋、麵 780日圓

第1道 炸魚糕 550日圓 把魚漿下去油炸的廣島鄉土食物

第2道 白肉(牛肚) 1050日圓 生鮮進貨的新鮮牛肚，1天限量10份

第3道 牛雜 880日圓 將大腸、牛百葉、蜂巢肚以秘傳醬料調味

MAP附錄③6E-3
☎082-241-7508
🅛18:00～翌日3:00
休週日（逢假日前一日則翌日休） 所広島市中区流川町8-30 交廣電胡町電車站步行7分 P無
席 鐵板吧檯座20席、桌椅座12席

ちんちくりん薬研堀本店

★ちんちくりんやげんぼりほんてん

所有座位皆設有鐵板的熱鬧店內，能吃到使用牡蠣、日本鯷等廣島特有食材煎製的鐵板菜色，多達45種，全都非常下酒。風格獨特的御好燒也值得一試！

MAP附錄③6E-3
☎082-240-8222
🅛17:00～翌日1:30
休週二 所広島市中区田中町6-3 交廣電胡町電車站步行10分 P無
席 鐵板吧檯座6席、鐵板桌椅座24席、鐵板和式座位15席

第1道 星鰻高湯蛋捲 680日圓 以蛋糕來包裹住星鰻和青紫蘇

第2道 廣島縣產牡蠣昆布 950日圓 用利尻昆布熬煮出的高湯來燉煮縣產牡蠣

第3道 2800日圓

壓軸！ 牛筋肉燒 1200日圓

在廣島市內開8家分店的人氣餐廳

以鐵板燒飽嘗廣島的特有食材

壓軸！
肉蛋極細生麵
750日圓

在現代風空間品味精緻的鐵板料理

おこのみ魂 悟空

★おこのみだましいごくう

使用延展至半透明狀的麵糊、切絲高麗菜、超細生麵，煎出合而為一的御好燒。鐵板燒菜色則有全年都吃得到的牡蠣等約30種多樣選擇。

MAP 附錄③6D-1

082-224-5901

11:00～14:00、17:00～22:00 休 週日、假日 所 広島市中区八丁堀8-7 交 廣電立町電車站步行3分 P 無

席 鐵板吧檯座8席、桌椅座2席、和式座位12席

第1道
牡蠣鐵板燒
750日圓
6顆在宮島大野捕獲的新鮮大顆牡蠣

第2道
肉蒜鐵板燒
750日圓
主要以醬油來調味，非常下酒

第3道
起司烤香雞
450日圓
濃稠的起司與香雞共譜絕佳美味

以黑色為基調的別緻空間

五ェ門 胡町店

★ごえもんえびすちょうてん

廣島縣內外已有9家分店的熱門餐廳，御好燒約有10種，有麻糬和納豆等15種配料，能飽享多變風味。肉、魚、蔬菜等鐵板燒菜色更超過50種，非常豐富！

082-249-8089 MAP 附錄③6E-2

11:30～14:00、17:00～翌日2:30（週日、假日晚間～23:30） 休 不定休

所 広島市中区胡町3-14 アーバン胡館1F

交 廣電胡町電車站即到 P 無

席 鐵板吧檯座13席、桌椅座28席

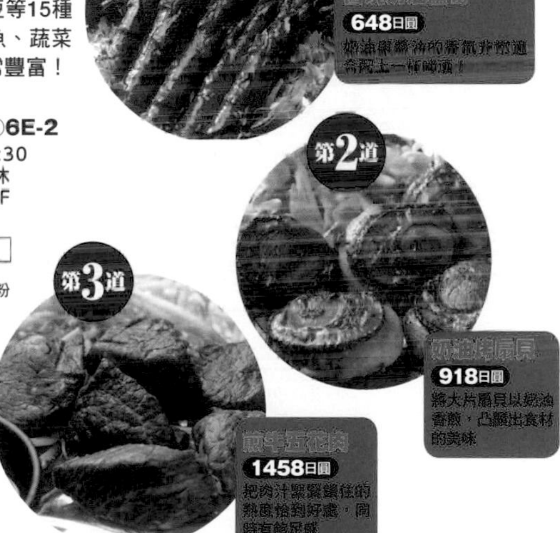
第1道
醬燒奶油蘆筍
648日圓
奶油與醬油的香氣非常適合配上一杯啤酒！
第2道
奶油烤扇貝
918日圓
將大片扇貝以奶油香煎，凸顯出食材的美味
第3道
煎牛五花肉
1458日圓
把肉汁緊緊鎖住的熟度恰到好處，同時有飽足感

也有不少當地粉絲的熱門名店

壓軸！
御好燒 麵肉蛋加納豆蔥花
1242日圓

到當地人常去的人氣餐廳 大吃菜色多元的鐵板美饌

透過**御好燒全餐料理飽嘗廣島名產**！

流川・八丁堀地區

鉄ぱん屋 弁兵衛 八丁堀店

★てっぱんやべんべえはっちょうぼりてん

可以在充滿臨場感的鐵板吧檯座或純和風的包廂大啖店家自信推薦的鐵板料理，並推出能一嘗廣島美食的菜色等。

082-227-2900 MAP 附錄③6D-1

11:00～14:00、17:00～23:00

休 無休 所 広島市中区八丁堀16-2

交 廣電八丁堀電車站即到 P 無

席 鐵板吧檯座13席、鐵板下嵌式座位60席

店內是一片沉穩的和風空間

廣島嚴選全餐 3500日圓
網羅御好燒到牡蠣、紅葉饅頭共9道菜

日本第一的產量 牡蠣

廣島的必吃美食之一，牡蠣。也只有來到產地才能將五花八門的牡蠣料理一網打盡！

品嘗方式 1

以BBQ的形式豪邁享用

牡蠣小屋

每到冬天便會出現於縣內各地的海邊，在特設篷房內自行烘烤帶殼牡蠣的方式備受好評。

ミルキー鉄男のかき小屋 宇品店

★ミルキーてつおのかきごやうじなてん

可說是掀起牡蠣小屋風潮的中心店家，即使平日也一樣熱鬧的名店。提供江田島產的牡蠣等優質的縣產牡蠣，還能透過BBQ方式大吃蠑螺、星鰻等海產到肉類約30種形形色色的食材。淡季時則以BBQ園區方式經營。

MAP附錄③8E-3
080-1630-8970
10月下旬～5月上旬的10:30～20:00
休不定休 所広島市南区宇品海岸1丁目廣島港公園內 交廣電廣島港電車站即到
P使用廣島港公園的停車場（1小時內免費，之後每30分100日圓）

可品嘗時期
10月下旬～5月上旬
☑烤牡蠣 ☐生牡蠣

帶殼牡蠣（1盒）
1000日圓（未稅）
1kg（8～12顆）只要這個價錢，CP值超高
※消費稅在合計後未滿1日圓則四捨五入

實地紀錄
編輯部親自吃過了！

1 挑選食材

先選好牡蠣或蠑螺等想吃的食材！炭火費用1組300日圓（未稅）。

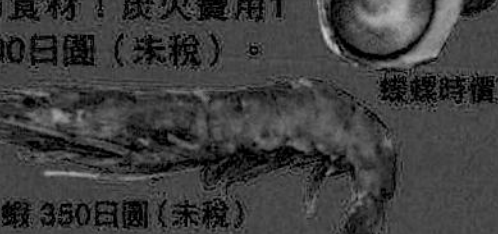

蠑螺時價

蝦 350日圓（未稅）

2 結帳去

挑好食材後拿去櫃檯結帳，還可以在這裡點飲料等。

3 聽取說明

工作人員會來教怎麼烤、怎麼剝殼等訣竅，第一次來也能放心。

4 開動囉！

將平坦那一面朝下烤3分鐘，再翻面烤3分鐘就可以吃了！

鮮度一流的牡蠣
以炭烤品嘗

一整年都吃得到

かき小屋 袋町店

★かきごやふくろまちてん

走居酒屋路線，全年供應牡蠣。整個鐵罐下去蒸烤的帶殼牡蠣「罐罐燒」是本店的招牌菜。

MAP附錄③6D-2
082-249-9219（海平商店）
17:00～23:00 休週日（逢假日則翌日休） 所広島市中区袋町8-11 交廣電袋町電車站步行5分 P無
席 吧檯座16席、桌椅座24席、和式座位24席

宛如漁夫小屋的店內

廣島牡蠣的基礎

產量日本第一
廣島縣的牡蠣產量達18800t，為日本第一，占整體的6成。（2016年度）

最好吃的時期在冬季
於10～5月流通，1～2月正值時令。如今冷凍保存技術發達，整年都吃得到。

甘甜又濃醇的風味
養殖於風平浪靜又營養豐富的瀨戶內海，個頭碩大且兼具Q彈口感。

品嘗方式 2

在漂浮河面的船上優雅享用牡蠣

牡蠣船

據傳始於江戶時代，牡蠣的養殖業者會在固定好的船上供應牡蠣料理。

かき船かなわ

★かきふねかなわ

能在固定於和平紀念公園旁的牡蠣船上，享用嚴選的廣島牡蠣和瀨戶內海產。內有可輕鬆品嘗和食的「瀨戶」與完全預約制的料亭「和久」2個樓層，窗外一片美景也是視覺饗宴。

MAP附錄③7B-2
082-241-7416
11:00～14:30、17:00～21:00（和久為11:00～14:00、17:00～20:00） 休無休 所広島市中区大手町1丁目 元安橋東端 交廣電原爆圓頂館前電車站步行5分 P無
席 桌椅座60席、包廂4間

可品嘗時期
全年
☐烤牡蠣 ☑生牡蠣

位在和平紀念公園的對岸

能自在品嘗正統和食的「瀨戶」

本日的生牡蠣（1顆） 486日圓～（瀨戶）
養殖於水質清澈海域的生牡蠣蘊含濃濃甘甜

眺望河面的同時
吃日本料理樂享牡蠣

品嘗方式 3 吃法非常多種!!

牡蠣專賣店

以下介紹在整年皆有供應生牡蠣的牡蠣吧、創意牡蠣料理餐廳等專賣店吃得到的道地菜餚。

洛克斐勒式焗牡蠣

993日圓
生牡蠣 5種拼盤

能比較看看日本內外的嚴選牡蠣，首先大吃一口原味吧！
樂吃評比各地的生牡蠣

魚和肉等料理也很豐富

生意興隆，晚間建議先訂位

広島オイスターバーMABUI 袋町店

★ひろしまオイスターバーマブイふくろまちてん

隨時提供10種廣島產等日本內外的生牡蠣，還能以單顆為單位點餐。加入歐式風味烹製的牡蠣料理與葡萄酒的搭配也是一大美味樂趣。

☎082-249-2490 MAP附錄③7C-2
L11:30～14:30、17:00～23:00 休不定休
所広島市中区袋町2-26 交廣電本通電車站步行5分 P無
席 吧檯座14席、桌椅座6席

可品嘗時期
全年
☑烤牡蠣 ☑生牡蠣

牡蠣亭

★かきてい

牡蠣養殖業者親自經營的牡蠣餐廳，推出將大顆又風味香醇的地御前產品牌牡蠣「健牡蠣」入菜的創意料理。

MAP附錄③6F-1
☎082-221-8990
L11:30～14:00、17:00～21:00 休週二、不定休
所広島市中区橋本町11 河岸綠地 交廣電銀山町電車站步行3分 P無
席 桌椅座34席

可品嘗時期
全年
☑烤牡蠣 ☐生牡蠣

還有能眺望京橋川的露天座

牡蠣午餐
1800日圓
從前菜到主餐，7道菜全是牡蠣的豐盛菜色
可在水岸享用道地的牡蠣午餐

広島名産料理 えこ贔屓

★ひろしまめいさんりょうりえこひいき

供應向廣島牡蠣養殖起源地草津直接進貨的稀有牡蠣，使用當地產檸檬的酒蒸牡蠣、煙燻油漬等風味獨特的牡蠣佳餚也很豐富。

MAP附錄③7B-2
☎082-545-3655
L11:30～14:00、17:00～23:00 休週一（逢假日則翌日休） 所広島市中区大手町1-7-20 交廣電原爆圓頂館前電車站步行3分 P無
席 吧檯座13席、桌椅座22席

可品嘗時期
全年
☑烤牡蠣 ☐生牡蠣

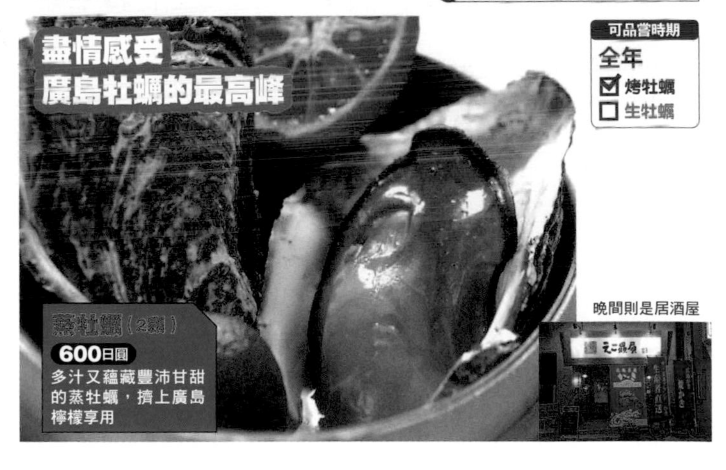

盡情感受廣島牡蠣的最高峰
蒸牡蠣（2顆）
600日圓
多汁又蘊藏豐沛甘甜的蒸牡蠣，擠上廣島檸檬享用

晚間則是居酒屋

炸牡蠣（4顆）
1000日圓
以高溫炸到酥脆的牡蠣與微辣的自製醬汁非常對味
專賣店才有的鮮度讓人大飽口福！

開店達71年的老店

柳橋こだに

★やなぎばしこだに

因為是鰻魚和牡蠣的專賣店所經營，鮮度和實惠價格非常誘人。牡蠣料理有土手鍋、雜炊、醋醃牡蠣等多種不同的風味。

MAP附錄③6F-1
☎082-246-7201
L11:30～14:00、17:00～20:30 休週日、假日 所広島市中区銀山町1-1 交廣電銀山町電車站步行3分 P無
席 吧檯座6席、桌椅座32席

可品嘗時期
11月上旬～3月下旬
☑烤牡蠣 ☐生牡蠣

麻辣味令人食指大動！
乾拌擔擔麵

乾拌擔擔麵正在廣島掀起旋風。花椒帶來辣味的辣麵、如今可在多達100家店吃到。

1 仔細拌勻

為了使醬料能裹住所有麵條，至少要從下往上拌麵30次。

2 以調味料加味

若想吃更辣一些，就倒入桌上的5種調味料吧。

3 再加上配菜

吃到一半時來加點變化吧。若加上溫泉蛋可以緩和辣味。

4 最後以白飯收尾！

把白飯倒入剩下的醬料裡！此時放入溫泉蛋也很好吃。

迷你白飯 30日圓

中華そば くにまつ

★ちゅうかそばくにまつ

曾在信州製麵廠工作的老闆開發出的麵條為中細的Q彈口感。自製醬料中有花椒、辣油、八丁味噌製作的甜麵醬等，花椒的麻辣與味噌的甘甜非常合拍。別忘了最後加碗飯。

MAP 附錄③6D-1
082-222-5022
11:00～15:00、17:00～21:00（週六僅午間營業）
休週日 所広島市中区八丁堀8-10 清水ビル1F 交廣電立町電車站步行5分 P無
席 吧檯座7席、桌椅座16席

乾拌擔擔麵 **580日圓**
花椒的麻與辣椒的辣雖然強烈卻不失美味的後勁
辣度 0～4辣、MAX(＋70日圓)

自家製麵拌上辣油與好吃辣醬堪稱絕品

海鮮味濃郁的乾拌擔擔麵

花山椒 八丁堀店

★はなざんしょうはっちょうぼりてん

濃濃花椒與辣椒味的醬料加上海鮮高湯更添香濃，藉由加入起司粉或咖哩粉等來自創新口味也不錯。

乾拌擔擔麵 **550日圓**
用上大量昆布、鰹魚、小魚乾熬煮出的海鮮湯底有著深邃好滋味
辣度 0～5辣

082-846-5222 MAP 附錄③5C-2
11:00～15:00 休無休 所広島市中区八丁堀6-4 スカイパークビル2F 交廣電八丁堀電車站步行5分 P無
席 吧檯座18席、桌椅座12席

乾拌擔擔麵的基礎

花椒與辣椒風味顯著的醬料	配菜簡單至上	麵條各店有所不同
將源自中國四川的乾拌擔擔麵加以改良，帶有花椒和辣椒味的特製醬料是美味關鍵。	以肉末和青蔥為基本。也可以加上溫泉蛋或大白菜、芹菜等來嘗嘗不同的口味。	有細麵和中粗麵、卷麵和直麵等，因店而異。

汁なし担担麵専門 キング軒 大手町本店

★しるなしたんたんめんせんもん キングけんおおてまちほんてん

做好排隊的心理準備再來

每早親自碾碎並以獨特配方調配的花椒、熟成1個月的五香辣油是風味的關鍵，強烈的香氣與辣味交織出的嗆辣滋味擄獲許多常客的胃。

082-249-3646 MAP 附錄③7B-4
11:00～15:00、17:00～20:00（週六、假日僅午間營業） 休週日 所広島市中区大手町3-3-14 武本ビル1F 交廣電中電前電車站步行3分 P免費
席 吧檯座24席

乾拌擔擔麵 **580日圓**
主推強勁的椒麻與辣味，有肉味噌、青蔥、花椒配上偏硬的極細麵
辣度 0～4辣

熟成辣油的辣味擁有不少粉絲！

武蔵坊 地蔵通本店

★むさしぼうじぞうどおりほんてん

堅持不用添加物，從調味料開始用心手工製作。可以選擇口味溫和的「濃厚胡麻」或辣味顯著的「芳醇醬油」。

MAP 附錄③6D-4
082-578-7384
11:00～15:00、18:00～24:00(週日、假日為11:00～22:00) 休無休 所広島市中区富士見町5-12 交廣電中電前電車站步行10分 P無
席 吧檯座15席

在當地也獲好評的健康擔擔麵

擔擔麵（濃厚胡麻） **600日圓**
醬料是以蔬菜及國產雞骨熬製的高湯加上自製調味料混合而成
辣度 0～4辣

廣島つけ麵本舗 ばくだん屋 本店

★ひろしまつけめんほんぽばくだんやほんてん

掀起廣島沾麵熱潮的實力派店家，招牌沾麵採用中粗直麵，滑溜順口。沾醬若選擇醬油沾醬或芝麻沾醬，可以加上大量芝麻來增添風味一同品嘗。

MAP附錄③6D-2
082-546-0089
11:30～23:30（週五、六～翌日1:30） 休無休 所広島市中区新天地2-12 トーソク新天地ビル 廣電八丁堀電車站步行5分 P無
席 吧檯座8席、桌椅座13席

走路邊攤風格的懷舊外觀

沾醬長這樣！
和風基底的高湯加上秘傳辣味而生的深層滋味

縣內外已開設13家分店的熱門餐廳
※2018年1月時

874日圓
大量蔬菜的健康印象也獲得女性的捧場
辣度 0~100辣

冷めん家 大手町店

★れいめんやおおてまちてん

在沾麵的名聲廣為人知前便做為餐點供應。不使用化學調味料製作的醬料是各從海鮮與肉熬煮的高湯混合的雙重湯頭，有著濃縮精華的滋味。

MAP附錄③7B-2
082-248-7600
11:00～14:00、18:00～21:00 休週日、假日 所広島市中区大手町2-4-6 ソフィア大手町1F 廣電本通電車站步行5分 P無
席 吧檯座9席、桌椅座10席

古早味的雙重湯頭 沾醬深獲好評

沾醬長這樣！
以醬油為底的醬料加入芝麻，並以辣油調整辣度，辣油可以之後另外加量

1300日圓
有新鮮蔬菜與廣島產的青蔥，再加上嗆辣的紅蔘增加辣度
辣度 0~6等級

廣島沾麵

滑溜麵條沾上麻辣醬汁

將滿滿的蔬菜與滑溜順口的麵條沾上麻辣&香濃的沾醬大口享用。

麵要這樣吃！

1 選擇辣度
辣度可以從0～100辣做選擇，先從基本的2辣開始挑戰吧。

2 別忘了套上圍兜
在等待上菜時，先套上備妥於桌子旁的紙圍兜。

3 將麵條拌上醬汁
將麵條徹底沾滿醬汁後大口吃下肚！吃到一半再加上芝麻更能提升風味。

4 試著調整辣度
若漸漸習慣這辣度，也可以再添加辣味調味料來調整口味。

廣島沾麵的基礎

麻辣沾醬	配菜是大量的蔬菜	滑順易入喉的冰涼中華麵
將高湯與辣椒、辣油等調合成的冰涼沾醬撒上滿滿一層的芝麻。	基本上有汆燙高麗菜、小黃瓜絲、蔥花，不但健康更吃得清爽。	藉由以冷水冰鎮來提升滑溜口感與彈性，推薦在夏天品嘗的麵食。

つけ麵本舗辛部 十日市店

★つけめんほんぽからぶとおかいちてん

吸引各地饕客來訪的高人氣餐廳。將2種高湯混製而成的沾醬配上有嚼勁的Q彈口感特製蛋麵可謂絕配。有水煮蛋和蒜片等8種配菜。

082-294-2225 MAP附錄③8D-1
11:30～15:00、18:00～24:00
休不定休 所広島市中区十日市町1-4-29
廣電十日市町電車站即到 P無
席 吧檯座13席、桌椅座12席

沾醬長這樣！
將醬油底的「黑高湯」混合鰹魚底的「白高湯」，再加入多種辛香料

750日圓
將大量蔥花鋪在有嚼勁的細麵上，外觀令人印象深刻
辣度 0~30辣

2種高湯為口味增添深度

這個也不可錯過！ 廣島拉麵

江波地區

廣島拉麵的代名詞

陽気 ○ようき

創業於昭和33（1958）年。無論是溫和又香濃的湯頭、有嚼勁的細麵、以醬油燉煮的叉燒肉，在在體現出這間店的風味。

MAP 附錄③8D-3
082-231-5625
16:30～24:00 休每月1日、12～13日、26日 所広島市中区江波南3-4-1 廣電江波電車站步行15分 P免費
席 吧檯座9席、桌椅座10席

中華麵 600日圓
中細直麵與豚骨醬油的溫和湯頭十分對味

廣島晚餐的新選擇！瀨戶內鮮魚&在地酒

這裡有多間以瀨戶內海產為主角的居酒屋和割烹。來搭配在地酒一同享受廣島的夜晚吧！

流川・八丁堀地區

酒肆なわない

★しゅしなわない

店面位在住商混合大樓的地下1樓，當天進貨的海產會以能發揮其原始風味的方式來簡單烹調並以此宗旨。黑板上寫著當天菜色，雖未標明價格但皆為良心價，在地酒也盡是能凸顯魚類鮮美的好酒。

MAP附錄③6E-2
082-248-0588
18:00～24:00 休第1、3週日
所広島市中区銀山町12-10 藤観音ビルB1 交廣電銀山町電車站步行5分 P無

席 吧檯座9席、桌椅座15席、和式座位6席

居酒屋資訊
在地酒 13種、1合 500日圓～
預算 4500日圓
☑日本鯷 ☑星鰻 ☑平鮋

生魚片拼盤（1人份）1700日圓
日本鯷於6～8月登場，加上日本馬加鰆和章魚等6種
※照片為2人份

當地鮮魚、美酒愛好者雲集 成熟韻味的隱密居酒屋

20年來每晚都有當地的饕客聚集

天寶一的
特別純米 天寶一（1合）750日圓
俐落而清爽的風味，最適合襯托生魚片的美味

加點這一道！

➲白燒星鰻1500～1800日圓，以芥末醃漬做為提味

➲蒸鯛魚頭2500日圓左右，肉質緊實鮮美

廣島在地魚的基礎

廣島的代表性在地魚有這3種

日本鯷 鮮6～8月
在廣島又俗稱為小沙丁魚，新鮮魚身雖小卻富含油脂而鮮美。

平鮋 鮮3～5月
風味清淡高雅的白肉魚，最常見的吃法是燉煮。

星鰻 鮮7、8月
在宮島外海捕獲的星鰻飽滿而大隻、肉質軟嫩。星鰻飯很出名。

流川・八丁堀地區

魚籠

★びく

以瀨戶內當季海鮮為菜餚的主角，每天都會有平鮋、小竹莢魚等老闆剛釣上岸的鮮魚。推薦生魚片和燉煮等平鮋料理。

MAP附錄③6E-2
082-247-7117
18:00～翌日2:00 休週日（逢假日前一日則翌日休）
所広島市中区堀川町1-9 ライオンビル5F 交廣電胡町電車站步行3分 P無

席 吧檯座10席、桌椅座9席、和式座位10席

居酒屋資訊
在地酒 10種、1合 800日圓～
預算 4500日圓
☑日本鯷 ☑星鰻 ☑平鮋

龜齡酒造的
純米 八魂 山（1合）800日圓
溫熱菜色適合來杯熱酒，此為俐落的干型酒

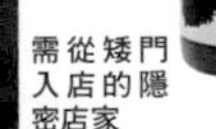

燉平鮋（1條）700日圓～
調味不採甜辣而是清爽的淡味，吃得到平鮋的鮮美

能一嘗老闆親自釣起的鮮魚也是一大樂趣

需從矮門入店的隱密店家

師傅大展身手 端出多道鮮魚料理

今日生魚片（1人份）2700日圓～
有日本鯷和星鰻、口蝦蛄、章魚、蠑螺肝等，每天不太一樣
※照片為2人份

流川・八丁堀地區

笑福

★しょうふく

以主廚每早親自選購的鮮魚為中心，供應多種山珍海味，約有30種濃縮廣島時令精華的當季菜色，冬季還會推出昆布烤牡蠣等牡蠣料理。

MAP附錄③6E-2
082-247-8270
17:00～23:30 休週日（逢連假則營業）
所広島市中区堀川町4-8 交廣電八丁堀電車站步行3分 P無

席 吧檯座9席、桌椅座8席、和式座位10席

居酒屋資訊
在地酒 7種、1.5合 1300日圓～
預算 6000日圓
☑日本鯷 ☑星鰻 ☑平鮋

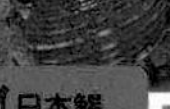
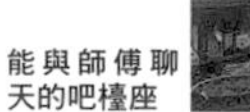

能與師傅聊天的吧檯座

賀茂泉酒造的
賀茂泉 純米吟釀 朱泉本仕込（1.5合）1300日圓
沒有苦澀味，搭配紅肉、白肉、藍身等任何魚肉都好吃

竹鶴酒造的
清酒竹鶴
純米
(1杯)
540日圓
不被星鰻的油脂壓過，米的美味在口中擴散開來
在地星鰻
薄切生吃 1728日圓
將開店前才處理的星鰻精心擺盤，絕佳的爽脆口感

一道道高檔和食令人讚不絕口

流川・八丁堀地區

酒菜 竹のした

★しゅさいたけのした

當地饕客常光顧的店，菜色以和食為主約有70種。海鮮中特別推薦星鰻，不但有白燒和薄切生吃，還有裹上杏仁麵衣油炸的創意料理。

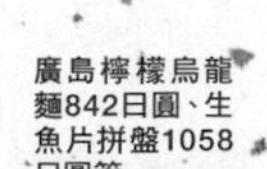

居酒屋資訊
在地酒 7種、1杯 540日圓～
預算 6000日圓
☑日本鯷 ☑星鰻 ☑平舳

☎082-247-1986 MAP附錄③7C-1
🅛17:30～22:30 休週日、假日
所広島市中区立町3-23-2 アップビル2F
交廣電立町電車站即到 P無
席 吧檯座4席、桌椅座18席

供大人放鬆享受的空間

流川・八丁堀地區

石まつ 三代目

★いしまつさんだいめ

創業60多年的老字號餐廳，以當地新鮮海產和蔬菜入菜的單品料理為中心，提供超過50種的豐富菜色，在地酒也有60種可以嘗試比較。也推薦2號店的日本酒餐酒吧「小石sakebar」。

由整片楓木做成的壯觀吧檯

☎082-241-9041 MAP附錄③6E-2
🅛18:00～22：00 休週日、假日 所広島市中区流川町3-14 交廣電八丁堀電車站步行5分 P無
席 吧檯座12席、和式座位34席

居酒屋資訊
在地酒 60種、1杯 600日圓～
預算 5000日圓
☑日本鯷 ☑星鰻 ☑平舳

宝剣酒造的
宝剣 純米
しぼりたて生酒
(1杯)
600日圓
口感銳利的佐餐酒，適合搭配所有生魚片
日本鯷
天婦羅(上)
650日圓
日本鯷
生魚片(下)
850日圓
天婦羅以鹽巴簡單調味，生魚片則沾生薑醬油品嘗爽口美味

自二戰後深受當地人喜愛的知名居酒屋

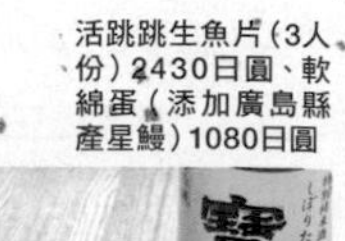

若想品嘗**瀨戶內食材×新式和食**

廣島市區有許多以創意料理來供應瀨戶內食材的餐廳，以下精選出編輯部的推薦店家。

和食廚師的精緻佳餚及充滿驚喜的烏龍麵

饂飩前太閤

★うどんまえたいこう

廣島檸檬烏龍麵842日圓、生魚片拼盤1058日圓等

午間是烏龍麵店，晚間則化身為居酒屋。壓軸菜當然要吃加入滿滿廣島縣瀨戶田町產檸檬等的創意烏龍麵！

MAP附錄③7C-3
☎082-258-3447
🅛11:00～14:45、17:30～21:30 休每月最後一天
所広島市中区中町6-30 広テレプラザ1F
交廣電袋町電車站步行3分
P有合作停車場

帶來驚奇與感動日式×法式的合奏

並木通り しろがね

★なみきどおりしろがね

牡蠣巧達濃湯1080日圓、廣島鮭魚佐酪梨醬1050日圓等

能一嘗使用了瀨戶內山珍海味、和風與西式食材所打造出的法式×日式料理，也務必搭配日本酒或葡萄酒等店家自全日本精選出的美酒。

MAP附錄③6D-3
☎082-246-4333
🅛18:00～翌日1:00
休不定休(週日皆營業)
所広島市中区三川町10-18 下井ビル3F
交廣電八丁堀電車站步行7分
P無

能以嶄新形態品嘗精緻鄉土料理

RIVA

★リヴァ

活跳跳生魚片(3人份)2430日圓、軟綿蛋(添加廣島縣產星鰻)1080日圓

能吃到鄉土料理的隱密和食餐廳，將瀨戶內海當令海鮮做成「佐蔬菜享用的生魚片」等菜餚展現出其特色。單品料理540日圓～、全餐3500日圓～。

MAP附錄③6E-2
☎082-545-5360
🅛17:00～22:30 休無休
所広島市中区新天地1-17
交廣電八丁堀電車站步行5分
P無

廣島最熱門的居酒屋街 來車站西邊續酒攤

不斷有新店一間間開張的「車站西邊」。快來這擁有多種形態的居酒屋聚集的話題性景點暢快續酒攤！

即使平日也熱鬧非凡 @広島赤焼 えん 站西本店

路邊攤風格的休閒氣氛 @タイ屋台Bar バルタン食堂

首先一定要來杯啤酒 @ SUNNY DAY BEER

西式家常菜配上約20款啤酒

SUNNY DAY BEER

★サニーデイビール

能暢飲約20種日本內外啤酒的啤酒屋，1樓吧檯上擺滿了鹹派和醃製冷盤等西式家常菜，也有炸雞、馬鈴薯沙拉等多種下酒菜。

MAP附錄③4D-1
082-258-1975
16:00～24:00（週日為14:00～22:00） 休週一（逢假日則營業）
所広島市南区大須賀町13-20
JR廣島站步行5分 P無

1樓是有大面玻璃窗的吧檯座，2樓也有座位

喝這個乾杯

啤酒 480日圓～
「今日生啤酒」約有5種選擇

名菜！車站西邊炸雞 330日圓
也非常適合做為下酒菜的必點菜色

鯖魚三明治 780日圓
雖然這組合令人感到意外，但鯖魚的鹽味帶出絕佳美味！

帶動車站西邊熱潮的人氣餐廳

タイ屋台Bar バルタン食堂

★タイやたいバーバルタンしょくどう

可說是掀起這股風潮的代表店家，在車站西邊開設4家分店。使用牡蠣和檸檬等在地食材的泰式攤販小吃廣受好評，充滿異國情調的空間也很吸睛。

MAP附錄③4D-1
082-261-4770
18:00～23:30 休不定休 所広島市南区大須賀町13-2 JR廣島站步行5分 P無

喝這個乾杯

啤酒 580日圓
備有勝獅啤酒、泰象啤酒等2種

生牡蠣 (1顆)580日圓
僅於冬季登場的廣島縣產生牡蠣

生春巻 1條480日圓（照片為2條）
絕不可錯過的必吃菜色

車站西邊的基礎

JR廣島站西側居酒屋街的總稱，是近年來新店陸續開張的廣島中最具話題的區域。將昭和古老民宅翻修而成的餐飲店林立，餐廳類型從居酒屋到小餐館、鐵板料理、泰國菜都有，令人眼花繚亂！

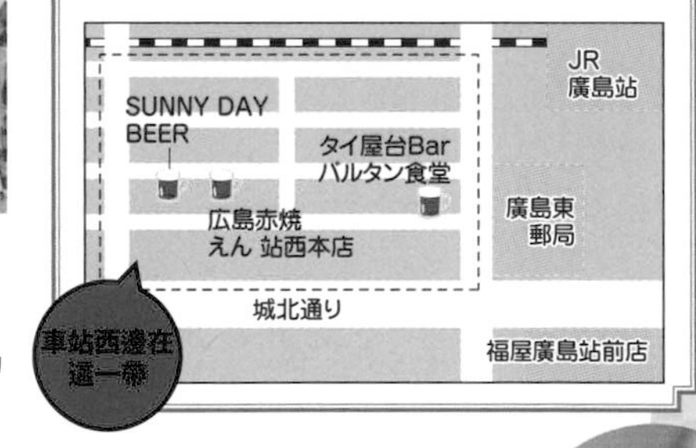

改建自古民宅的古早味氛圍

廣島赤燒 880日圓
麻辣的特製紅醬料襯托出赤雞的美味

量多多牡蠣 2500日圓
在御好燒上頭放上大量廣島產牡蠣的著名鐵板菜

喝這個乾杯

宝剣 (1杯)770日圓
吳市釀造的清酒。在地酒隨時備有超過10款

以鐵板燒享用廣島品牌雞肉

広島赤焼 えん 站西本店

★ひろしまあかやきえんえきにしほんてん

也有許多當地人光顧

在此能吃到廣島特有的鐵板料理。廣島赤雞是有著極富彈性的雞腿肉與Q彈口感的雞皮而非常好吃的品牌雞肉，將其拌炒上特製麻辣醬汁的「廣島赤燒」是招牌菜。

082-569-8873 MAP附錄③4D-1
17:00～23:30（週日、假日、假日前日～22:30）
休不定休 所広島市南区大須賀町13-19
JR廣島站步行5分 P無

還想去這裡走走！

廣島市區

ひろしまタウン

廣島市區是歷史與文化、建築、自然等廣島魅力薈萃一堂的區域，務必來感受饒富多樣性的廣島特有的美食、文化、商店、伴手禮。

和平紀念公園周邊　MAP附錄③5A-2

景點 5-Days兒童文化科學館

ファイブデイズこどもぶんかかがくかん

082-222-5346

在玩樂中學習日常的科學技術

能在遊戲中認識生活中的科學技術之構造等科學原理。星象館的座位在2017年1月全數翻新。

9:00～17:00　休週一、假日的翌平日　¥免費入館(星象館需收費)　所広島市中区基町5-83　廣電原爆圓頂館前電車站步行5分　P無

星象館1天會有4～6次投影

和平紀念公園周邊　MAP附錄③5B-2

景點 廣島美術館

ひろしまびじゅつかん

082-223-2530

印象派作品館藏豐富

收藏許多法國近代畫作，印象派作品更有著日本數一數二的館藏，有莫內、雷諾瓦、梵谷等，還附設能欣賞優美中庭的咖啡廳。

9:00～16:30　休週一(逢假日則翌平日休，特展時開館)　所広島市中区基町3-2
¥入館費1200日圓～(舉辦特展時有變動)
廣電紙屋町西電車站步行5分　P免費

圓形的本館展示了諸多名畫

府中町　MAP附錄③8F-2

景點 馬自達博物館

マツダミュージアム

082-252-5050

了解馬自達汽車的技術與歷史

設於馬自達公司內的參觀型設施，依照主題以淺顯易懂的方式介紹馬自達的歷史和轉子引擎的構造等，也可以參觀工廠的組裝生產線。

日語導覽13:30～(最晚10分前集合)　休週六日、假日(準同馬自達總公司的公休日)　¥免費參觀(完全預約制)　所集合於府中町新地3-1 馬自達總公司1F　JR向洋站步行5分　P無

還有展出稀有的古董車

南區　MAP附錄③4E-4

景點 廣島市現代美術館

ひろしましげんだいびじゅつかん

082-264-1121

介紹多元的現代美術作品

日本首間公立現代美術館，收藏並展出岡本太郎及安迪•沃荷等日本內外的現代美術作品。室外還有亨利•摩爾等人的雕刻。

10:00～16:30　休週一(逢假日則翌平日休)　¥參觀費370日圓(特展另外收費)　所広島市南区比治山公園1-1　廣電比治山下電車站步行10分　P無(使用比治山公園停車場)

非常吸睛的建築物是由黑川紀章所設計

和平紀念公園周邊　MAP附錄③5B-1

景點 廣島城

ひろしまじょう

082-221-7512

從觀景台飽覽廣島市區

天正17（1589）年由戰國武將毛利輝元所興建的城堡。因核爆而全毀的天守閣在昭和33（1958）年重建，內部規劃為歷史博物館。

9:00～17:30(視時期而異)　休不定休
¥天守閣入場費370日圓　所広島市中区基町21-1
廣電紙屋町東電車站步行15分　P無

圍繞環繞、充滿水與綠意的景觀

旅趣小專欄　從廣島市區稍微走遠一些

能學習御好燒歷史與製作方式的體驗型景點

西區

Wood Egg 御好燒館

ウッドエッグおこのみやきかん

082-277-7116（大多福醬）　MAP附錄③18E-2

2樓設有能認識御好燒和大多福公司歷史的博物館，還會舉辦能使用正統鐵板或烤盤來製作美味御好燒的體驗教室。

9:00～17:00(需預約)　休週六日、假日
所広島市西区商工センター7-4-5　廣電井口電車站步行10分　P免費(需預約)

還有展示重現了昭和30年代的御好燒店

透過觀察動物來加深知識

安佐北區

廣島市安佐動物公園

ひろしましあさどうぶつこうえん

082-838-1111　MAP附錄③22E-4

能在貼近自然的狀態下觀察約155種、1600隻動物的生態，動物科學館內展有非洲象的骨骼標本。在Pichiku Park還能接觸迷你豬等動物。

9:00～16:00
休週四(逢假日則開園)
¥入園費510日圓
所広島市安佐北区安佐町動物園
廣電巴士安佐動物公園前巴士站下車即到
P1次450日圓

深受小朋友歡迎的非洲象

本通周邊　MAP附錄③7C-3

景點 賴山陽史跡資料館

らいさんようしせきしりょうかん

082-298-5051

展示曾寫出「鞭聲肅肅」詩句的江戶後期漢學學者賴山陽的資料等，能認識其生平足跡。

9:30～16:30　休週一(逢假日則開館)　¥入館費200日圓(特展另外收費)　所広島市中区袋町5-15　廣電袋町電車站即到　P免費

將修復後的賴山陽古宅遺跡對外開放

南區　MAP附錄③8E-3

景點 廣島市鄉土資料館

ひろしましきょうどしりょうかん

082-253-6771

展出廣島市及周邊地區的歷史與傳統地方產業的資料，還推出機織等體驗活動。

9:00～16:30　休週一(逢假日則開館)、假日翌日　¥入館費100日圓　所広島市南区宇品御幸2-6-20　廣電宇品二丁目電車站步行5分　P免費

修復自舊陸軍罐頭工廠的建築物

流川・八丁堀 MAP 附錄③6E-2

美食 磯辺料理 さかい本店
いそべりょうりさかいほんてん

☎082-249-1988

吃得到日本鬼鮋、日本鰻等瀨戶內海的小魚料理，也有西式的創意料理。

🕒17:00～翌日1:30 休週日、假日
所広島市中区胡町3-12 パレ三番街ビル1～2F
🚃廣電胡町電車站即到 P無

←多種新鮮海產擺滿桌

流川・八丁堀 MAP 附錄③6E-1

美食 しゃもじ蕎麦 三六
しゃもじそばさぶろく

☎082-962-4661

招牌是盛在巨大飯勺上的道地蕎麥麵

以特製飯勺上菜的蕎麥麵為名菜，用石臼磨出的麵粉香氣濃郁，可搭配隨時皆有20種的廣島當地酒一同品嘗。還有牡蠣和星鰻等廣島美食。

🕒17:00～翌日1:00 休週日 所広島市中区幟町10-18 🚃廣電銀山町電車站步行3分 P無

←飯勺蕎麥麵1人份810日圓（照片為4人份）

流川・八丁堀 MAP 附錄③6E-2

美食 鮨お〉井
すしおおい

☎082-245-3695

瀨戶內海產搭配在地酒享用

壽司的魚料約有40種，從芥末到海苔、醬油、玉子燒等都能感受到師傅的用心。除了芽蔥握壽司、味噌蔥拌竹筴魚泥，海膽菠菜也很受歡迎。

🕒18:00～翌日1:00 休無休 所広島市中区流川町1-14 🚃廣電胡町電車站步行5分 P無

←將在地魚用心捏製成壽司

流川・八丁堀 MAP 附錄③6D-3

美食 吟結 はなもり
ぎんゆうはなもり

☎082-541-5247

供應菜色每月更換，酒單則是每月更新2次。廣島在地酒等日本酒的款式豐富。

🕒18:00～24:00 休週日、假日
所広島市中区三川町10-18 並木COXYビル5F
🚃廣電八丁堀電車站步行5分 P無

←日本鰻生魚片（6～8月限定）

流川・八丁堀

美食 焼肉 和炎
やきにくわえん

MAP 附錄③6E-3

☎082-246-1233

燒肉專賣店，不但有經典的燒肉菜色，更有廣島牛、特大牛肋排等不可小覷的菜色。

🕒18:00～翌日1:00 休不定休
所広島市中区田中町2-23
🚃廣電胡町電車站步行5分
P無

↑能輕鬆品嘗優質肉品

本通周邊

美食 45
キャラントサンク

MAP 附錄③6D-2

☎082-545-1225

是間葡萄酒居酒屋，能一嘗以廣島縣產為主的蔬菜和肉品烹製成的洋食，面朝大馬路的店面空間開闊。

🕒11:30～22:30 休無休
所広島市中区袋町1-18 🚃廣電立町電車站步行5分 P無

↑溫沙拉拼盤午餐1480日圓

本通周邊

美食 南大門
なんだいもん

MAP 附錄③6D-2

☎082-248-0083

以切成較厚的牛肋肉與里肌肉最受歡迎，最後來份手打韓國冷麵1000日圓。

🕒11:30～21:00 休週三
所広島市中区立町5-9
🚃廣電立町電車站即到
P無

↑烤牛里肌1800日圓

和平紀念公園周邊

美食 山暖
やまひなた

MAP 附錄③7B-2

☎082-246-0977

使用竹原牛和江田島產的牡蠣等，堅持地產地消的餐廳，有6間不同風格的包廂。

🕒17:30～24:00 休無休
所広島市中区大手町2-6-25
🚃廣電本通電車站步行5分
P無

↑星鰻涮涮鍋1480日圓（預約制）

CLOSE UP! 到流川地區的老屋翻新居酒屋CENTRAL GATE續酒攤

新鮮星鰻的多元菜色
紅緒 ◆べにお

店內是沉穩的和風空間，供應和風創意料理等35道經典菜色。

☎082-241-8877 MAP 附錄③6E-2
🕒18:00～22:30 休週日
所広島市中区薬研堀2-11
🚃廣電胡町電車站步行5分 P無

←薄片生星鰻佐桔醋950日圓

以鐵板料理樂享當令風味
蜂ヤ 中新地店 ◆はちやなかしんちてん

用平實價格就能飽嘗肉類、蔬菜、瀨戶內海鮮魚等超過50種鐵板燒菜色。

☎082-240-8825 MAP 附錄③6E-2
🕒18:00～翌日3:00
休週一 所広島市中区薬研堀2-12
🚃廣電胡町電車站步行5分 P無

↑海膽菠菜佐長棍麵包1280日圓

CENTRAL GATE是…

位於廣島第一娛樂區流川地區內的餐飲複合設施。這棟住宅風格的2層樓建築物是從屋齡近40年的木造建築改建而成，集結了餐廳及居酒屋、酒吧等獨具特色的餐飲店。

↑復古摩登的氣息也是一大魅力

旅趣 小專欄
搭乘河上計程車來巡遊廣島

搭小型遊船感受廣島市區

中區 **雁木水上計程車**
●がんぎタクシー

☎082-230-5537 MAP 附錄③7A-2

雁木是指在船運興盛的江戶時代十分發達的階梯狀碼頭，而雁木水上計程車便是將市內多處的雁木做為乘船口的水上計程車。2人以上即開船，需在週一至週五事先預約。推薦行經縮景園、廣島站、和平紀念公園單趟約30分的路線。

🕒週六日、假日10:00～17:00的滿潮時
休週一～五(有預約即開船)
¥乘船費500日圓(10分)～ P無

←務必事先以電子郵件或電話洽詢

本通周邊 MAP附錄③6D-1

咖啡廳

Fruit Cafe TAMARU

フルツカフェ タマル

082-249-8246

廣島市內規模最大水果行經營的咖啡廳，裝滿超過7種色彩繽紛水果的聖代、果汁很受歡迎。

L10:00～19:00 休無休 所広島市中区本通1-27 電廣電立町電車站步行3分 P無

←水果聖代842日圓

流川・八丁堀 MAP附錄③6E-1

咖啡廳

RAKU山田屋 結の庵

ラクやまだやゆいのいおり

082-248-0090

やまだ屋（→P.42）監製的咖啡廳，主打以巧克力和白豆沙製作的蛋糕等日西融合的甜點。

L10:30～19:30 休不定休(準同廣島三越) 所広島市中区胡町5-1 廣島三越6F 電廣電胡町電車站即到 P30分250日圓(消費滿2000日圓可免費停2小時)

←RAKU甜點拼盤756日圓

流川・八丁堀 MAP附錄③6E-1

美食

Le Triskel

ル・トリスケル

082-511-5031

能輕鬆品嘗道地法國菜

位在大樓2樓的隱密法式餐廳，吃得到用上瀨戶內海鮮與歐洲嚴選食材的正統法國菜，午、晚間皆僅供應全餐料理。

L11:45～14:00、18:00～21:00 休週日 所広島市中区幟町5-17 第3沖川ビル2F 電廣電銀山町電車站步行5分 P無

←外觀也很鮮豔的冷湯「幸福的黃色西班牙冷湯」

本通周邊

咖啡廳

茶の環 本店

ちゃのわほんてん

MAP附錄③7B-2

082-242-0078

廣島老字號茶鋪開設的抹茶甜點專賣店。2、3樓為咖啡廳，1樓則設有商店。

L12:00～18:30(商店為10:30～19:30) 休僅咖啡廳週三公休，商店第3週三不定休 所広島市中区紙屋町2-3-3 電廣電本通電車站即到 P無

←抹茶樹塔1296日圓

銀山町

購物

MUSIMPANEN

ムッシムパネン

MAP附錄③6F-1

082-246-0399

建於京橋川沿岸，使用向合作農家進貨的當令水果製作的季節風味蛋糕深獲好評。有露天座。

L10:00～19:00(週六日、假日～18:00，外帶～20:00) 休週二 所広島市中区銀山町1-16 電廣電銀山町電車站步行3分 P無

↑覆盆子開心果蛋糕480日圓、冰紅茶500日圓

舟入 MAP附錄③8D-2

購物

POIVRIERE舟入本店

ポワプリエールふないりほんてん

082-234-9090

道地的法式甜點店。梧桐曾在「新！廣島伴手禮大獎2016」獲得首獎。

L10:00～19:30(販售～20:00) 休無休 所広島市中区舟入南3-12-24 電廣電舟入南町電車站即到 P免費

←梧桐（8個裝）1512日圓

廣島站周邊 MAP附錄③4D-2

購物

エールエールA館 專門店街

エールエールエーかん せんもんてんがい

082-262-9244

鄰接廣島站的購物景點

直通JR廣島站南口的地下專賣店街。以福屋廣島站前店為主力店，吸引服飾和雜貨等各式店家聚集。鄰接的廣場常於週六日、假日舉辦活動。

L10:00～20:00(視店鋪而異) 休不定休 所広島市南区松原町9-1 電JR廣島站即到 P消費滿2000日圓可免費停1小時

←地點也便於觀賞鯉魚隊球賽

旅趣 小專欄

在美食街輕鬆品嘗道地的牡蠣

西區

ONOMICHI WHARF LECT店

●オノミチワーフレクトてん

082-554-5777 MAP附錄③18E-2

進駐全新開幕的商業設施LECT，可以在美食街輕鬆享用帶殼牡蠣。除了能自選「生、烤、蒸」來品嘗牡蠣，期間限定的海鮮菜色也很暢銷。

L10:00～21:00 休準同LECT的公休日 所広島市西区扇2-1-45 LECT 1F 電廣電草津站步行15分，JR新井口站有直達巴士 P免費

←隨時備有超過5種的牡蠣

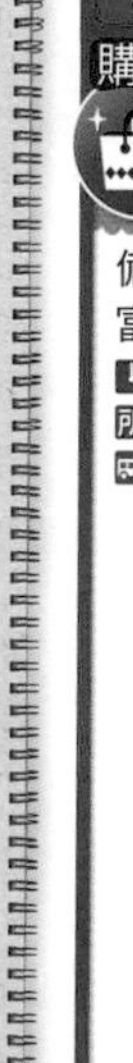

橋本町 MAP附錄③4D-2

購物

Pâtisserie Alpha

パティスリーアルファ

082-511-3840

備受當地好評的西點店。口感獨特的烤蒙布朗富含奶香，濕潤外皮包裹住一整顆澀皮栗。

L9:00～18:30 休週一 所広島市中区橋本町4-23 電廣電銀山町電車站步行5分 P免費

←烤蒙布朗1個330日圓

流川・八丁堀

購物

白鳳堂 廣島三越店

はくほうどうひろしまみつこしてん

MAP附錄③6E-1

082-242-3488

聞名全球的白鳳堂，由卓越的師傅技藝打造出的化妝刷具有著頂級的膚觸。

L10:30～19:30 休準同廣島三越 所広島市中区胡町5-1 廣島三越1F 電廣電胡町電車站即到 P消費滿2000日圓可免費停2小時

↑推出形形色色的商品

本通周邊

購物

バターケーキの長崎堂

バターケーキのながさきどう

MAP附錄③6D-3

082-247-0769

昭和30（1955）年創業的奶油蛋糕專賣店，口感滑順的奶油蛋糕是絕佳伴手禮。

L9:00～15:30(售完打烊) 休週日、假日 所広島市中区中町3-24 電廣電袋町電車站步行5分 P無

↑奶油蛋糕（小）960日圓、（中）1200日圓

路面電車行駛過原爆圓頂館前

最新型的列車配備螢幕

以雙手操縱的古早駕駛座

被暱稱為廣電而深受喜愛

搭乘路面電車

觀光廣島市內時，搭乘穿梭於城市鬧區的路面電車最方便！
在感受各區域特色的同時，愜意遊訪廣島名勝。

從陸橋望出去的景致

還有鋪木地板等設計的復古車廂

1900形的車廂內

一同來探索又稱為「移動式電車博物館」的廣電特色！

廣島市民鍾愛的代步工具

自大正元（1912）年開通以來便是廣島市民常用的代步工具。由於班次多、白天每8～12分鐘發車，觀光上也很方便！

車資在下車時支付

以8條路線遍布廣島市內

以廣島站為據點，藉由8條路線來涵蓋廣島市內到宮島的主要景點，堪稱日本規模最大的路面電車路線網。

¥市內線票價一律180日圓(僅白島線一律130日圓)

還有優惠的通票！

有1天內可自由搭乘路面電車全線的「電車一日乘車券」，還有自由搭乘路面電車全線的乘車券與宮島松大汽船（宮島口～宮島）的乘船券配成套的「一日乘車乘船券」，兩者皆可在廣島站電車服務處或車廂內等處購買。

電車一日乘車券
600日圓

一日乘車乘船券
840日圓

約30種電車行駛街頭

從最新型的超低底盤列車到接收其他縣已停駛的市營電車，有新有舊的各式列車來往於街頭，而被稱為「移動式電車博物館」。

Green Mover Max

日本製造的首輛超低底盤列車，可以從低視角欣賞廣島街景，也是方便上下車的無障礙設計。

被爆電車(650形)

即使遭到核爆也持續行駛，被譽為帶給市民勇氣的復興象徵。

舊京都市電(1900形)

由擁有日本最長歷史的京都市電讓渡而來，各個車廂都有與京都相關的暱稱。

隨不同季節有櫻花或荻花等花卉綻放

廣電縮景園前電車站即到

縮景園

しゅっけいえん

由廣島藩主淺野長晟建來當作別邸的庭園，為廣島最具代表性的綠意盎然名園。架於迴遊式庭園中央的跨虹橋為庭園的象徵。

MAP附錄③5C-1

082-221-3620

9:00～17:30(10～3月～16:30) 休無休 ¥入園費260日圓(有與廣島縣立美術館的共通優惠票) 所広島市中区上幟町2-11 P1小時360日圓(之後每30分180日圓)

白島地區

以前是被稱為「箱島」的小小島嶼，如今已成為縮景園和美術館所在的文化重鎮。

採取能與縮景園綠意融合的設計

廣電縮景園前電車站即到

廣島縣立美術館

ひろしまけんりつびじゅつかん

收藏超過5000件作品的中國地區最大規模美術館，展出平山郁夫等與廣島深具淵源的藝術家之作，還附設餐廳等設施。

MAP附錄③5C-1

082-221-6246

9:00～16:30(週五有延長營業) 休週一(逢假日、補假以及舉辦特展期間則開館) ¥入館費510日圓(特展另外收費，有與縮景園的共通優惠票) 所広島市中区上幟町2-22 P1小時360日圓(之後每30分180日圓)

白島
廣島縣立美術館
縮景園
家庭裁判所前
縮景園前
女學院前
山陽本線
山陽新幹線
JR廣島站
廣電廣島站
廣島城
廣島護國神社
廣島美術館
Pacela
前廣島市民球場跡地
白島線
廣島電鐵
的場町
原爆圓頂館前
紙屋町西
紙屋町東
立町
八丁堀
胡町
銀山町
稻荷町
廣島電鐵本線
本川町
原爆圓頂館
本通
本通商店街
福屋八丁堀本店
ひろしま夢ぷらざ
和平紀念公園
廣島和平紀念資料館
広島筆センター
袋町
宇品線
廣島電鐵
並木通
平和大通
中電前
廣島電鐵皆實線
比治山線
段原一丁目
比治山下

八丁堀地區

百貨公司與時尚大樓比鄰而立的廣島市核心地區，身為中國地區最大規模的鬧區總是熙來攘往。

在八丁堀交叉路口格外顯眼

廣電八丁堀電車站即到

福屋八丁堀本店

ふくやはっちょうぼりほんてん

昭和4（1929）年創業，高級精品店數量為廣島第一，廣島最具代表性的百貨公司。地下1樓還有集結廣島伴手禮的賣場。

082-246-6111 MAP附錄③6D-1

10:00～19:30(週五、六～20:00，食堂街視店鋪有所變動) 休不定休 所広島市中区胡町6-26 P消費滿2000日圓可在直營停車場免費停2小時

地下1樓還有販售廣島名點

またきて四角 3個裝 1404日圓

廣島伴手禮的新必備款 檸檬伴手禮也很多元！

炸花枝 瀨戶內檸檬味 324日圓

檸檬蛋白霜 378日圓

本通地區

江戶時代曾做為西國街道的一部分而繁榮一時。現今是本通商店街，化身為人潮洶湧的購物區。

廣電本通電車站步行5分

ひろしま夢ぷらざ

ひろしまゆめぷらざ

位於本通商店街內的廣島縣特產直銷店，擁有豐富的特產品品項，店門口還常舉辦生產者直賣會或特賣會。

082-544-1122 MAP附錄③7C-2

10:00～19:00 休週三(逢假日則營業)

所広島市中区本通8-28 P無

廣電本通電車站步行3分

広島筆センター

ひろしまふでセンター

臉部刷具(右) 3456日圓、頰彩刷具(左) 2592日圓

生產量高居日本第一的熊野町刷具的專賣店。由熟練的師傅以純手工製作的化妝刷具有著絕佳的膚觸，化妝刷具之外也有販售毛筆。

MAP附錄③7B-2

082-543-2844

10:00～19:00 休不定休

所広島市中区大手町1-5-11 P無

專賣店才有的豐富品項

飽覽海景的坡道城市 尾道

おのみち

坂道前方是一片絕景

尾道可說是坡道之城，彷彿要將住宅和古寺緊緊繫在一塊的坡道綿延不絕，眼前便是尾道水道的美景。這片如庭園模型般的景觀也獲得認證，於2015年入選日本遺產。

成為電影或小說的故事背景

包含出身當地的大林宣彥導演的作品在內，曾做為無數電影、日劇、廣告拍攝地的最上相城市。也有許多文學作品以尾道為背景，相關景點散布各地。

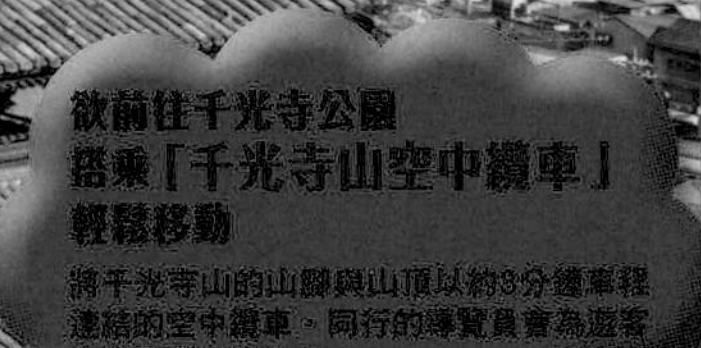

欲前往千光寺公園 搭乘「千光寺山空中纜車」輕鬆移動

將千光寺山的山腳與山頂以約3分鐘車程連結的空中纜車。同行的導覽員會為遊客介紹車窗外的景觀。

LINK P.88

重點看過來!!

區域一目瞭然MAP

眺望整座城市的觀景點

千光寺公園周邊 ➡P.88

●せんこうじこうえん

漫步尾道的必遊之地，周邊有瞭望台、千光寺、文學小徑等諸多景點。從瞭望台望見的夕陽景觀優美。

文學小徑是絕佳的散步路線

文學小徑

ぶんがくのこみち

從千光寺山纜車山頂站一路綿延約1km的步道

➡P.88

空中纜車山麓站

ロープウェイさんろくえき

欲前往千光寺公園瞭望台時的大門，還設有觀光服務處

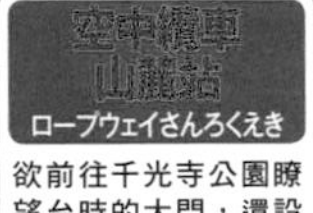

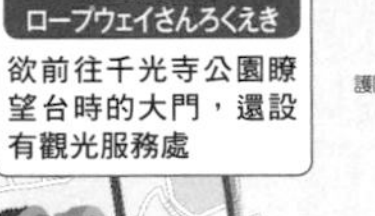

復古風的拱廊商店街

尾道本通商店街 ➡P.92

●おのみちほんどおりしょうてんがい

從JR尾道站往東延伸約1km長的商店街，當地美食和伴手禮店、咖啡廳等櫛次鱗比。

ONOMICHI U2

オノミチユーツー

以自行車及旅行為概念的複合設施，有咖啡廳和餐廳、商店等約7個設施聚集。

➡P.97

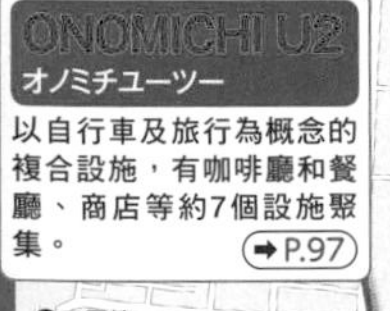

在海潮味的籠罩下散散步

海岸通 ➡P.92

●かいがんどおり

個性派商店散布的街道，可以連同尾道本通商店街一併逛逛。

前往尾道的方式 ➡P.132

從廣島市區可搭乘JR或高速巴士前往。開車則建議活用尾道站周邊或千光寺周邊的停車場。

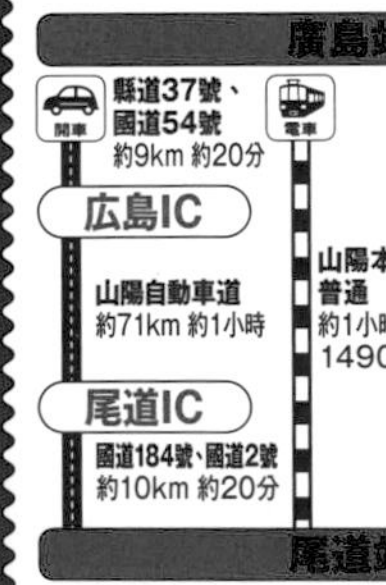

廣島站

- 開車：縣道37號、國道54號 約9km 約20分 → 広島IC → 山陽自動車道 約71km 約1小時 → 尾道IC → 國道184號、國道2號 約10km 約20分
- 電車：山陽本線普通 約1小時35分 1490日圓
- 電車：廣電(路面電車) 14分 180日圓(紙屋町西電車站下車) → 廣島巴士中心 → 巴士：高速巴士Flower Liner 約1小時35分 1750日圓

尾道站

若想再逛1個區域

開車 約15分	串連島嶼的海上道路 島波海道 見P.98
開車 約40分	西日本首屈一指的無際花田 世羅高原 見P.124
電車+巴士 約1小時	勾起鄉愁的侍潮港 鞆之浦 見P.114

洽詢處

尾道市觀光課……0848-38-9184

尾道觀光協會……0848-36-5495

觀光小幫手

尾道站觀光服務處

有工作人員駐點，亦提供觀光手冊及方便遊覽的地圖，還可以租借藉由聲音導覽來介紹觀光勝地的語音導覽筆（500日圓）。此外，由於JR尾道站的改建工程（預計）至2018年底結束，現於臨時組合屋負責導覽服務。

✆0848-20-0005

尾道水道巡航

可從船上欣賞尾道，預定4月1日～5月6日及7月14日～10月27日的週六日、假日出航（尾道港祭舉辦日停駛）。1天3班，乘船費1500日圓。以尾道站前棧橋為起終點，所需約50分。

✆0848-36-6113
（瀨戶內遊輪）

Onotabi

尾道觀光協會推行的「Ononavi旅行社」所經營的導覽團。充滿手工自製感的行程可以上官網查詢、預約。

URL https://www.ononavi.jp/fan/onotabi/

區域的關鍵字 1 漫遊坡道

千光寺山的山腰有漫長的細窄斜坡，被視為熱門的散步景點，也以貓咪聖地而聞名，隨處都有貓咪景點。若是走累了，就到坡道咖啡廳歇息。

→P.88

區域的關鍵字 2 復古風商店街

從JR尾道站延伸出去的復古氛圍商店街有許多尾道製造的逸品。不妨在坡道散步後，過來商店街選購伴手禮。

→P.92

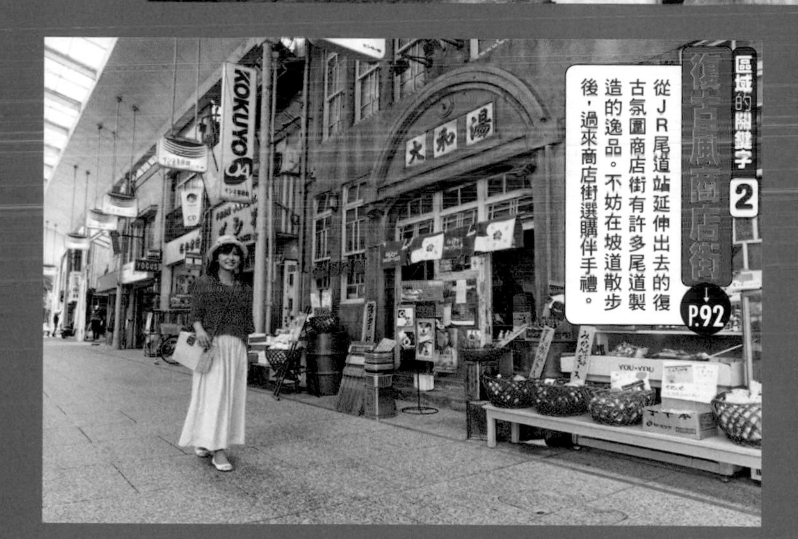

區域的關鍵字 3 尾道美食

有尾道燒、瀨戶內海鮮等多種誘人的美食，其中尾道拉麵被視為尾道的靈魂食物，深受大眾喜愛。

→P.94

規劃行程的提示和訣竅

1 從千光寺周邊散步起

景點多在JR尾道站的東邊，主要分布在**以千光寺為中心的靠山側**。**首先搭乘纜車直達山頂**，一面走訪古寺、小徑、咖啡廳等一面走回尾道站是最有效率的走法。

2 靠步行在中心區移動

布滿小徑的尾道市區**基本上靠步行來移動**，但須留意車輛無法開進千光寺山的坡道及尾道本通商店街。若是開車前來，建議將車停在尾道站西邊的市營ベルポール停車場。

3 前往島波海道的門戶

將瀨戶內海上多座島嶼串連起來的**島波海道（→P.98）是與尾道相鄰的區域**。若在遊覽完尾道之後租借自行車或汽車前往島波海道，便能順暢周遊各個區域。

這就是尾道！

適合拍美照上傳的坡道慢旅

若想欣賞尾道風味十足的風景，就前往千光寺山山腰的斜坡區。這裡有迷宮般的巷弄、優美的寺院等無數個適合拍照打卡的景點！來趟悠閒的坡道慢旅吧♪

尾道水道及瀨戶內海群島交織出的風景盡收眼底

首先從瞭望台俯瞰尾道市區

首先搭乘空中纜車登上山頂

纜車來往於海拔144.2m的千光寺山頂與山腳（長江口），能享受約3分鐘的空中散步。

資訊

千光寺山空中纜車

MAP 附錄③11C-2

✆0848-22-4900

L 9:00～17:15每15分發車 休無休 ¥單程320日圓、往返500日圓

交通方式

JR尾道站步行15分。若開車來可停放市內停車場。

1 千光寺公園瞭望台

●せんこうじこうえんてんぼうだい

從千光寺山的山頂廣布至山腰處的公園，從圓形瞭望台的屋頂能遠眺島波海道的向島等地。2樓設有咖啡廳＆餐廳。

✆0848-36-5495（尾道觀光協會） MAP 附錄③11C-2

L 自由入園（商店為8:30～17:30） 休無休 所尾道市西土堂町19-1 交千光寺山空中纜車山頂站即到 P使用千光寺公園停車場（1次600日圓）

能360度觀景的瞭望台！

步行即到

由天然岩石刻成的文學碑沿路散布

沉浸在名作的情景

全長1km的步道

2 文學小徑

●ぶんがくのこみち

從千光寺山纜車山頂站綿延至千日稻荷的步道，全長約1km。沿路設有25座文學碑，刻上有尾道背景的作家、詩人、歌人的作品節錄等。

MAP 附錄③11C-2

✆0848-36-5495（尾道觀光協會）

L 自由參觀 所尾道市西土堂町 千光寺公園內 交千光寺山空中纜車山頂站即到 P使用千光寺公園停車場（1次600日圓）

尾道MAP

1 千光寺公園瞭望台
2 文學小徑
3 千光寺
4 中村憲吉舊居
4 文學紀念室
4 志賀直哉舊居
5 天寧寺海雲塔
6 招財貓美術館in尾道
長江(1)
363
栗原長江線
尾道ゲストハウス みはらし亭
Le chat
貓之細道
艮神社
山頂
空中纜車
尾道市立美術館
毘沙門堂卍
梟の館
尾道藝術館
正授院卍
山麓
東土堂町
尾道ハーブ庭園 ブーケ・ダルブル
千光寺道
卍天寧寺
長江口
ネコノテパン工場
帆雨亭
風鈴横丁
天寧寺
山陽本線的平交道
Beejo
尾道站
光明寺卍
千光寺新道
信行寺卍
寶土寺卍
尾道絵のまち館
活版カムパネルラ
2 千光寺踏切下

遊逛的訣竅

● **從山頂往下散步為上策**

先搭乘纜車直攻山頂，再順著坡道往下散步是最佳路線。

● **穿著好走的鞋子**

由於沿途多石板路及階梯，請勿穿鞋跟高的鞋。

● **迷路也是一種樂趣**

坡道區猶如迷宮。若迷路了，一直往下走就能到達國道2號。

步行即到

3 千光寺

●せんこうじ

據傳是在大同元（806）年創建的真言宗名剎，立於千光寺山山腹的豔紅色本堂可說是尾道的一大象徵。這裡也因為祭祀掌管戀愛、姻緣的愛染明王而成為著名的求姻緣能量景點。

MAP 附錄③10D-2

✆0848-23-2310

L 境內自由參觀（商店為9:00～17:00） 休無休

所尾道市東土堂町15-1

交千光寺山空中纜車山頂站步行10分

P使用千光寺公園停車場（1次600日圓）

從朱紅色的本堂眺望尾道水道

尾道的象徵

想來這裡這樣拍♪

將朱紅色的本堂與尾道的街景、尾道水道等「尾道味十足！」的元素捕捉進同一個畫面

成對姻緣御守800日圓

眼前便是一片尾道街景及瀨戶內海的群島美景

千光寺本堂周邊的看點有這些

還有巨石奇岩等數不清的看點！慢慢遊逛一一走訪。

鐘樓

建於斷崖絕壁上的朱紅色鐘樓，「日本音風景100選」之一

鼓岩

在岩石上敲打石頭便會有鼓般的聲響，因此又被稱為「碰碰岩」

玉之岩

相傳過去這塊岩石的頂端有顆發光的玉石，會於夜間照亮大海

5 天寧寺海雲塔

●てんねいじかいうんとう

寺×坡道×港都
尾道絕美景致
令人目不轉睛

海雲塔是位在貞治6（1367）年由足利義詮創建的寺院腹地內的三重塔。可以越過佛塔飽覽坡道和海景，充分展現出尾道特色的絕景令人屏息。

☎0848-22-2078 MAP附錄③10D-2
境內自由參觀 所尾道市東土堂町17-29 交JR尾道站步行15分 P無

也以欣賞枝垂櫻和牡丹的名勝而著稱，海雲塔是重要文化財

步行即到

4 尾道文學之館

●おのみちぶんがくのやかた

尾道相關文豪的世界

文學紀念室、中村憲吉舊居、志賀直哉舊居3座設施以及包含文學公園在內的周邊地區合稱為「尾道文學之館」。周遭設有林芙美子、志賀直哉等人的文學碑。

☎0848-22-4102（文學紀念室）
9:00～17:30（有時期性變動）
休12～2月的週二 ¥入館費300日圓（文學紀念室、中村憲吉舊居、志賀直哉舊居3館共通）

步行5分

聳立高處的文學紀念室能遠眺尾道水道

\可以參觀這3個設施/

展示與尾道有淵源的作家資料
文學紀念室
●ぶんがくきねんしつ
MAP附錄③10D-2
☎0848-22-4102
所尾道市東土堂町13-28
交JR尾道站步行15分 P無

據傳在此寫下《暗夜行路》的草稿
志賀直哉舊居
●しがなおやきゅうきょ
MAP附錄③11C-3
☎0848-23-6243
所尾道市東土堂町8-28
交JR尾道站步行10分 P無

晚年在尾道度過的歌人故居
中村憲吉舊居
●なかむらけんきちきゅうきょ
MAP附錄③10D-2
☎0848-20-7514
（尾道市企畫財政部文化振興課）
所尾道市東土堂町15-10
交JR尾道站步行15分 P無

坡道View NO.1

千光寺道

せんこうじみち
MAP附錄③10D-2

在風雅的石板坡道
愜意漫步

從千光寺一路綿延的石板坡道，做為尾道最具代表性的坡道而名聞遐邇，順著街景遠方往下望去便能看見尾道水道。沿路上古老石牆與民宅林立，深富韻味。

約250m長的路上還有多間坡道咖啡廳

站在坡道從上往下將遠方的尾道水道收入鏡頭內

順道來這走走

活版カムパネルラ

●かっぱんカムパネルラ

可體驗製作活版印刷的卡片。活版體驗分成可選擇尾道主題圖案的A方案，以及再加上自選文字的B方案。

MAP附錄③10D-3
☎0848-51-4020 11:00～19:00 休無休
¥A方案（所需約10分）864日圓、B方案（所需約1小時）3024日圓 所尾道市東土堂町11-2
交JR尾道站步行10分 P無

使用活版機體驗！
貓咪圖案的超可愛卡片完成了♡

將古民宅重新利用的空間

ネコノテパン工場

●ネコノテパンこうじょう

此人氣店家位在像迷宮般的小巷內，由店主自行改裝的小巧店內，販售吐司、點心類麵包等20～30種。

MAP附錄③11C-2
☎050-6864-4987
10:00～17:00
休週二、三 所尾道市東土堂町7-7 交JR尾道站步行15分 P無

在迷你美術館欣賞各具特色的招財貓

在屋齡100年的老民宅展出招財貓

從日本各地蒐集獨具個性的招財貓

天寧寺海雲塔(P.89)
步行5分

6 招財貓美術館in尾道

●まねきねこびじゅつかんインおのみち

展示約3000件招財貓藝術品的私人美術館。除了古早招財貓和僅此一件的作品之外，還有由定居尾道的藝術家園山春二畫在石頭或玻璃、和紙、木板等素材上的招財貓也值得一看。

0848-25-2201(onomichi IHATOV) MAP 附錄③10D-2
L 10:00～17:00 休 週四 ¥ 入館費300日圓
所 尾道市東土堂町19-26 交 JR尾道站步行20分 P 無

也有許多的貓咪景點！

步行即到

綠意環繞的寂靜小路

常有許多貓咪出沒的景點，竅門是拍攝時需與貓咪的視線同高

坡道View NO.2 貓之細道

●ねこのほそみち

位於從艮神社直直往上走的盡頭處，向左右延伸約300m的小徑。林木籠罩散發出鄉愁氣息的巷弄內，隨處都佈設了福石貓等以貓咪為主題的裝飾品。

MAP 附錄③10D-2
0848-23-4169(梟の館)
L 自由參觀 所 尾道市東土堂町
交 JR尾道站步行15分 P 無

來找找看福石貓！

擺放福石貓的園山春二親自繪製的福石貓，據說有108隻藏在各個角落。

找到便能戀情圓滿的成對福石貓

額頭上有半圓花紋的是三毛貓，聽說摸摸它就能帶來好運

順道來這走走

有店貓親自接客的貓商品專賣店
Le chat ○ルシャ

販售雜貨及飾品、服裝等約300款貓咪設計商品。由古民宅改裝成的店內會有店貓Noir出來迎接客人。

還會不定期舉辦活動喔！

MAP 附錄③10D-2
0848-25-2201(onomichi IHATOV)
L 10:00～17:00
休 週三 所 尾道市東土堂町15-21 交 JR尾道站步行15分
P 無

尾道首間貓商品專賣店

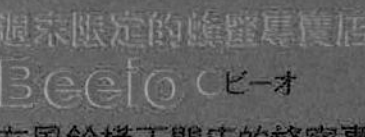

週末限定的蜂蜜專賣店
Beeto ○ビーオ

在風鈴橫丁開店的蜂蜜專賣店。從咖啡花蜜等獨特的單花蜜到老闆親自養蜂所釀的蜂蜜等，販售約10種蜂蜜。

MAP 附錄③10D-3

090-5970-2391 L 10:00～18:00 休 週一～五
所 尾道市東土堂町17-26 交 JR尾道站步行15分
P 無

初夏的蜂蜜 40g400日圓
春季的蜂蜜 40g400日圓

2017年8月開張！集結4家店鋪的小小街道
風鈴橫丁 ○ふうりんよこちょう

位於天寧寺的東邊，有三明治專賣店和雜貨屋等4家店聚集的小小商店街開幕了。每家店門口都掛有風鈴，瀰漫著雅趣風情。

MAP 附錄③10D-3

L 休 視店鋪而異 所 尾道市東土堂町
交 JR尾道站步行15分 P 無

以這些看板為認路指標

尾道

不妨在散步途中繞過來看看吧♪

窗外無際景致也很迷人的

坡道咖啡廳

坡道地區有許多改建自老民宅的特色咖啡廳！來找間適合在坡道慢旅時歇歇腳的美景咖啡廳放鬆一下。

適合拍美照上傳的坡道慢旅／坡道咖啡廳

特等座在這裡
眼前是大面窗戶的吧檯座，春季可近距離欣賞櫻花

千光寺即到

從建於高處的咖啡廳獨佔一望無際美景

尾道ゲストハウスみはらし亭

●おのみちゲストハウスみはらしてい

將大正10（1921）年由富商興建的高雅別墅重新改造為民宿兼咖啡廳。甜點有「たつみや」的點心及尾道的和洋菓子，飲品則有尾道紅茶、使用尾道烘焙廠的咖啡豆所沖泡的咖啡等。

MAP 附錄③10D-2
☎0848-23-3864 L8:00～9:30、15:00～21:30（週六日、假日為11:00～21:30） 休不定休 所尾道市東土堂町15-7 交JR尾道站步行20分 P無

季節糖漿汽水 季節限定 鮮紅莓果糖漿450日圓
推薦檸檬奶油美式餅乾（佐楓糖漿）350日圓做為搭配飲品的甜點

招財貓美術館in尾道即到

花香瀰漫的庭園咖啡廳

尾道ハーブ庭園ブーケ・ダルブル

●おのみちハーブていえんブーケダルブル

可品嘗到新鮮現摘的香草茶和有機甜點。曾做為茶室使用的古民宅重獲新生，庭園內還有可嘗試占卜或製作香水的「ミーシャの家」。

MAP 附錄③10D-2
☎090-3633-2603 L11:00～17:00 休週二 ¥入園費200日圓（咖啡廳客人免費） 所尾道市東土堂町19-18 交JR尾道站步行15分 P無

特等座在這裡
香草香氣洋溢，能飽覽尾道市區和尾道水道的露天座

瀨戶田檸檬蛋糕 600日圓
宛如起司蛋糕的風味很受歡迎

特等座在這裡
從店後方的窗邊座可望見閑靜的街景與尾道水道

文學紀念室即到

可浸淫在尾道相關文學作品的甜品店

帆雨亭

●はんうてい

將榻榻米與屋樑維持原貌而留下往昔風貌的甜品店，能一嘗手工甜點及抹茶。附設尾道文庫，蒐羅尾道相關文人的作品，除了展示品外皆可閱覽。

MAP 附錄③10D-3
☎0848-23-2105 L10:00～17:00 休不定休 所尾道市東土堂町11-30 交JR尾道站步行15分 P無

手工蛋糕套餐950日圓
今日蛋糕與飲品配成套餐，照片為藍莓起司蛋糕

招財貓美術館in尾道即到

布滿藤蔓的宅邸咖啡廳

梟の館

●ふくろうのやかた

將大正時代興建的宅邸加以活用的老屋，1樓是擺滿1500件貓頭鷹裝飾品的咖啡廳，2樓則是僅供咖啡廳客人參觀的梟美術館（入館費200日圓）。

MAP 附錄③10D-2
☎0848-23-4169
L10:00左右～日落前30分
休週三（逢假日則營業）
所尾道市東土堂町15-17
交JR尾道站步行15分
P無

健康起司蛋糕套餐300日圓＋飲品費
以豆渣製作的起司蛋糕加上自選飲品

特等座在這裡
蔥鬱森林療癒人心，面朝窗邊的桌椅座位

2大購物地區

海岸通&尾道本通商店街開心購物♪

來趟沿海漫步也不錯

海岸通
位在商店街南邊的沿海大街，沿路散布著風格時尚的餐廳與居酒屋、咖啡廳等。

尾道本通商店街
東西橫跨約1km長的拱廊商店街，老店一間接一間，飄散出懷舊氣息。

由於許多店家會在18時左右打烊，想逛街請趁早前往

五顏六色的帆布令人心癢♪

若說到尾道的購物區，便是從JR尾道站往東延伸出去的昭和復古商店街與時尚的海岸通。快前往新舊大街＆商店探尋「尾道製造」的商品吧♪

JR尾道站
2
林芙美子像
もみじ
ゆーゆー F
sora studio&gallery
尾道郵局
E 工房尾道帆布
空中纜車山麓站 A
いわべぇ
島ごころSETODA尾道長江店
桂馬蒲鉾商店
尾道本通商店街
伊予
J おやつとやまねこ
Chai Salon Dragon G
H
三井住友
尾道商業会議所記念館
I からさわ
めん処みやち
広島
尾道ええもんや D
C 中国
ニャンドー
A
B
山本の餅屋
海岸通

B 最中餅 御荻（左） 180日圓
櫻花餅（中） 150日圓 豆大福（右） 150日圓
皆為小口尺寸、微甜，適合做為逛街時的零嘴

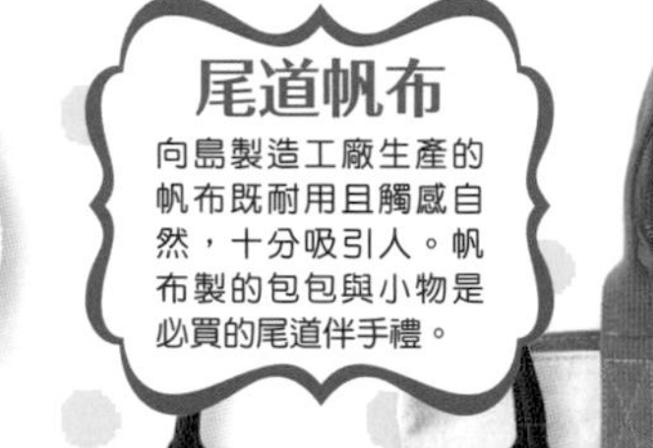

J 尾道布丁
各324日圓
濃醇布丁可淋上另附的檸檬醬品嘗

尾道帆布
向島製造工廠生產的帆布既耐用且觸感自然，十分吸引人。帆布製的包包與小物是必買的尾道伴手禮。

E 條紋包（M尺寸）
各5400日圓
休閒的設計深具魅力，內附口袋非常方便

A 檸檬蛋糕脆片
540日圓
方便食用的檸檬蛋糕切片化身脆片！

C 烤甜甜圈 鹽味黃豆粉（右）、島波檸檬（左） 各180日圓
口感綿密濕潤卻能入口即化的甜甜圈，共8種口味

D 貓咪杯
12片裝 648日圓
可垂掛在杯子邊緣的可愛貓咪餅乾
※不含杯子

E 尾道本通商店街
工房尾道帆布
★こうぼうおのみちはんぷ
使用向島產帆布製作的包包及小物有豐富款式的工作室兼商店。
MAP 附錄③10D-3
☎0848-24-0807
L 10:00～18:00 休 週四
所 尾道市土堂2-1-16
交 JR尾道站步行15分
P 無

D 尾道本通商店街
尾道ええもんや
★おのみちええもんや
提供當地海產品等約500種商品，是尾道規模最大的伴手禮店。
MAP 附錄③10D-3
☎0848-20-8081
L 10:00～18:00 休 不定休
所 尾道市十四日元町4-2
交 JR尾道站步行15分
P 無

2017年1月開幕
C 尾道本通商店街
ニャンドー
義式咖啡與自製烤甜甜圈的外帶專賣店。
MAP 附錄③10D-3
☎0848-29-9898
L 10:00～18:00 休 無休
所 尾道市十四日元町4-6
交 JR尾道站步行15分
P 無

2017年2月開幕
B 尾道本通商店街
山本の餅屋
★やまもとのもちや
尾道和菓子店的直營店，販賣現做糕餅，有大福等約10種甜品。
MAP 附錄③10D-3
☎0848-38-1689
L 10:00～17:00（售完打烊） 休 週四
所 尾道市十四日元町3-32
交 JR尾道站步行15分
P 無

2017年3月開幕
A 尾道本通商店街
島ごころSETODA尾道長江店
★しまごころセトダおのみちながえてん
製造並販售堅持使用瀨戶田檸檬製作的西點及果醬。
MAP 附錄③10D-3
☎0845-23-7555
L 10:00～17:00 休 無休
所 尾道市十四日元町3-1
交 JR尾道站步行15分
P 無

I 最中餅冰淇淋
1個150日圓
手工冰淇淋。還有推出雞蛋冰淇淋和季節限定的口味

最中餅冰淇淋
以牛奶及蛋自製的爽口雞蛋冰淇淋有著樸實風味，非吃不可，是尾道很受歡迎的甜點。

Chaider
將尾道老店今川玉香園茶舖與向島後藤鉱泉所的彈珠汽水融合成的茶＋汽水。

G 尾道Chaider
2瓶裝 890日圓
將綠茶和抹茶混合汽水製成的獨創飲品

D おのみちこみち
4個裝 330日圓
在白豆沙中添加牛奶的甜饅頭，奶香會在口中擴散開來

這間店也CHECK！
在尾道水道的美景陪伴下體驗陶藝
sora studio & gallery
★ソラスタジオアンドギャラリー
陶藝工作室兼藝廊，能製作貓咪擺飾品的「sora貓製作體驗」很熱門，務必試試以增添旅遊回憶！
MAP 附錄③10D-3
090-6435-1368
10:00～18:00 休週三（有臨時店休） 所尾道市土堂2-1-23 交JR尾道站步行10分 P無

sora貓製作體驗1隻1000日圓～，所需約60分

D 尾道手巾
1條756日圓
印上檸檬或造船起重機等尾道意象的圖案，共8款

D 因島的八朔橘果凍
1個190日圓
內含滿滿因島特產八朔橘的清爽果凍

H 茶壺（左）、駒燒（中）、柿天（右） 各226日圓
絕不使用添加物、防腐劑的純手工魚板

F 桔醋（右） 800日圓
中濃醬汁（左） 480日圓
使用在地食材製造的獨創醬汁和沙拉醬是該店的經典商品

J JR尾道站周邊
おやつとやまねこ
以風味濃郁的砂谷牛乳和縣產雞蛋製作的布丁獲好評，還販售烘焙點心。
MAP 附錄③11B-3
0848-23-5082
10:00～19:00（售完打烊） 休週一（逢假日則翌日休） 所尾道市東御所町3-1 交JR尾道站即到 P無

I 海岸通
からさわ
因最中餅冰淇淋出名的店，店內還能吃到奶油紅豆湯等。
MAP 附錄③11C-3
0848-23-6804
10:00～19:00（11～2月～18:00） 休週二（逢假日則翌日休，11～2月為週二、第2週三休） 所尾道市土堂1-15-19 交JR尾道站步行7分 P有合作停車場

H 尾道本通商店街
桂馬蒲鉾商店
★けいまかまぼこしょうてん
創業105年的老店，無添加物的手工魚板是當地人也讚好的風味。
MAP 附錄③11C-3
0848-25-2490
9:00～18:00 休無休 所尾道市土堂1-9-3 交JR尾道站步行5分 P20分100日圓（消費滿500日圓可免費停1小時）

G 巷弄內
Chai Salon Dragon
★チャイ サロン ドラゴン
屋齡100年民宅改建成的茶店，還販售尾道的相關商品。
MAP 附錄③11C-3
0848-24-9889
13:00～20:00 休不定休 所尾道市土堂1-9-14 交JR尾道站步行5分 P無

F 尾道本通商店街
ゆーゆー
將曾營業約100年的公共澡堂翻修而成的咖啡廳，還有販售自創品牌商品。
MAP 附錄③11C-3
0848-25-5505
11:00～17:00左右 休週四（逢假日則營業） 所尾道市土堂1-3-20 交JR尾道站步行7分 P無

來尾道就吃這個！

必吃美食 盡情飽餐一頓

既然都來到了尾道，一定要嘗嘗當地深愛不渝的必吃美食！大排長龍的尾道拉麵或獨特御好燒等美味，就視當天心情來選擇吧♪

香濃好吃的醬油湯頭 尾道拉麵

特色在於漂著豬背脂的醬油底湯頭及扁麵，可試試各家店不同的特色。

許多粉絲甘願排隊的名店

中華麵 600日圓
以雞骨為基底的醬油湯頭與扁麵化為一體

尾道本通商店街周邊
朱華園
●しゅうかえん

昭和22（1947）年創業，備受當地人捧場的名店。有深度的醬油湯頭、自製扁麵、大顆粒背脂形成三位一體的「中華麵」吸引許多人來此排隊。

MAP 附錄③10D-3
☎0848-37-2077
營11:00～19:00（售完打烊） 休週四、第3週三（逢假日則營業） 所尾道市十四日元町4-12
交JR尾道站步行15分
P無

做好排隊的準備來看看

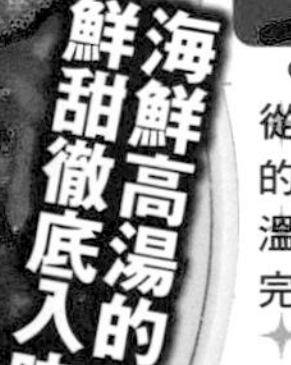

海鮮高湯的鮮甜徹底入味

中華麵（一般量）
極具嚼勁的直細麵與樸實風味的湯頭非常對味

海岸通
つたふじ

從路邊攤起家，擁有超過60年歷史的高人氣店。以豬骨和海產為底的溫和醬油湯頭與剁碎的豬背脂達到完美平衡，麵條則使用直細麵。

僅有吧檯座的小而美空間

MAP 附錄③10D-3
☎0848-22-5578
營11:00～17:00（售完打烊） 休週二，每月1、2次週三不定休（連休）
所尾道市土堂2-10-17
交JR尾道站步行15分
P無

天婦羅花為湯頭增添濃醇味

天婦羅中華（一般量）680日圓
在微卷麵上頭放上炸蝦米餅的招牌菜色

尾道本通商店街周邊
めん処みやち
●めんどころみやち

創業超過70年的老店，從上一代繼承下來的湯頭是以雞骨、豬骨、小魚乾製成，有著清爽卻不失香醇的滋味，搭配中細卷麵也是一絕。

MAP 附錄③11C-3
☎0848-25-3550
營11:00～18:00 休週四
所尾道市土堂1-6-22
交JR尾道站步行7分 P無

色彩繽紛的店內

位於本通商店街的巷子裡

在地御好燒 尾道燒

加入雞胗、做為零嘴的炸花枝、蒸麵煎製出尾道特有的御好燒，分量較少。

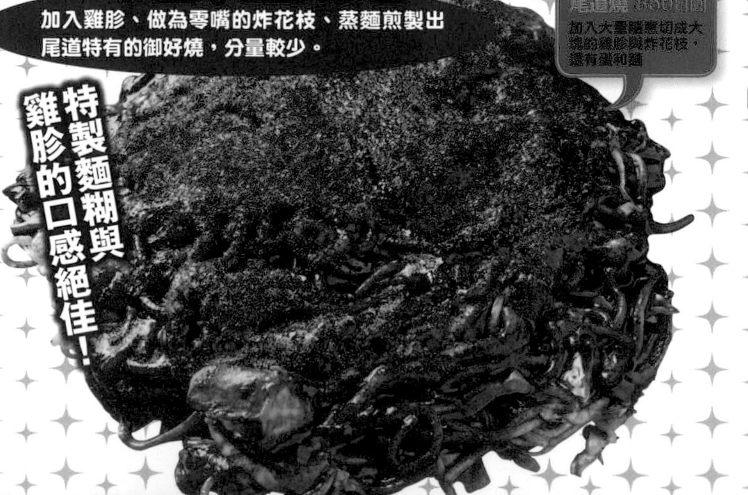

特製麵糊與雞胗的口感絕佳！

尾道燒 850日圓
加入大量隨意切成大塊的雞胗與炸花枝，還有蛋和麵

尾道本通商店街周邊
いわべぇ

深受在地人歡迎的御好燒店，老闆以高明技巧炒出的尾道燒吃得到雞胗與炸花枝的美味精華，輕盈口感讓女性也能放心大口品嘗。

MAP 附錄③10D-3
☎0848-37-2325
營11:30～15:00、17:00～19:30 休週四（逢假日則營業） 所尾道市十四日元町1-23 交JR尾道站步行15分 P無

活跳跳的新鮮海味 瀨戶內的海產

使用近海捕獲的新鮮海產製作的菜色也是名產，尤以星鰻和牡蠣料理不容錯過！

邊欣賞眼前的尾道水道邊飽享牡蠣的午餐時光

牡蠣特別套餐 2052日圓
可盡享牡蠣的午間餐點，除了2種生牡蠣外還可自選主菜

JR尾道站周邊

尾道WHARF

●おのみちワーフ

靠海的餐廳，提供2種今日生牡蠣以及可從「牡蠣巧達濃湯或炸牡蠣」、「牡蠣奶油義大利麵或油燉牡蠣」各選1道的午間套餐很受歡迎。

設有木製露台的開放式空間

☎0848-38-2200 MAP 附錄③11B-3
🕒11:30～21:30（週五六、假日前日～23:30） 休無休 所尾道市東御所町9-1 🚃JR尾道站即到 P有鄰近停車場（港灣停車場）的折扣券

能飽嘗當地產海鮮的絕品散壽司

散壽司定食 1650日圓（限午餐）
擺上尾道捕獲的星鰻等當季鮮魚，附小菜、湯品

海岸通

鮨と魚料理 保広

●すしとさかなりょうりやすひろ

以直接向漁民進貨的瀨戶內鮮魚為主角的餐廳，推薦菜為滿滿當季海產的散壽司，尾道常見的蝦米香鬆更添深層滋味。

在當地也備受肯定的名店

☎0848-22-5639 MAP 附錄③11C-3
🕒11:30～14:00、17:00～20:30 休週一（逢假日則翌日休） 所尾道市土堂1-10-12 🚃JR尾道站步行5分 P免費

景觀也是一場饗宴！景觀午餐

也別錯過能欣賞尾道水道且風味絕佳的餐飲店！搭配美景一同盡情享用。

以米和發酵為主題的地產地消餐點

招牌定食 1300日圓
可從4種主菜中選一，還提供的菜色選擇豐富

從2樓能俯瞰尾道水道

JR尾道站周邊

こめどこ食堂

●こめどこしょくどう

將瀨戶內海產與農家直送的蔬菜、自家栽種的米以嚴選在地調味料佐味。午間為食堂，晚間則做為西式餐廳營業。

☎0848-36-5333 MAP 附錄③11B-3
🕒11:00～13:30、18:00～22:30 休週一（逢假日則翌日休） 所尾道市東御所町5-2 2F 🚃JR尾道站步行3分 P無

海岸通

潮待ち茶屋 花あかり

●しおまちちゃやはなあかり

能飽覽海景的店內可品嘗以尾道鮮魚為中心的和食，其中以分量飽足的午餐最為超值。

MAP 附錄③11C-3
☎0848-24-2287
🕒11:00～22:00 休不定休 所尾道市土堂1-12-13 🚃JR尾道站步行5分 P無

無論視覺味覺都飽足的海鮮午餐

潮待膳 1080日圓
附生魚片、天婦羅、小菜、茶碗蒸等豐盛菜色

從店內可眺望尾道水道

在商店街周邊發現的迷人咖啡廳

當地客人聚集的咖啡廳

やまねこカフェ

深受當地支持的人氣咖啡餐廳，必嘗菜色是有4種可選的今日午餐和甜點。

還有販售獨創商品

MAP 附錄③10D-3
☎0848-21-5355
🕒11:30～21:00 休週一（逢假日則翌日休） 所尾道市土堂2-9-33 🚃JR尾道站步行10分
P無

招牌聖代套餐 1050日圓
淋上濃縮咖啡的成熟風味聖代與飲料的套餐。圖中為招牌拿鐵

盡情品嘗著名的蕨餅

甘味処ととあん ●かんみどころととあん

吃得到手工和菓子及日本茶，使用100%純日本產蕨粉製作的黑色蕨餅十分暢銷。

店內洋溢著和風雅趣

MAP 附錄③11C-3
☎0848-22-5303
🕒11:00～17:00 休週四，第2、4週三 所尾道市土堂1-10-2 🚃JR尾道站步行5分 P無

本蕨餅 1000日圓
沾上自己用石臼將大豆磨成的黃豆粉與黑糖蜜來品嘗

以校園風的空間為賣點

あくびカフェー

復古而懷舊的氛圍

附設於民宿「ANAGO NO NEDOKO」內，可以在宛如木造校舍的空間享用營養午餐。

MAP 附錄③10D-3
☎050-5240-3127
🕒11:00～21:30（週三～18:30，週日、假日～17:30）
休週四 所尾道市土堂2-4-9
🚃JR尾道站步行15分
P無

招牌特製布丁聖代 700日圓
豪邁放上在店裡烤製的布丁及餅乾、冰淇淋的人氣聖代

尾道出發來趟半日遊♪ 悠遊向島

搭渡船即到！

與尾道市區相隔尾道水道位在對岸的向島，渡船碼頭的步行範圍內有不少別緻小店，快來分別走訪吧♪

從這裡開始！

尾道渡船
●おのみちとせん

從JR尾道站步行10分的土堂港出航，抵達向島兼吉港的渡船。由於景點多集中於兼吉港周遭，非常便於向島觀光。

MAP 附錄③10D-3
0848-44-0515
¥乘船費100日圓，自行車加收10日圓，汽車(3m以上未滿4m)120日圓(含1人的乘船費)

搭渡船3分

1 電影《明天》拍攝佈景
●えいがあしたロケセット

電影的拍攝佈景移建過來

位在渡船碼頭附近，可說是向島的一大地標。將曾用於大林宣彥導演執導的《明天》拍攝佈景移建至此。

MAP 附錄③10D-4
0848-38-9184
(尾道市觀光課)
自由參觀
所 尾道市向島町兼吉
兼吉港渡船碼頭即到
P 無

古風木造建築極富韻味

步行5分

2 住田製パン所
●すみだせいパンしょ

創業已達100年的懷舊風麵包店

大正5（1916）年創業，古早味麵包既便宜又好吃而獲好評。尤其經典的紅豆麵包是以100年來不變的配方製作甜餡，有著凸顯紅豆甘甜的樸實滋味。

MAP 附錄③16E-1
0848-44-0628
6:00～19:00 休 無休
所 尾道市向島町24-1
兼吉港渡船碼頭步行5分
P 免費

每天推出多達20種的麵包

紅豆麵包大 1個120日圓
僅以紅豆、砂糖、鹽製作的紅豆泥很好吃

麻花麵包 120日圓
在扭轉的麵包上撒了大量上白糖

以第2代老闆為模特兒的看板很搶眼

騎自行車or租車自駕來 稍微走遠一些

若透過自行車或租車自駕來遊覽向島，就能前往山腰和南邊沿海聚集的特色商店。

位在山腰處的巧克力工廠
USHIO CHOCOLATL
●ウシオチョコラトル

僅用可可豆與砂糖製作的巧克力為主打商品。在採用大面玻璃而景觀遼闊的店內還能一嘗可可汽水等飲品。

巧克力 1片756日圓～
香氣濃郁的巧克力依可可豆的產地分成數種

MAP 附錄③16E-2
0848-36-6408
9:00～17:00
休 週二、三
所 尾道市向島町立花2200
向島IC 3km
P 免費

瀰漫可可香氣的店內

尾道市區～向島的渡船有3種！

如欲前往向島，首推至今仍是市民愛用代步工具的渡船，雖然航程僅有3～5分鐘仍富含風情！目前有3家渡船公司，各家都是每5～11分鐘密集發船。

尾道渡船 參考上述

福本渡船
碼頭位在尾道本通商店街的入口附近，往返向島的小歌島港。也可載車。
¥乘船費60日圓，自行車加收10日圓，汽車(未滿4m)90日圓(含1人的乘船費)

站前渡船
3家渡船中距離尾道站最近的碼頭，從車站步行3分即到。往返向島的富濱。不可載車。
¥乘船費100日圓
自行車加收10日圓

遊向島前後 來ONOMICHI U2順道逛逛

將沿岸的海運倉庫整修而成的複合設施。空間寬闊的館內以友善風格的飯店為中心，聚集了餐廳、雜貨鋪等7家店。

時尚風格的空間

尾道市區
ONOMICHI U2 ●オノミチユーツー
☎0848-21-0550(HOTEL CYCLE) MAP附錄③11A-3
L視設施而異 休無休 所尾道市西御所町5-11
交JR尾道站步行7分 P無

Gourmet

炭烤當地食材
The RESTAURANT
●ザレストラン
☎0848-21-0563
L7:00～9:30、11:30～14:30、15:00～16:00、17:30～21:00

烘焙坊與食品選貨店
Butti Bakery
●ブッチベーカリー
☎0848-21-0564
L8:00～19:00

可以騎自行車來點餐的咖啡廳
Yard Café
●ヤードカフェ
☎0848-21-0550
(HOTEL CYCLE)
L8:00～19:00 休無休

眼前就是海景的酒吧
KOG BAR
●コグバー
☎0848-21-0563
(The RESTAURANT)
L17:30～22:30

shop&hotel

精選瀨戶內製造的雜貨
SHIMA SHOP
●シマショップ
☎0848-21-0533
L11:00～20:00（週六日、假日為10:00～）

想租借自行車就來這裡
GIANT STORE 尾道
●ジャイアントストアおのみち
☎0848-21-0068
L9:00～19:00
休無休

可連同自行車一同入住
HOTEL CYCLE
●ホテルサイクル
☎0848-21-0550
LIN15:00、OUT11:00
¥標準雙床房18200日圓～（2人1房）

屋齡90年的獨棟住宅 改裝成的蛋糕店

咖啡（搭配蛋糕套餐價）378日圓
水果聖代 486日圓
愛心巧克力 453日圓

步行10分

4 まるひ商店
●まるひしょうてん

將老民宅重新活用的空間，販售使用當季水果的蛋糕、烘焙點心，也可以在老闆出自興趣蒐藏的古董雜貨所佈置的店內享用。

MAP附錄③16E-1
☎0848-31-2218
L10:00～18:00（咖啡廳～17:30） 休週三、四（逢假日則營業） 所尾道市向東町2121 交馬場の鼻巴士站即到 P免費

陳列約10種蛋糕

步行5分

3 後藤鉱泉所
●ごとうこうせんしょ

喝向島出產的彈珠汽水解解渴

昭和5（1930）年創業，復古門面很吸睛的飲用水製造所。以古早製法製作的瓶裝果汁不能帶走，是只有來這才喝得到的珍稀風味。

MAP附錄③16E-1
☎0848-44-1768 L8:30～17:30（視時期而異） 休不定休
所尾道市向島町755-2 交兼吉港渡船碼頭步行10分 P無

瓶裝果汁各150日圓，隨時備有6款

步行10分

5 立花テキスタイル研究所
●たちばなテキスタイルけんきゅうじょ

從栽種棉花到販售 一網打盡的帆布工房

從栽種棉花到紡線、染色、縫製等所有工程都親力親為，因此所有帆布雜貨都是獨一無二。此外，染料還使用草木或廢木材等友善環境的原料。

☎0848-45-2319 MAP附錄③16E-1
L10:00～17:30 休週日、一 所尾道市向東町1247 交堤巴士站即到 P無

工房一角陳列著帆布商品

畝織包S 13500日圓 將柿澀液做為染料，做成牢固的包包
畝織杯墊 各1080日圓 利用帆布工廠剩餘的殘線手工編織的杯墊

步行15分+渡船3分

終點
尾道市區
再回到兼吉港搭尾道渡船返回尾道市區

濱海的小小麵包店
Sorire
●スリール

散發出溫暖的店內擺滿了吐司和鹹麵包、甜麵包等，2樓設有可欣賞海岸的內用空間。

維也納香腸法式長棍麵包 173日圓
焦糖堅果塔 302日圓

MAP附錄③16E-2
☎0848-38-2795
L10:00～17:00(售完打烊) 休週一、二（有不定休）
所尾道市向島町立花2982-6 交余崎巴士站步行3分 P免費

高橋老闆娘的溫柔個性也顯現在麵包上

午餐大口品嘗島嶼美饌
立花食堂
●たちばなしょくどう

佇立在向島南海岸的食堂兼咖啡廳。綠意盎然的空間內，供應以瀨戶內產食材為主的定食和蓋飯、甜點。廣闊庭園一隅還設有足湯。

立花食堂的定食 1300日圓

MAP附錄③16E-2
☎0848-36-5662
L11:00～14:00 休週二、第2、4週三 所尾道市向島町立花287-1
交江の浦巴士站步行7分 P免費

將療養設施加以翻新

附設雜貨屋
life:style ●ライフスタイル
精選器皿、服飾等能為日常生活增添色彩的商品。
☎0848-36-5661 MAP附錄③16E-2
L10:00～17:00 休週二、第2、4週三

串連島嶼的海上道路

島波海道
しまなみかいどう

藉由9座橋連接6座島嶼

將廣島縣尾道市與愛媛縣今治市以9座橋串連成全長約60km的海上道路，島嶼和海洋交織出的絕景美得令人嘆息。從觀景台或沿海可眺望群島景觀。

以自行車愛好者的聖地聞名

不光是島上，橋上也設有規劃完善的自行車道，是吸引全球自行車愛好者造訪的熱門路線。設置充足的自行車租借設施，新手也能放心。

區域的關鍵字 1 橋&群島美

海浪平穩的瀨戶內海有大小島嶼，其美景被譽為「多島美」。可以周遊9座橋來感受跳島樂趣。

→P.100

區域的關鍵字 2 自行車旅遊

日本首座能騎自行車橫跨海峽的橋上鋪設了完善的自行車道，而沿途皆為平坦馬路的生口島是最適合新手的路線。

→P.100

區域的關鍵字 3 島嶼美食

有瀨戶內海孕育的海鮮美食，也有能欣賞多島美的絕景咖啡廳。在島波海道特有的美食景點享受午餐&休憩。

→P.102

規劃行程的提示和訣竅

1 周遊島波的據點在哪？

若欲前往島波海道，建議以尾道市或今治市做為據點。搭電車或開車前往不但方便，住宿設施和營業到較晚的餐飲店也比島上還要有更多選擇。

2 遊覽島波需要幾天？

如果嚴選景點、加快腳步觀光的話1天也夠。若想慢慢參觀就規劃2天1夜的行程。將各具特色的島嶼串起來的島波海道，遠道而來務必盡享島嶼之旅。

觀光小幫手

旅遊網站SHIMAP

網羅島波海道沿線地區的觀光和美食、伴手禮、住宿、自行車旅遊、活動資訊的網站。交通資訊也很詳盡，連結島嶼的水路地圖也易懂好用。

HP http://www.go-shimanami.jp/global_zh_tw

前往島波海道的方式

JR尾道站

- 巴士：島波Cycle Express 約46分 1350日圓~ → 大三島·伯方島·大島
- 巴士：尾道巴士 本四巴士開發 約40分 670日圓 → 因島 → 島波Liner 約14分820日圓~ → 大三島·伯方島·大島
- 巴士：尾道巴士 約1小時5分 1030日圓 → 生口島

JR尾道站

- 渡輪：尾道渡船 福本渡船 站前渡船 約3~5分 60~100日圓 → 向島
- 客船：瀨戶內遊輪 約20分 550日圓~ → 因島·生口島
- 開車：國道2號 約6km 約10分 → 西瀨戶尾道IC → 瀨戶內島波海道 → 往各島嶼

若想再逛1個區域

- 開車約15分　飽覽海景的坂道城市　尾道　見P.86
- 開車約40分　勾起鄉愁的待潮港　鞆之浦　見P.114

洽詢處

尾道觀光協會………☎0848-36-5495
今治地方觀光協會…☎0898-22-0909
瀨戶內島波海道振興協議會
HP www.go-shimanami.jp/global/zh_tw

雖以開車移動為上策，搭高速巴士或渡輪也可前往

由於景點四散，開車最為方便。若欲搭乘高速巴士前往，有來往於尾道與今治且能搭載自行車的「島波Cycle Express」。尾道也有開往向島、因島、生口島的渡船＆渡輪，島嶼之間也有渡輪往來。

需留意半套型交流道！

尾道大橋出入口、因島、生口島、大島的各IC、今治北IC的行進方向有所縮減。

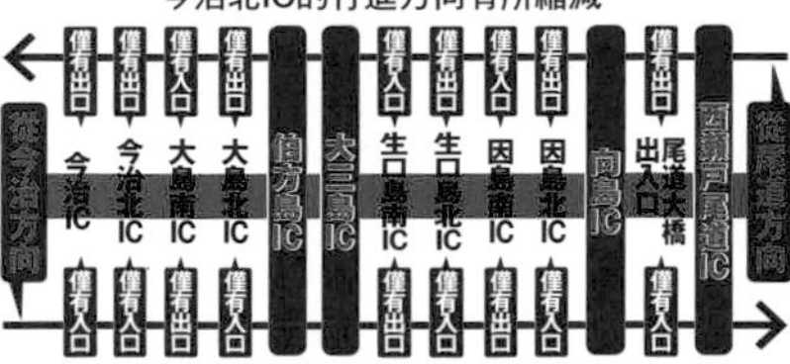

西瀨戶尾道IC至因島北IC約13km

村上海盜史蹟散佈的八朔橘發源地

因島 ●いんのしま

島嶼留存著戰國時代握有強大勢力的村上海盜史蹟，亦因八朔橘的發祥地而著稱，以八朔橘製作的甜點很暢銷。

大阿武船十二分之一尺寸的模型

景點 因島水軍城

●いんのしますいぐんじょう

約35年前興建的城堡型資料館，展示村上海盜的武器與古文書。

☎0845-24-0936 MAP附錄③16E-2
9:30～16:30
休週四(逢假日則開館) ¥入館費310日圓
所尾道市因島中庄町3228-2
交因島北IC 2km P免費

西瀨戶尾道IC至向島IC約7km

尾道對岸的島上有許多迷人店家

向島 ●むかいしま

➜P.96

位在尾道對面的島嶼，橫渡寬約300m尾道水道的渡船激發遊興。咖啡廳和麵包店等時髦店家散布島上。

購物 向島洋蘭中心

●むかいしまようらんセンター

全年販售繽紛的洋蘭，還附設道地手工咖哩頗受好評的露天咖啡廳。

☎0848-44-8808
9:00～17:00 休週二（逢假日則翌日休） ¥免費入場
所尾道市向島町3090-1
交向島IC 2km P免費
MAP附錄③16E-2

販售種類多樣的洋蘭

西瀨戶尾道IC至生口島北IC約18km

景點集中的檸檬之島

生口島 ●いくちじま

➜P.100

美術館和博物館等值得一看的景點雲集。以國產檸檬的起源地聞名，有許多檸檬伴手禮。

景點 平山郁夫美術館

●ひらやまいくおびじゅつかん

介紹出身生口島的日本畫畫家平山郁夫之作，還展出年幼期的作品和大草圖。

☎0845-27-3800
9:00～16:30 休無休
¥入館費900日圓
所尾道市瀬戸田町沢200-2
交生口島北IC 7km P免費
MAP附錄③16D-2

〈天上白橋 瀨戶內島波海道〉

重點看過來!! 區域一目瞭然MAP

西瀨戶尾道IC至伯方島IC約36km

自古製鹽業盛行之島

伯方島 ●はかたじま

受惠於自然環境而盛行製鹽的島嶼。富含均衡礦物質的「伯方鹽」遠近馳名，更有鹽味伴手禮及甜點。

景點 開山公園

●ひらきやまこうえん

設於海拔149m之處，能將島波海道盡收眼底，也以賞櫻名勝聞名。

☎0897-72-1500
(今治市伯方支所住民服務課)
自由入園 所愛媛県今治市伯方町伊方開山 交伯方島IC 4km P免費
MAP附錄③16D-3

春天會有約1000株櫻花盛開

西瀨戶尾道IC至大三島IC約30km

島波最大島上有諸多藝術品

大三島 ●おおみしま

➜P.101

美術館散布各處的島波最大島，也因自古以來備受尊崇的大山祇神社位於島上，又稱為「神之島」。

館內的牆面以和紙覆蓋

景點 今治市大三島美術館

●いまばりしおおみしまびじゅつかん

現代日本畫的美術館，除了加山又造、田渕俊夫等人的作品，還展示新銳藝術家的傾力之作。

☎0897-82-1234 MAP附錄③17C-3
9:00～17:00 休週一（逢假日則翌日休）
¥入館費500日圓 所愛媛県今治市大三島町宮浦9099-1 交大三島IC 7km P免費

西瀨戶尾道IC至大島北IC約40km

曾是能島村上海盜根據地的島嶼

大島 ●おおしま

離四國最近的島嶼，島波海道第一長的來島海峽大橋架設於此。能島村上海盜的相關景點是最大看點。

晴朗時還能遠眺到石鎚山

景點 龜老山展望公園

●きろうさんてんぼうこうえん

高踞在海拔307.8m的龜老山山頂，島波海道首屈一指的景觀公園。

☎0897-84-2111 MAP附錄③16D-4
(今治市吉海支所)
自由入園 所愛媛県今治市吉海町南浦487-4
交大島南IC 4km P免費

這條橋可以騎自行車渡過！
這就是大三島
從這裡搭高速船前往生口島

巡遊 生口島 & 大三島
島波絕景自行車旅遊

島波海道中景點特別多的生口島與大三島，
可以在遊覽絕景景點的同時享受騎車樂趣！

優惠套票！
島波跳島通票 2500日圓
推出尾道港～瀨戶田港的高速船往返船票、瀨戶田町觀光服務處自行車租借券的套票，最晚須在4天前預約。
✆0848-36-5495
(尾道觀光協會)

從尾道搭高速船瞬間直衝生口島！

欲從尾道市區前往生口島，就搭高速船過去吧。尾道港1天開出7～8班，所需約40分。

尾道港 ●おのみちこう
✆0848-36-6113(瀨戶內遊輪)
¥乘船費1050日圓(自行車加收300日圓)
MAP附錄③11B-3

搭高速船40分

瀨戶田港

騎自行車1km

❶耕三寺博物館(耕三寺)

●こうさんじはくぶつかんこうさんじ

耕三寺耕三建來做為母親的菩提寺，屬淨土真宗本願寺派的寺院。堂塔中有15棟為登錄有形文化財。大理石庭園「未來心之丘」是洋溢異國情調而倍受矚目的攝影景點。

MAP附錄③16D-2
✆0845-27-0800
🅛9:00～16:30 休無休 ¥入館費1400日圓 所尾道市瀨戶田町瀨戶田553-2 交生口島北IC 8km P免費

境內有錯過可惜的建築物與庭園！

絕景info
面積約5000㎡的大理石庭園「未來心之丘」，呈現一片彷彿置身希臘神殿的景致

自行車旅遊info

❶租借地點

可以在設置於島波海道沿路上的13處自行車出租站租車，所有出租站皆能異地還車（部分自行車除外）。

●尾道港（站前港灣停車場）出租站……MAP附錄③11A-3
●瀨戶田町觀光服務處……MAP附錄③16D-2

❷租借自行車的種類、費用

從越野自行車等正統派到電動輔助自行車等可輕鬆騎車的車款應有盡有。各個出租站所具備的車種、數量也不大相同。

自行車租借費用

租借費 1日1000日圓 ＋ 保證金 1輛1000日圓
（電動輔助自行車為6小時內1500日圓）
（協力車1天1200日圓）

※若將自行車歸還至自行車出租站，或者與出租站同座島上的停放站，便可取回保證金。

❸奔馳於島上&橋上！

自行車專用道

從JR尾道站到JR今治站的車道左側有自行車建議路線的指標「藍線」。

島波自行車綠洲

島波海道沿路上布點超過100處的休息室，具備打氣機、自行車架、廁所。

認明這塊看板

③瀨戶田日落海灘
せとだサンセットビーチ

獲選為「日本海水浴場88選」的這座海灘為淺灘，海水平穩，周圍有被稱為「全島美術館」的戶外藝術品散布在沙灘上。

MAP 附錄③16D-2
0845-27-1100
自由參觀
所尾道市瀨戶田町垂水1506-15 交生口島北IC 10km
P免費

植松奎二〈風平浪靜時紅色形狀／傾〉

真板雅文的作品〈飛上天〉，鮮黃色的作品與風景互相輝映

戶外藝術散布在美麗的白色沙灘上

騎自行車3.7km

絕景info
島上有17件創作的「全島美術館」作品之一，能近距離欣賞現代藝術

騎自行車即到

吃招牌檸檬鍋填飽肚子

有鯛魚、章魚丸、白菜等配料的檸檬鍋（1人份）972日圓

②ちどり

創業超過50年的鄉土料理店。招牌是添加檸檬汁的醬油底特製高湯來燉煮的檸檬鍋，也推薦瀨戶內海捕撈的章魚製成的料理。

MAP 附錄③16D-2
0845-27-0231
L11:00～16:00、18:00～22:00 休週二、不定休 所尾道市瀨戶田町瀨戶田530-2 交生口島北IC 8km P無

位在耕三寺博物館的對面

騎自行車約2.5km

④多多羅大橋
たたらおおはし

橋長1480m，宛如天鵝展翅般的美麗設計。在塔的正下方（自行車人行道）可體驗稱為「鳴龍」的神奇現象，只要敲打擊木便會產生回音直竄天際。

MAP 附錄③16D-3
0848-44-3700（本州四國連絡高速道路島波尾道管理中心）
¥自行車通行費100日圓（2019年3月31日前免費）

迎著海風恣意飛馳 自行車旅遊的重點路段

絕景info
騎自行車過橋時所看見的瀨戶內海多島美震懾人心

騎自行車即到

⑤公路休息站 多々羅しまなみ公園
みちのえきたたらしまなみこうえん

位於多多羅大橋橋墩處的公路休息站，能坐在濱海的長椅眺望雄偉的橋樑。內有餐廳、特產品專區、販賣在地柑橘與蔬菜的攤販市集、美食街等。

MAP 附錄③16D-3
0897-87-3866 L9:00～17:00（餐廳為10:00～15:00） 休無休
所愛媛県今治市上浦町井口9180-2
交大三島IC即到 P免費

以多多羅大橋為背景來拍照留念吧

眺望多多羅大橋順道休息

也有許多瀨戶內伴手禮

步行3分

大三島BS

回程時……
大三島巴士總站是高速巴士「島波Liner」的停靠站，有多班開往廣島市內、福山方向的巴士。

還有時間就順道來這裡逛逛！

大山祇神社 おおやまづみじんじゃ

祭祀天照大神的兄長大山積神，寶物館內收藏兼展示列為國寶及重要文化財的武器。

0897-82-0032 MAP 附錄③16D-3
L境內自由參觀，寶物館8:30～16:30 休無休
¥寶物館入館費1000日圓 所愛媛県今治市大三島町宮浦3327 交大山祇神社前巴士站即到 P無

境內有樹齡約2600年的大樟樹坐鎮

這裡也有優美景觀

不妨來大三島鑑賞藝術？

大三島是島波海道數一數二的藝術之島，來欣賞幾乎與島嶼相融的藝術品吧。

刺激五感的藝術風現代建築

今治市伊東豊雄建築博物館
いまばりしいとうとよおけんちくミュージアム

聞名全球的建築師伊東豊雄的建築博物館，由主要展覽棟、將舊有自宅改造的建築這2棟所構成。

建築本身便是藝術品

0897-74-7220 MAP 附錄③17C-3
L9:00～17:00 休週一（逢假日則翌日休）
¥參觀費800日圓 所愛媛県今治市大三島町浦戶2418 交大三島IC 15km P免費

展示44件散發出溫暖的雕刻

今治市岩田健母子博物館
いまばりしいわたけんははとこのミュージアム

以「母子」為主題的雕刻家岩田健的美術館，圓筒形的展場展示出44件作品。

展覽空間為半室外

0897-83-0383 MAP 附錄③17C-3
L9:00～17:00 休週一（逢假日則翌日休）
¥入館費300日圓 所愛媛県今治市大三島町宗方5208-2 交大三島IC 14km P免費

與海對望的現代藝術美術

TOKORO美術館大三島
ところミュージアムおおみしま

興建於橘子園斜坡上的美術館。蒐集日本內外約30件現代藝術品，展示於寬闊空間。

將藝術品以階梯狀展出

0897-83-0380 MAP 附錄③17C-3
L9:00～16:30 休週一（逢假日則翌日休）
¥入館費300日圓 所愛媛県今治市大三島町浦戶2362-3 交大三島IC 15km P免費

島嶼午餐就吃高CP值的新鮮海產

以瀨戶內海海產為主角的

海鮮美食&景觀咖啡廳

優美海景就在眼前的

主打瀨戶內海鮮美食的餐廳、多島美景觀一望無際的景觀咖啡廳等，在此精選出午餐＆歇腳時想來坐坐的高人氣店家。

大三島

お食事処 大漁

●おしょくじどころたいりょう

位處大山祇神社（P.101）的正對面，常擠滿參拜人潮與自行車騎士的人氣店家。曾經營魚店的老闆親選的海產新鮮又好吃，獲當地好評。有蓋飯與生魚片、握壽司等多種菜色，且幾乎都只要500日圓左右！出名的海鮮丼即使要排隊也值得一嘗。

MAP 附錄③16D-3
0897-82-1725
L 11:30～15:00 休 週日
所 愛媛県今治市大三島町宮浦5507-1
交 大山祇神社前巴士站即到 P 無

白飯以外皆採自助式

假日總會排上長長人龍

全部のせ丼 1480日圓

鮪魚、海膽、鮭魚卵等10種海產鋪滿在醋飯上

CHECK

看人龍就知道有多夯!

因位在大山祇神社前的絕佳地點，每逢假日常開店後隨即客滿。可先預約（不可電話預約），務必先在預約表上登記。

在能觀海景的食堂好好放鬆一下

盤裝蛋糕 500日圓、咖啡 500日圓

能品嘗以種植於大島的柑橘等食材製作的甜點

大島

食堂みつばち

●しょくどうみつばち

將高地別墅改建而成的復古風可愛食堂。窗邊座為特等座，窗外便是石鎚連峰與瀨戶內海的一片美景。以島上柑橘製作的甜點、向漁夫採買海鮮所烹製的午餐受到好評。

MAP 附錄③16D-4
0897-84-3571
L 11:00～16:00
休 週二、三 所 愛媛県今治市吉海町仁江1876-1 交 大島北IC 6km P 免費

可愛的藍色外觀很顯眼

推薦坐在可欣賞海景的窗邊座

大島

open cafe 遠見茶屋

●オープンカフェとおみちゃや

佇立於海拔約200m的高地，僅在春到秋季的週六日、假日營業的絕景咖啡廳。從不裝窗戶的視野開闊店內可將能島、伯方島等瀨戶內群島一覽無遺。

MAP 附錄③16D-3
0897-86-2883（僅營業日）
L 僅4～11月的週六日、假日營業，10:00～15:30（咖哩為11:30～） 休 營業期間的週一～五 所 愛媛県今治市宮窪町宮窪6363-1 交 大島北IC 4km P 免費

位在KAREI山瞭望台旁的開放式咖啡廳

KAREI山的咖哩飯（附沙拉）800日圓
自製蜂蜜檸檬300日圓

辛香料風味濃郁的歐風咖哩，由於1天限量25份，建議預約

建於鄰近KAREI山瞭望台的地方

沒有窗戶，僅設置安全用鏈索的開放空間

遊島時發現的

柑橘伴手禮

伴手禮就買瀨戶內溫暖氣候孕育出的水嫩多汁柑橘製作的甜點。

因島

因島はっさく屋

●いんのしまはっさくや

因島大橋紀念公園內的糕餅店，以石臼磨製的橘子麻糬包裹住白豆沙及因島名產八朔橘的大福擁有不少粉絲。

八朔大福 160日圓（10月上旬～8月中旬）

MAP 附錄③16E-2
☎0845-24-0715 🕒8:00～17:00（售完打烊）
休 週一、二（逢假日則翌日休） 所 尾道市因島大浜町246-1 因島大橋紀念公園內 交 因島北IC 5km P 免費

生口島

島ごころ

●しまごころ

製作並販售堅持使用瀨戶田檸檬製的西點和果醬，看準檸檬時令製作的檸檬蛋糕堪稱絕品。

瀨戶田檸檬蛋糕 島ごころ（1個）250日圓

MAP 附錄③16D-2
☎0845-27-0353
🕒10:00～17:00 休 無休 所 尾道市瀬戸田町沢209-32 交 生口島北IC 7km P 免費

生口島

しまなみドルチェ本店

●しまなみドルチェほんてん

採用在地水果製造的天然義式冰淇淋店。使用大量凸頂柑果汁製作的「瀨戶田凸頂柑」有著酸甜恰到好處的絕佳風味。

義式冰淇淋 雙球 430日圓

MAP 附錄③16D-2
☎0845-26-4046
🕒10:00～日落 休 無休
所 尾道市瀬戸田町林20-8
交 生口島北IC 4km P 免費

生口島

富士本舗

●ふじほんぽ

伴手禮店位在從瀨戶田港延伸出去的しおまち商店街上，提供充分發揮瀨戶內食材和創意的獨創商品。

檸檬煎餅 650日圓

MAP 附錄③16D-2
☎0845-27-0808
🕒9:30～16:00 休 不定休 所 尾道市瀬戸田町瀬戸田502-1 交 生口島北IC 8km P 免費

大三島

Limone ●リモーネ

以無農藥自家栽種的柑橘釀造，口感微苦俐落的檸檬利口酒十分暢銷，還有販售原創甜點及雜貨。

MAP 附錄③16D-3
☎0897-87-2131（僅供洽詢）
🕒11:00～17:00 休 週二、三（12～3月有臨時店休） 所 愛媛県今治市上浦町瀬戸2342 交 大三島IC 4km
P 免費

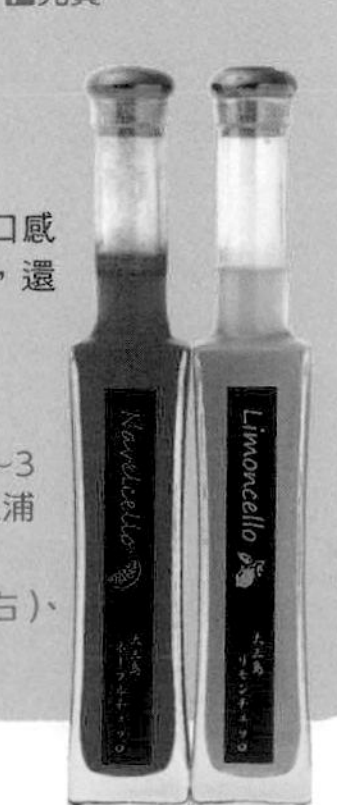

大三島義大利檸檬甜酒（右）、臍橙甜酒（左）各（200mℓ）2100日圓

大三島

公路休息站 多々羅 しまなみ公園 レストラン

●みちのえきたたらしまなみこうえんレストラン

位於多多羅大橋橋墩處的公路休息站。在能飽覽瀨戶內海的餐廳可一嘗夢幻高級魚「石斑魚」製作的蓋飯和握壽司、薄切生魚片等各式各樣的菜色。

到自行車騎士聚集的餐廳大啖夢幻的高級魚

石斑魚丼1950日圓
將石斑魚做成蓋飯與湯品的定食，石斑魚生魚片以彈牙口感為特色

位在公路休息站 多々羅しまなみ公園（P.101）內

MAP 附錄③16D-3
☎0897-87-3866
🕒10:00～15:00
休 無休 所 愛媛県今治市上浦町井口9180-2 交 大三島IC即到 P 免費

秘傳味噌彰顯出食材風味

濱子鍋 1300日圓（照片為1人份）
生口島的鄉土料理，因過去在鹽田工作的「濱子」們非常愛吃而以此做為名稱

生口島

瀬戸の味 万作

●せとのあじまんさく

主推捕撈自瀨戶田港的鮮度絕佳海產，不但有生口島著名的章魚料理，還有將鯛魚、章魚、蝦、蔬菜等做成味噌燒的濱子鍋為招牌菜。

MAP 附錄③16D-2
☎0845-27-3028
🕒11:00～15:00（晚間限預約客人） 休 週四 所 尾道市瀬戸田町瀬戸田530-1 交 生口島IC 7km P 無

沉穩大器的外觀

伯方島

Pâtisserie T's café 玉屋

●パティスリーティーズカフェたまや

坐擁海景的法式糕點咖啡廳，供應以Limone義大利檸檬甜酒做的甜點、閃電泡芙等經典款蛋糕，以及使用大量當季水果的甜點等豐富品項。

MAP 附錄③16D-3
☎0897-72-0343
🕒10:00～17:30
休 週日 所 愛媛県今治市伯方町有津2328 交 伯方島IC 3km P 免費

甜點也可以外帶

窗外是一望無際的平穩瀨戶內海

搭配絕景享用添加義大利檸檬甜酒的甜點

草莓蛋糕卷 400日圓、飲品 500日圓～
濃醇的鮮奶油與綿軟蛋糕非常好吃，全年供應的熱門餐點

有海軍歷史的港都 呉（くれ）

曾被譽為日本第一海軍工廠城市的港都

呉市是廣島縣第3大城，過去曾建造戰艦「大和」，是以日本第一海軍工廠之城而繁榮一時的濱海城市。至今仍保有當年的濃濃風情，留下許多相關景點，也以電影《謝謝你，在世界的角落找到我》的故事背景而著稱。

舊海軍&海上自衛隊景點為觀光亮點

大和博物館、鐵鯨館、呉艦船巡遊這3個是呉市最具代表性的景點。觀光前後的午餐不妨品嘗呉海自咖哩，來趟徹頭徹尾的舊海軍&海上自衛隊之旅。景點多集中於附近，方便觀光。

MAP 附錄③12

區域的關鍵字 1 舊海軍&海上自衛隊景點

大和博物館、鐵鯨館是呉市的代表性景點，能參觀真正潛水艇的烏鴉小島小徑也不容錯過。

P.106

區域的關鍵字 2 呉海自咖哩

以艦艇傳承下來的配方烹製的咖哩人氣之高，在呉市內的餐飲店就能吃到。也務必試試據說是以前海軍士官所吃的舊海軍美食。

P.110

區域的關鍵字 3 呉美食&伴手禮

呉有形形色色的古早味B級美食和備受當地喜愛的甜點！也別漏了港都才買得到的伴手禮！

P.112

前往呉的方式

➡P.132

從廣島市區透過鐵路或巴士都能輕鬆前往，即使當天來回也能充分觀光。

廣島站

- 開車：縣道164號（大州通）等 約6km 約15分 → 仁保出入口 → 廣島高速2號線、廣島呉道路（クレアライン） 約16km 約18分 → 呉IC → 今西通 約1km 約3分 → 呉站
- 電車：JR呉線 快速 安藝路Liner 約33～45分 500日圓 → 呉站
- 電車：廣電（路面電車） 約17分 180日圓（紙屋町西電車站下車） → 廣島巴士中心 → 巴士：高速巴士 クレアライン 約44分 720日圓 → 呉站

廣島港

- 渡輪：瀨戶內海汽船／超級噴射船 約23分 2100日圓 → 呉中央棧橋

若想再逛1個區域

- 電車 約45分｜做為旅遊據點的中心區 廣島市區 見P.50
- 開車 約1小時｜前往江戶時代風貌留存的群島 安藝灘飛島海道 見P.122
- 電車 約1小時｜保有江戶風情的安藝小京都 竹原 見P.120

洽詢處

呉市產業部觀光振興課…☎0823-25-3309

從船上欣賞吳市的街景與艦艇 搭乘吳灣散步巡航

從吳灣出發約45分的迷你船遊，能在港灣內一睹自衛艦及停泊的潛水艇。8:35發船～18:10發船之間1天開出9班。
✆0823-21-5111（吳海灣）
乘船費500日圓

重點看過來!! 區域一目瞭然MAP

煉瓦通
拱廊商店街。這一帶有許多店家，是熱鬧的吳市中心區

吳市入船山公園周邊
吳市入船山紀念館及吳市立美術館佇立於此。

設於園內的舊吳海軍工廠鐘塔

見證歷史之丘
能俯瞰沿海的工廠聚落，還設有戰艦「大和」的紀念碑 ➡P.107

瞭解曾為造船城市與舊海軍淵源地的相關歷史

大和博物館周邊
●やまとミュージアム ➡P.106

吳站到吳港這一帶的地區是吳的主要觀光區，有大和博物館及鐵鯨館，能認識吳市過去身為東洋首屈一指軍港而繁盛的歷史與海上自衛隊的相關資訊。

展示戰艦「大和」十分之一模型的大和博物館

日本唯一能參觀潛水艇的景點

烏鴉小島小徑周邊
●アレイからすこじま ➡P.109

有現今仍活躍中的潛水艇與護衛艦停靠，海上自衛隊吳基地附近的公園。每週日會開放參觀艦艇。

規劃行程的提示和訣竅

1 吳的觀光據點是吳站
首先從吳站步行5分前往大和博物館，接著再走訪隔壁的鐵鯨館較為順暢。坐擁紀念館和美術館的入船山公園也在步行範圍內。廣島站到吳站搭JR吳線約45分，交通非常方便。

2 導覽團需事先預約
每週日在吳基地係船掘舉辦的艦艇對外開放活動，最晚需在參觀日的10天前以傳真報名。不過即使是當天也可能因天候不佳、艦艇因訓練而出海等因素取消，務必詳加確認官方網站或正門的看板。

觀光小幫手

吳觀光志工會

除了由導覽志工帶領的吳市內觀光勝地導覽外，還推出搭乘觀光巴士一路導覽的團。參加導覽每人需付費助會費2000日圓。

HP https://www.city.kure.lg.jp/soshiki/67/vol.html

瀨戶內Marine View

行駛於JR吳線廣島站～三原站的觀光列車，可從圍窗欣賞瀨戶內海。分成自由座與對號座的2節車廂，以週六日、假日為中心營運。

✆0570-00-2486（JR西日本客服中心）

宮島・吳 Blue Line

以45分鐘船程串起宮島棧橋與吳中央棧橋的高速船，沿途還能欣賞現役艦艇和多島美。4～11月的週六日、假日開船，每日有2次往返，單程2000日圓。

✆082-253-1212（瀨戶內海汽船）

3 吳味十足的3大景點

曾以日本第一海軍工廠之城繁榮發展的吳市，至今仍保有許多能一窺其片段風采的名勝。為您介紹當中最具代表性的3大景點！

第1大

被譽為史上最強的戰艦「大和」是在吳打造而成!!

吳市身為戰艦「大和」的建造地，擁有顯現出大和動盪歷史與驚人魄力的博物館設施。快來見證這充滿情懷的世界吧！

貼近戰艦「大和」的細部！

1 大和廣場 1樓

挑高至3樓的樓層中央有一艘十分之一大小的戰艦「大和」！以全長26.3m、寬3.9m的尺寸細膩重現，船頭和船尾、螺旋槳等平常看不到的部分也能從各種角度來近距離欣賞。此外，從3樓的走廊便能將整座模型一覽無遺。

扮演司令塔角色的地點，測距儀和大砲等也很值得一看

當時堪稱世界最大規模的45倍口徑46cm的主砲

為了忠實呈現戰艦「大和」的木頭甲板，由專業的師傅一片片手工鋪設而成

連細節也忠實重現！

這點不得了！ 戰艦「大和」

昭和16（1941）年，網羅當時最尖端的技術在吳海軍工廠暗中建造而成的世界最大戰艦。昭和20（1945）年遭美軍攻擊而沉沒，如今仍躺在鹿兒島縣的外海。

重點看過來！ 十分之一的戰艦「大和」

背地裡打造的戰艦「大和」所留下來的資料極少，模型是根據設計圖和潛水調查的影像、船員的證詞來加以重現。

第1大

やまとミュージアム

大和博物館

透過零式艦上戰鬥機、人魚雷等實物展示與大銀幕劇場等，展現出吳的歷史與造船技術的博物館。將在吳建造的戰艦「大和」以十分之一尺寸重現的展品是本館象徵，湊近一看便會被其魄力所震懾。若想更進一步了解，推薦參加一天兩次分別在10時及14時舉辦的志工解說團（免費）。

MAP 附錄③12E-2
0823-25-3017
9:00～17:30 休週二（逢假日則翌日休）
¥入館費500日圓（特展另外收費）
所吳市宝町5-20 交JR吳站步行5分
P1小時100日圓

Topics
2016年5月曾對沉入海底的戰艦「大和」進行調查，後以資料及影像為依據，發布最新的分析影像。

地上4層樓的建築物

大和ミュージアム

室外的展示也很精彩!!

戰艦「陸奧」的螺旋槳、主舵
二戰後首艘正規的潛水調查船「深海」
戰艦「陸奧」的主砲身

參觀前後 更進一步感受大和的世界！

吳

景點 大和藝廊 零
●ヤマトギャラリーぜろ

走進松本零士的世界
除了展示在漫畫家松本零士代表作《宇宙戰艦大和號》中登場的大和號模型外，還有被視為創作原點的珍貴收藏。

MAP 附錄③13C-1
0823-36-3902（街かど市民ギャラリー90）
10:00～17:30 休週二 ¥免費入館
所吳市中通3-3-17 JR吳站步行10分 P無

1/120大小的宇宙戰艦大和號

景點 見證歷史之丘
●れきしのみえるおか

貼近戰艦「大和」的建造船塢遺跡
可將最能象徵吳市的造船相關工廠聚落盡收眼底的景點。舊吳鎮守府廳舍、留下當時骨架的戰艦「大和」建造船塢遺跡不可不看。

MAP 附錄③12F-3
0823-23-7845（吳觀光資訊廣場）
自由參觀 所吳市宮原5
子規句碑前巴士站即到 P無

還可看見造船廠的起重機

景點 舊海軍墓地（長迫公園）
●きゅうかいぐんぼちながさここうえん

悼念海軍軍人並祈求永遠和平
位於能飽覽吳市街景的高處，設有「戰艦大河戰歿者之碑」等91座合祀碑，也是電影《男人們的大和號》的拍攝地。

還有二戰前建造的英國海軍等墓地

MAP 附錄③12F-1
0823-25-1362（吳海軍墓地彰顯保存會）
自由參觀 所吳市上長迫町
長迫町巴士站即到 P免費

咖啡廳 SEASIDE CAFE BEACON
●シーサイドカフェビーコン

緊鄰大和博物館的咖啡廳
店內採用落地窗，可在欣賞吳港和鐵鯨館的同時，盡享以當地食材製作的菜餚。午餐時段還有海軍咖哩。

從北邊的座位能望見鐵鯨館

MAP 附錄③12E-2
0823-23-6000
11:00～20:00(18:00後採預約制) 休不定休，準同大和博物館的公休日 所吳市宝町5-20 JR吳站步行5分 P與大和博物館共用

吳味十足的3大景點 大和博物館

介紹從軍港城市走向造船城市的歷史

2 吳的歷史 1樓
介紹曾以東洋第一軍港而興盛的背景、成為造船城市直至今日的吳市歷史，更展出戰艦「大和」的資料、船員的遺物、現身說法影像等。

戰艦金剛的亞羅式鍋爐實物

能觀賞最新的潛水調查分析影片

搭載於戰艦「大和」，為了比較其大小而置有人偶。

展示稀少的零式艦上戰鬥機實物

3 大型資料展覽室 1樓
展出以「零戰」著稱的戰鬥機和人魚雷、多種大小的砲彈等實物資料。展品旁附有解說文，即使外行人也能清楚了解。

重點看過來！
零戰
舊日本海軍主力艦上戰鬥機的暱稱。當時其續航力與最高速度、運動性能皆大幅凌駕於他國的戰鬥機，展現出日本的高超技術。

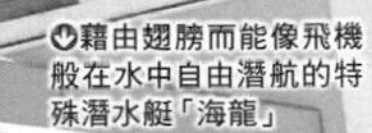
藉由翅膀而能像飛機般在水中自由潛航的特殊潛水艇「海龍」

用於戰艦「大和」的一款式及同尺寸的砲彈

被稱為零戰的零式艦上戰鬥機六二型與各種砲彈

透過遊戲來體驗科學奧秘

4 造船技術 3樓
設有大人小孩都能玩的船操作模擬器、能了解海浪性質的實驗水槽等，透過體驗來學習船的構造與原理。每週日還會舉辦科學秀。

全家大小可透過遊戲來學習

大銀幕欣賞氣勢磅礡的影像

5 開創未來 3樓
介紹地球及宇宙相關科學技術的未來，大和劇場則播放於2016年進行的戰艦「大和」潛水調查的解說影片。

潛水調查解說影片的播放時間約14分鐘

還能參與這些體驗

螺旋槳腳踏車
藉由腳踩踏板，能體驗2種不同角度螺旋槳的推進力差異。

全景潛水艇
操縱潛水艇內的潛望鏡，便能觀察現在的吳港。

挑戰導航
一邊欣賞海上風景的影像，一邊化身為船長來挑戰操縱渡輪與高速船！

3 吳味十足的3大景點

⚓ 第2大 ⚓

日本首創！可「潛入」內部 整艘潛水艇化身博物館!!

全日本只有這裡能參觀曾真正出任務的潛水艇內部！快來化身船員體驗一下吧。

てつのくじらかんかいじょうじえいたいくれしりょうかん　**第2大**

鐵鯨館（海上自衛隊吳史料館）

透過展示實物與影像等資料來介紹海上自衛隊的活躍，以海底為設計概念的微暗館內展出水雷和清除裝置等。參觀的重點是真正的潛水艇「秋潮」號，遊客能走進內部，甚至能操作潛望鏡等。

MAP 附錄③12E-2
☎0823-21-6111
🕘9:00～16:30
休週二(逢假日則翌日休)
¥免費入館
所吳市宝町5-32
交JR吳站步行5分
P與大和博物館共用

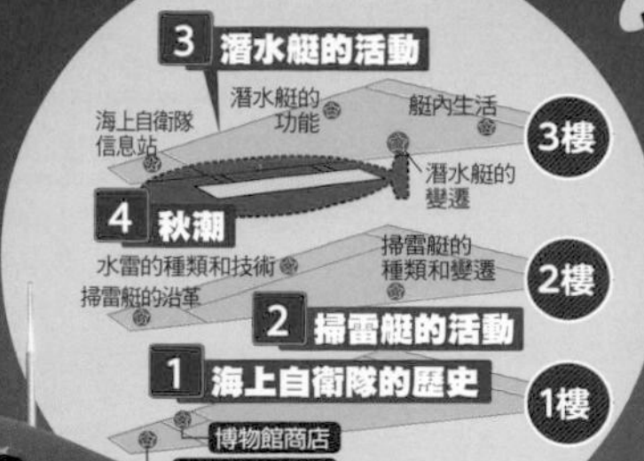

湊近一看更是氣勢非凡！

還點不得了！秋潮

昭和61（1986）年到2004年實際執行過任務的潛水艇。全長76.2m幾乎與波音747等長，寬9.9m。高度則有16m，相當於5層樓高。

將真正的潛水艇內部對外公開！

4 秋潮 3樓

將實際出勤過的潛水艇「秋潮」的儀表類及寢室等，以幾乎原封不動的形式對外公開。可操作駕駛艙和潛望鏡來模擬體驗潛水艇船員。

由於無法看見外頭的模樣，僅能靠儀表和指揮官的指示下操縱。

大公開!!

航海圖的工作台、儀表、螢幕填滿每個角落。為了區分日夜，夜間會點上紅燈。

潛望鏡

可以實際窺看外界，最遠能看見58km外的目標。

認識 吳與海上自衛隊的關係和歷史！

1 海上自衛隊的歷史 1樓

回溯和吳市培養密切關係發展至今的海上自衛隊的歷史，並以圖解看板及影像來做介紹。

▲就位在入口的附近

在館內休息一下

ジェーエムエスディーエフカフェ

JMSDF CAFE

能在此吃到獲得秋潮第10任艦長認可的「秋潮咖哩」等輕食和甜點。

吳氏的漂浮汽水 650日圓

秋潮咖哩 850日圓(數量有限)

☎0823-24-1130(博物館商店)
🕘10:00～16:00

體驗 潛水艇內的生活！

3 潛水艇的活動 3樓

介紹潛水艇的歷史與科技，也展出真正的魚雷，還設有可體驗艦內食堂及船員寢室的專區。

潛入這裡！躺在三層床上拍照留念

▲依照年代順序排列的潛水艇模型

介紹 掃雷部隊的活動！

2 掃雷艇的活動 2樓

介紹清除水雷以守護海域安全的掃雷活動。將掃雷艇的甲板加以重現，展示實際運用於掃雷活動的機體等。

▲展示出實際用於掃雷的起重機等

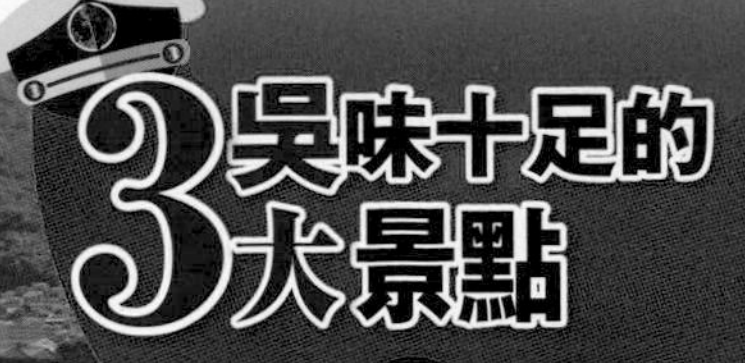

⚓ 第3大 ⚓

搭船巡遊以貼近現役艦船!!

搭遊船來趟精彩巡遊，從具備露天甲板的觀光船上欣賞海上自衛隊艦船停靠的吳灣。實際出勤的艦船氣勢凌人！

1 最晚出航20分鐘前報名

首先到吳中央棧橋碼頭的1樓櫃檯報名。

2 退役人員介紹看點

海上自衛隊的退役自衛官會陪同登船，為遊客解說停靠的艦船名稱與看點。

3 艦艇近在眼前！

由於船隻會在停泊吳灣的艦船與潛水艇周圍巡遊，每天能看見的艦船也會不太一樣。有時艦船上的船員還會向遊客揮手。

能享受長達30分鐘的船遊

第3大

吳艦船巡遊 くれかんせんめぐり

能接近停靠的艦船，在日本也屬罕見的遊船。可以近距離欣賞潛水艇和護衛艦等各式艦船，還能遠望戰艦「大和」的船塢遺跡！海上自衛隊退役人員的導覽也值得一聽。建議事先透過官網或電話預約。

MAP 附錄③12E-3

082-251-4354(Bunker Supply)
10:00～、11:00～、13:00～、14:00～(週六日、假日加開12:00～，1天5班) 休週二(逢假日則開船)
¥乘船費1300日圓 所吳市宝町4-44 吳中央棧橋碼頭1F
交JR吳站步行5分 P使用周邊收費停車場

有時還能看見下列艦船

練習艦「島雪」

全長137m／寬13.6m／深8.5m
由女艦長掌舵

掃雷艇「宮島」

全長54.0m／寬9.4m／深4.2m
主要負責尋找海底的水雷並加以清除

護衛艦「五月雨」

全長151m／寬17.4m／深10.9m
擁有多次參與海外派遣訓練的實績

練習艦「山雪」※中央的船艦

全長130m／寬13.6m／深8.5m
以初雪級的第8號艦艇上任

這裡也要CHECK☑

夕吳巡遊

於日落時分出航的艦船巡遊。艦船會降下自衛隊旗，還可欣賞小號吹奏的日本國歌。採最晚2天前的完全預約制。

在日落前15分鐘出航

還有這裡！ 能近距離欣賞艦船的景點

景點 海上自衛隊 吳基地係船掘
●かいじょうじえいたいくれきちけいせんぼり

參觀現役且正執行任務的艦船

為了加深民眾對海上自衛隊活動的了解，每週日會對外開放1艘艦艇，可以在現役隊員的解說下參觀艦內與甲板。開放參觀的艦艇每次皆不同，請上官網確認。

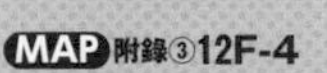

由現役的海上自衛隊自衛官導覽

MAP 附錄③12F-4

洽詢處 0823-22-5511(吳地方總監部廣報係)
舉辦日 週日 舉辦時間 10:00～、13:00～、15:00～ 舉辦地點 吳市昭和町 所需 1小時以內
費用 免費 參加辦法 從官方網站下載參觀申請書，於參觀日的20天前到10天前以傳真報名。當天20分前在正門集合

景點 烏鴉小島小徑
●アレイからすこじま

貼近欣賞潛水艇的氣勢非凡

全日本唯一能近距離欣賞潛水艇的公園，還有過去用於裝載魚雷的起重機。周遭有舊海軍工廠的磚造建築林立，散發復古氛圍。

潛水艦就在眼前

MAP 附錄③12F-4

0823-23-7845(吳觀光資訊廣場)
自由參觀 所吳市昭和町 交潛水隊前巴士站即到 P免費

吳站周邊就吃得到 重現超罕見!的艦船配方
吳海自咖哩

為避免在漫長航海中失去星期的概念，海上自衛隊的艦船上每逢週五就會吃咖哩，而重現其風味的「吳海自※咖哩」逐漸獲得矚目。不妨參考風味表來找出喜愛的咖哩。※海自……海上自衛隊的簡稱

吳海自咖哩的基礎

❶忠實重現各艘艦艇的配方
隸屬吳基地的海自艦艇上供應的獨特咖哩。由吳市內的餐飲店直接向海自的廚師請教烹調方式，藉此忠實重現其風味。

❶認證店約有30家
僅有通過艦長嚴格審核的店家才得以料理，目前約有30間店供餐。由於每艘艦艇的配方都不同，口味與配料也不一樣，多嘗試各家店也是一種樂趣。

❶還會舉辦活動!
認證店有舉辦吃咖哩便能獲得貼紙，蒐集即可兌換禮物的集貼紙活動。詳情請上吳觀光協會的官網確認。

❶與大多福醬跨界合作!
推出能將吳海自咖哩風味融入多種料理的「吳海自咖哩醬」！在伴手禮店等地販售中。

果香&辛香！還附上舊海軍相關菜餚的誘人套餐

兼具果香的甘醇與辛香味的牛肉咖哩

JR吳站步行5分

呉ハイカラ食堂（日招きの里）
●くれハイカラしょくどうひまねきのさと

戰艦大和的模型、穿著海自風格制服的店員，彷彿置身於潛水艇中的空間等，隨處都散發出濃濃的海自氣息。鐵板咖哩的餐具為海自實際使用的餐盤。還提供許多舊海軍的相關菜色。

☎0823-32-3108 MAP 附錄③12E-2
L 11:30～15:00 休 週二（逢假日則翌日休）
所 呉市宝町4-21 折本マリンビル3号館2F P 1小時100日圓

內部裝潢的管線令人聯想到潛水艇的內部

（照片8蒼龍級）

潛水艦「蒼龍」
鐵板咖哩 1450日圓(數量有限)

辣味	★★★★★
濃醇	★★★★★
稠度	★★★★★

JR吳站步行5分

海軍さんの麦酒館
●かいぐんさんのばくしゅかん

能暢飲店內釀造啤酒的釀酒餐廳，提供與舊海軍有淵源的料理、吳著名的炸魚漿等多種與啤酒對味的菜色。

MAP 附錄③13B-2
☎0823-26-9191
(KURE BEER)
L 17:00～21:30(週六、假日為11:30～，週日、假日～20:30)
休 週二 所 呉市中通1-1-2 VIEW PORT KURE 1F P 無

還附設商店（→P.113）

以白桃甜味提味，香醇中帶有辛辣後勁

以白桃甘甜提味的咖哩 搭配海軍的啤酒一同享用

（照片8蒼龍級）

潛水艦「白龍」
咖哩 800日圓

辣味	★★★★★
濃醇	★★★★★
稠度	★★★★★

吳海自咖哩護衛艦「海霧」
1200日圓(11:30～)

辣味	★★★★★
濃醇	★★★★★
稠度	★★★★★

慢慢燉煮長達2天的深層滋味

吃得到水果與洋蔥的甘甜，以及恰到好處的辛香辣味

JR吳站即到

Coffee House IL MARE
●コーヒーハウス　イルマーレ

位於吳阪急飯店內的餐廳。除了有花上2天細細燉煮的咖哩以外，還有供應現做料理的「IL MARE Chef's Kitchen」吃到飽也很受歡迎。

MAP 附錄③13B-2
☎0823-20-1111
(吳阪急飯店)
L 7:00～20:30
休 無休
所 呉市中央1-1-1 呉阪急飯店1F
P 免費

明亮高雅的店內

JR吳站即到

りゅう

店內有許多吧檯座，獨自前來也不會尷尬

能一嘗細烏龍麵或吳冷麵等在地麵食的烏龍麵店。添加海鮮的劍龍咖哩有著香醇風味，大和咖哩烏龍麵（600日圓）也很出名。

☎0823-24-6692 MAP 附錄③13B-2
L 11:00～15:00、17:00～20:30 休 無休
所 呉市中央1-9-12 P 無

辣味	★★★★★
濃醇	★★★★★
稠度	★★★★★

潛水艦「劍龍」的
劍龍咖哩 850日圓

咖哩醬是以雞骨和香草高湯為底，再加咖啡來帶出濃醇味

以咖啡和數種辛香料來加深風味

（照片8蒼龍級）

JR吳站即到

美味旬菜 おぼろ月

●びみしゅんさいおぼろづき

2017年3月認定店

直通JR吳站的不住宿泡湯設施「大和溫泉物語」內的和食餐廳。在吳港的美景陪襯下，能品嘗海自咖哩和生魚片、天婦羅的定食等，可以來此泡湯吃咖哩一次享受。

☎0823-32-5355 MAP附錄③13B-2
11:00～22:00 休準同大和溫泉物語 所吳市宝町2-50 RECRE 5F P20分100日圓（24:00～9:00為60分100日圓，在RECRE消費滿500日圓可免費停3小時）

有半包廂和大宴會廳等多種空間

還有吃到飽的選擇

加上乾炸的馬鈴薯濃郁的好滋味

練習艦瀬戶雪咖哩
附湯品、沙拉 1000日圓

辣味 ★★★★★
濃醇 ★★★★★
稠度 ★★★★★

簡單卻不失深層風味，乾炸馬鈴薯也是口感的關鍵

吳海自咖哩

望潮LUNA咖哩
一般分量 720日圓

辣味 ★★★★★
濃醇 ★★★★★
稠度 ★★★★★

（照片：親潮級）

濃稠的咖哩醬是香醇又有勁的滋味

愜意氛圍的半包廂

JR吳站步行10分

一礎

●いっさ

可品嘗到在地美食炸魚漿、瀨戶內海海產和肉類料理的和食居酒屋。咖哩放上象徵LUNA（月）的荷包蛋，可做為收尾，務必來嘗嘗。

MAP附錄③13B-2
☎0823-25-7950
17:00～22:00（週日、假日～21:00） 休無休
所吳市中通2-2-6 ゑり真ビル2F P無

燉煮到濃稠狀，以強勁辛香料的濃郁口味上菜

五十六漣咖哩
950日圓

辣味 ★★★★★
濃醇 ★★★★★
稠度 ★★★★★

配菜附上可樂餅帶來好心情
辛香料顯著的美饌

JR吳站步行10分

瀬戸内屋台 五十六

●せとうちやたいいそろく

開在複合餐飲設施「KURE GATE」內的居酒屋，供應以瀨戶內捕獲的海鮮及廣島縣產食材烹製的料理，與吳市釀酒廠的日本酒、海軍啤酒也很合拍。

MAP附錄③13C-2
☎0823-23-5160
17:00～21:30
休週日（逢假日則翌日休）
所吳市中通1-1-28 P無

加入洋蔥與蜂蜜的偏甜調味再加上辛香料的香氣

洋溢休閒而時尚的氣息

舊海軍美食

以明治時代的洋食為基礎，再下功夫提高營養價值、更便於食用而生的美食。務必試試這些成為二戰後家常菜根源的傳統風味。

瀰漫懷舊氣息的西式居酒屋

以高麗菜包住馬鈴薯和牛絞肉為主的餡料，再以番茄湯熬煮

補給艦隱戶的高麗菜捲
700日圓(需預約)

赤玉商店

●あかだましょうてん

昭和復古風的居酒屋，除了有以舊海軍食譜為參考的餐點外，還有約70種使用廣島食材的創意料理。

MAP附錄③13B-1
☎0823-22-2565
17:00～翌日4:00（週日、一～24:00） 休週二（有預約即營業） 所吳市中通4-1-25 JR吳站步行15分 P無

田舎洋食 いせ屋

●いなかようしょくいせや

曾任淺間戰艦主廚的首代老闆在大正10（1921）年創業，推出蛋包飯、特製豬排蓋飯等多種懷舊的洋食餐點。

MAP附錄③13C-1
☎0823-21-3817
11:00～15:00、17:00～20:00 休週四（逢假日則翌日休） 所吳市中通4-12-16 JR吳站步行15分 P無

海軍的馬鈴薯燉肉
450日圓
海軍的作法是不加水燉煮，僅使用醬油和砂糖的簡單調味

大啖海軍風味的馬鈴薯燉肉

戰艦大和的蛋包飯（附紅茶）多蜜醬 1000日圓
還有古早味的番茄醬口味880日圓

繼承前海軍廚師的醬汁

自由軒

●じゆうけん

創業60多年的食堂，向福山市自由軒上一代老闆兼前海軍廚師繼承下來的多蜜醬也用於蛋包飯之外的料理。

MAP附錄③13C-1
☎0823-24-7549
11:30～14:00、17:00～20:30 休週四 所吳市中通3-7-15 JR吳站步行15分 P無

深受當地喜愛的樸實風味

吳名產

的雜貨到懷舊風味的零食，
特有的夢幻逸品吧！

エーデルワイス洋菓子店

エーデルワイスようがしてん

曾學過德式糕點的上一代老闆在吳市開設首家西點專賣店。1樓每天備有20種蛋糕，2樓還有內用空間。

MAP 附錄③13C-1
0823-21-0637
營9:00～19:00（咖啡廳為10:00～18:00）休週一（逢假日則翌日休）所吳市本通3-4-6 交JR吳站步行20分 P免費

奶油派

1片 378日圓

奶油派

1日熱銷500個，吳最廣為人知的蛋糕。帶有鹽味的派皮與彈嫩口感的卡士達醬、入口即化的滑順鮮奶油堪稱絕配。

整模派（3024日圓）的外盒既復古又可愛

メロンパン 本店

メロンパンほんてん

哈密瓜麵包

1個 180日圓

昭和11（1936）年創業以來提供無添加物、與當年一樣的風味。除了招牌商品哈密瓜麵包外，娜娜麵包及和平麵包等也很暢銷。

MAP 附錄③12F-1
0823-21-1373
營7:00～售完打烊 休週日 所吳市本通7-14-1
交本通6丁目巴士站步行3分 P免費

哈密瓜麵包

第一代老闆為讓客人花小錢就能吃到高級的哈密瓜而研發。橄欖球形的麵包夾滿220g的自製奶油餡，飽滿又沉重，是這裡廣受支持的麵包點心。

福住フライケーキ

ふくずみフライケーキ

昭和21（1946）年創業，擁有許多老顧客，有時還會大排長龍。可以在店門口看見現炸的模樣，等待期間也不無聊。

MAP 附錄③13C-1
0823-25-4060
營10:00～19:00(售完打烊)
休週二（逢假日則前一日或翌日休）
所吳市中通4-12-20
交JR吳站步行15分 P無

炸蛋糕

以菜籽油炸的香噴噴加蛋外皮與微甜豆沙餡搭配得恰恰好，炸甜饅頭即使冷掉也好吃。

炸蛋糕

1個 80日圓

天明堂

てんめいどう

(右)鳳梨萬頭
(左)檸檬
各135日圓

創業120多年的糕餅店。除了招牌商品鳳梨萬頭外，包入檸檬醬而有清爽甜味的檸檬也很受歡迎。

鳳梨萬頭

使用大量奶油和雞蛋製作的外皮包裹住鳳梨醬的烘焙點心，以溫和口感與輕盈酸甜為特色。

MAP 附錄③13C-2
0823-25-2439
營9:00～18:30
休週日
所吳市中通1-1-24
交JR吳站步行10分
P無

這些也要CHECK!

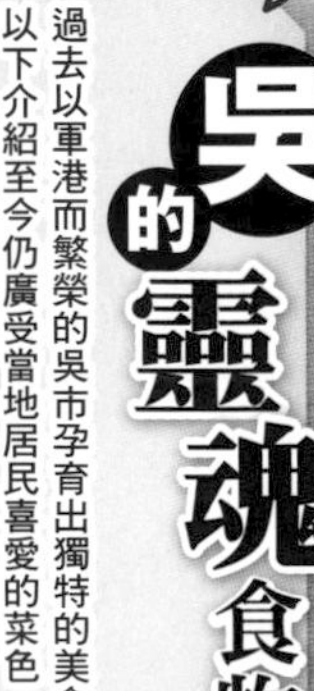

過去以軍港而繁榮的吳市孕育出獨特的美食文化。以下介紹至今仍廣受當地居民喜愛的菜色。

味噌炊
2串300日圓

小心取下雞皮的脂肪與筋，再以味噌燉煮成偏重的口味

本家 鳥好

ほんけ とりよし

味噌炊的始祖，將第一代的口味堅守至今。除了烤雞肉串和串炸之外，還能一嘗地瓜燒酎或冬季限定的牡蠣料理。

MAP 附錄③13B-1
0823-24-7667
營17:30～21:30
休週日、不定休
所吳市中通3-2-3
交JR吳站步行15分
P無

多幸膳

たこぜん

從御好燒、章魚燒到下酒菜類料理一應俱全的鐵板燒餐廳。御好燒還提供外帶。

MAP 附錄③13C-1
0823-25-8168
營11:00～14:30、17:30～22:00（週六日、假日為11:00～22:00）
休週二（逢假日則營業）
所吳市中通3-8-3
交JR吳站步行15分
P無

將細烏龍麵與豬五花以辣味噌調味，再包成半月形的御好燒

吳燒（加細烏龍麵）770日圓

酸甜雞骨高湯的辣味湯頭拌上極具彈性的扁麵

吳冷麵（小）650日圓

珍来軒

ちんらいけん

中午絕對大排長龍的吳冷麵發祥店。吳冷麵可加上自製辣椒醋等來試試風味的變化。中華麵和港式點心等菜色也很豐富。

MAP 附錄③13C-1
0823-22-3947
營11:30～15:00（售完打烊） 休週二（逢假日則翌日休） 所吳市本通4-10-1
交JR吳站步行20分 P無

海洋風商品及海自周邊琳琅滿目

港都伴手禮&

從以紅磚或船等港都為意象設計
快快出發來尋找吳

吳的在地酒

在地酒熱潮紅遍全日本。別錯過主推口感俐落干型酒「雨後の月」的相原酒造、釀造出廣島深具人氣的「千福」的三宅本店等廣島最具代表性的吳酒廠！

這些也可當伴手禮！

くれガチャ
吳扭蛋

吳扭蛋 1次 300日圓

扭蛋的內容是印上潛水艦或起重機等圖案的別針，共15種，全都是以吳為據點活躍中的藝術家所設計。

MAP 附錄③12E-2
080-3874-0403 (FURU)
10:00～23:00 (視星期幾而異) 休無休
所吳市宝町4-21 設於吳MARINE BOWL入口
JR吳站步行5分 P免費

すばるこーひーてんくれほんてん
昴珈琲店 吳本店

咖啡

重現戰艦「大和」船員愛喝的風味，有著大地的香氣。

海軍的咖啡 300g 1080日圓

昭和34（1959）年創業，備有約40種全球嚴選烘焙咖啡豆的專賣店，店家特調也很豐富，擁有許多粉絲。

MAP 附錄③13C-2
0120-02-7730
9:00～17:00 休週二
所吳市中通2-5-3
JR吳站步行15分 P無

かいぐんさんのばくしゅかん
海軍さんの麦酒館

釀造海軍麥酒及吳吟釀啤酒、島之輪啤酒等吳的在地啤酒，還可以在附設的餐廳品吟。

DATA→P.110

吳在地啤酒 (330mℓ) 1瓶 500日圓～

啤酒

以吳的名水——灰峰的伏流水與德國產的原料釀造出的啤酒。

せいふくのフジ
制服のフジ

製作兼販賣海上自衛隊的制服及海軍、海洋風商品。信號旗的別針是熱賣商品。

MAP 附錄③13C-2 0823-21-7731
9:00～19:00 休週日、假日 所吳市中通1-1-21 JR吳站步行10分 P無

國際信號旗別針 400日圓～

やまとミュージアム
大和博物館

大和博物館（→P.106）內的商店。印有戰艦「大和」插畫的零食及模型等大和商品非常多元。

DATA→P.106

大和 間宮羊羹 800日圓

戰艦大和圖案法蘭酥 10片裝 540日圓

カフェザブリックス
cafe the bricks

吳市立美術館別館內的咖啡廳，推出以紅磚或起重機為主題的飾品等多款手工製作商品。

0823-23-5520 MAP 附錄③12F-2
10:00～17:00 休週二 (逢假日則翌日休)
所吳市幸町11-1 吳市立美術館別館內
JR吳站步行15分
P 1小時100日圓 (20:00～8:00為90分100日圓)

吳起重機手巾 1200日圓～

英式砌法磚塊筷架 1個 860日圓～

トビキリほんぽ
トビキリ本舗

從大正14（1925）年創業以來人氣不減的招牌彈珠汽水，其製造方式還曾傳授給舊海軍。現在也有兼賣醬菜和佃煮。MAP 附錄③12E-2

090-3744-4644
9:00～22:00
休準同youme吳
所吳市宝町5-10 youme吳內
JR吳站步行5分
P消費滿1000日圓可免費停3小時

來自該店的彈珠汽水系列
大和彈珠汽水 207日圓(左)
鹽味彈珠汽水 207日圓(右)

彈珠汽水

也曾經在戰艦「大和」上製造的彈珠汽水，酸甜風味絕佳。

クレイトンベイホテル
克雷頓海灣酒店

位於飯店內的伴手禮店。潛水艇包裝裡頭是使用瀨戶內海檸檬製作的檸檬蛋糕，海軍的包裝袋也很可愛。

0823-26-1111 MAP 附錄③12E-3
24小時 休無休 所吳市築地町3-3
JR吳站步行20分 (有免費接駁巴士)
P免費

潛水吧！我們的潛水艦蛋糕 1080日圓

還有這些地方！

廣島之旅 半天8方案

Topics

2017年獲選為重要傳統建造物群保存地區！

有常夜燈和町家建築等，此地瀨戶內港都的歷史內涵備受肯定。擁有日本首屈一指的建築物數量，達8.6公頃的區域獲得認證。

這座城市的關鍵字

復古的港都散步

與瀨戶內海對望的海港，保有江戶時代風情的建築物與街景等多集中在步行範圍內。讓懷古漫遊來療癒心情。

還有好多貓咪！

商店比鄰而立的街道

江戶時代發展至今的港都

鞆之浦的強力夥伴

鞆鐵老爺巴士

繞行JR福山駅～国宝明王院～鞆の浦的復古風老爺巴士。僅在3月下旬～11月的週六日、假日上午9:00發車，是定期觀光巴士。不需預約。

✆084-952-3100
(鞆鐵道株式會社 福山營業所)

鞆之浦觀光導覽中心

●とものうらかんこうじょうほうセンター

位在鞆の浦巴士站前的觀光服務處兼伴手禮店，提供觀光手冊及地圖等，是方便的觀光據點。

MAP 附錄③14E-3
✆084-982-3200 ⏰9:00～17:00
休無休 所福山市鞆町鞆416
交鞆の浦巴士站即到 P免費

前往鞆之浦的方式！

尾道搭電車及巴士約1小時

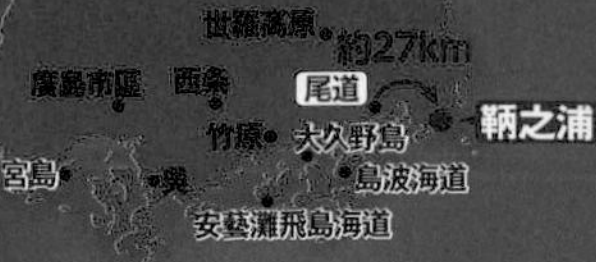

鞆之浦

●とものうら MAP 附錄③14下圖

勾起鄉愁的待潮港

鞆之浦是這樣的地方！

做為江戶時代來往於瀨戶內海的船隻為了等待潮汐而靠岸的「待潮港」並就此繁榮的港都。鞆港周邊有常夜燈、歷史悠久的古剎、幕府晚期的英雄坂本龍馬相關的名勝等聚集，最近也以電影或日劇的拍攝地而聞名。

鞆之浦觀光小幫手！

鞆之浦史蹟巡遊免費導覽

導覽會用1小時30分～2小時陪同遊逛，週六日、假日限定，1天舉辦3場。10時30分在鞆之浦觀光導覽中心集合，11時20分、14時20分的場次在市營渡船場集合。

MAP 附錄③14E-3
✆084-982-3200
(鞆之浦觀光導覽中心)
¥免費參加

洽詢處
福山觀光會議協會…
✆084-926-2649
HP www.fukuyama-kanko.com/inbound_tw/

所需3小時30分 港都散步 參考路線

眼前一片如詩如畫的秀麗風景

1 對潮樓

●可將瀨戶內海與仙醉島一覽無遺的絕美景點

たいちょうろう

緊鄰福禪寺本堂的客殿，於元祿年間（1690年左右）創建，擁有一段曾做為朝鮮通信使之迎賓館使用的歷史。從榻榻米房間望出去的景觀優美，能飽覽瀨戶內海上的弁天島及仙醉島。

084-982-2705（福禪寺） MAP 附錄③14E-4
8:00~17:00 休無休 ¥參觀費200日圓
所福山市鞆町鞆2 ▣鞆港巴士站即到 P無

佇立在能遠眺瀨戶內海的地點

步行5分

2 常夜燈

●鞆之浦的一大象徵

じょうやとう

興建於安政6（1859）年的燈塔。包含隱藏在海中的基礎部分高達11m，在佇立港口的常夜燈中屬日本第一高。入夜點燈的模樣也很美。

MAP 附錄③14D-4
084-928-1042
（福山市觀光課）
自由參觀 所福山市鞆町鞆
▣鞆港巴士站步行5分
P無

步行即到

3 伊呂波丸展示館

●了解鞆之浦與龍馬的關聯

いろはまるてんじかん

重現龍馬曾藏身過的隱密房間

坂本龍馬率領海援隊搭乘的伊呂波丸號在鞆外海撞船而沉沒，本館展出近年來潛水調查時打撈上岸的船隻零件與貨物。

MAP 附錄③14D-4
084-982-1681
10:00~16:30 休無休 ¥入館費200日圓 所福山市鞆町鞆843-1
▣鞆港巴士站步行5分 P無

步行即到

復古的港都散步

太田家住宅的周遭還保有往昔的氛圍

4 太田家住宅

●保命酒的釀造設施與倉庫留存

おおたけじゅうたく

可參觀留有商家風貌的「店之間」等

亦入選為重要文化財

曾是保命酒釀造廠的商家建築經過保存與修繕後對外開放。幕末時尊王攘夷派的七卿下長州時曾造訪鞆七卿落遺跡，也以此著稱。

MAP 附錄③14D-4
084-982-3553 10:00~16:30
休週二（逢假日則翌日休） ¥參觀費400日圓
所福山市鞆町鞆842 ▣鞆港巴士站步行5分 P無

步行5分

5 鞆之津商家

●江戶晚期的雄偉氣息

とものつのしょうか

由江戶晚期建造的主屋及倉庫所構成，主屋內可參觀房間面朝走廊排成一列的典型商家構造。

MAP 附錄③14E-4
084-982-1121（福山市鞆之浦歷史民俗資料館）
10:00~16:00 休週一~五（逢假日則開館） ¥免費參觀
所福山市鞆町鞆606 ▣鞆港巴士站步行3分 P無

週六日、假日還會開放參觀內部

步行即到

6 桝屋清右衛門宅

●坂本龍馬藏身過的旅館

ますやせいえもんたく

龍馬曾藏身過的房間

伊呂波丸事件發生時，做為海援隊宿舍使用的前船運仲介商。留有坂本龍馬藏身的閣樓以及龍馬親筆信件的複製品。

MAP 附錄③14E-4
084-982-3788 9:00~16:30 休週二~四（逢假日則開館） ¥參觀費200日圓 所福山市鞆町鞆422 ▣鞆の浦巴士站步行3分 P無

也來去附近的島嶼走走吧

仙醉島 ●せんすいじま

平安時代起便被稱為「七浦七胡」的瀨戶內海風景名勝。有五彩岩石蔓延200m的五色岩等，也可以來散散步。

MAP 附錄③14E-3
084-928-1042（福山市觀光課）
所福山市鞆町後地
▣鞆之浦搭渡船5分 P無

搭渡船5分。1小時約開3個班次

仙醉島上還有這般樂趣！

江戶風呂 ●えどぶろ

重現江戶時代澡堂的洞窟蒸氣浴池，每天早上都會以松樹木材燒水。

MAP 附錄③14E-4
084-982-2111（人生感が変わる宿「ここから」）
10:00~16:30 休無休 ¥泡湯費1836日圓（含專用浴衣租借費） 所福山市鞆町後地3371 ▣仙醉島棧橋步行3分 P無

重新活用古老建築的
懷舊古早氛圍

老屋再生咖啡廳

鞆之浦有許多從町家改裝成的復古＆摩登咖啡廳，可以在散步途中來坐坐，盡情享受閒情時光。

鞆の浦 a cafe

●とものうらアカフェ

佇立在常夜燈旁的古民宅咖啡廳

將江戶時代餘韻留存的屋齡160年老民宅改建，吃得到海鮮義大利麵、使用瀨戶內產檸檬製作的飲品等。冬季限定的杵搗麻糬紅豆湯也很熱銷。

084-982-0131 MAP 附錄③14D-4
10:00～18:00（晚間需預約） 休週三
所福山市鞆町鞆844-3 鞆港巴士站步行5分 P無

奶油起司聖代 800日圓
奶油起司與莓果果醬共譜好滋味

老屋再生point
如茶室小門的木門、土牆、格子窗與現代家具互相融合

さらすわてぃ

從高處俯瞰鞆之浦的街景

茶（附和菓子）800日圓
可品嘗到隨季節變換的和菓子

坐落在醫王寺參道上的高處，能飽覽待潮之港與海景的咖啡廳。可以從2樓的和式座位欣賞鞆的街景和仙醉島。

MAP 附錄③14D-4
084-982-0098
11:00～18:00
休週二、三（逢假日則營業） 所福山市鞆町後地1381 鞆港巴士站步行7分 P無

老屋再生point
改建自大正時代町家的風雅建築非常迷人

田渕屋

●たぶちや

在閒適的空間內品嘗絕品牛肉燴飯

牛肉燴飯定食1300日圓
店家自製的多蜜醬有著濃醇風味

把江戶時代商家的廚房改成茶屋對外營業，餐點僅供應牛肉燴飯，附上餐前的保命酒及自製煙燻起司。

084-983-5085 MAP 附錄③14D-4
12:00～16:00 休週三 所福山市鞆町鞆838 鞆港巴士站步行3分 P免費

老屋再生point
彷彿走進了江戶時代古民宅般的沉穩空間

BEER&CAFE Gallery 茶屋 蔵

●ビアアンドカフェギャラリーちゃやぐら

到歷史悠久的倉庫來杯自家烘焙咖啡

本日咖啡 450日圓
焦糖瑪奇朵 600日圓
自家製漢堡 650日圓

將建於迎賓館舊址上屋齡160年倉庫重新利用的飲料店。不但有自家烘焙的咖啡，還喝得到世界各地的啤酒。

090-5376-7056 MAP 附錄③14E-4
11:00～18:00 休週二（逢假日則有補休） 所福山市鞆町鞆900-2 鞆港巴士站步行5分 P無

老屋再生point
將當時的屋樑和老竹籠、櫃子等保留下來，值得細細欣賞的店內

御舟宿いろは

●おんふなやどいろは

宮崎駿導演設計空間的町家咖啡廳

老屋再生point
限房客進出的2樓有將宮崎駿導演的草圖加以重現的彩繪玻璃！

將屋齡300年的舊魚店萬藏邸宅根據宮崎駿導演的設計圖改裝而成。提供午餐和自家烘焙咖啡等，2樓為1天限3組客人的住宿設施。

084-982-1920 MAP 附錄③14E-4
11:00～15:00 休週二（逢假日則翌日休）
所福山市鞆町鞆670 鞆港巴士站即到 P免費

江戶時代的建築重獲新生

蛋糕套餐 1000日圓
蛋糕或糕餅等3種甜點搭配飲品的套餐。蛋糕會隨季節變換

美食&購物精選

鞆之浦

享用過鞆之浦的海鮮料理後，就出發來去尋找在地生產的利口酒——保命酒，以及充滿鞆之浦風味的原創商品吧！

伴手禮

gallery shop MASUYA
ギャラリーショップマスヤ

和風設計雜貨五花八門

位在桝屋清右衛門宅（P.115）內的商店，販賣鞆風格設計的獨創商品、瀨戶內伴手禮等品味獨到的優質商品。

資訊➡參考桝屋清右衛門宅P.115

「福山名產手巾」各860日圓。備後方言紙膠帶500日圓

海鮮料理

季節料理 衣笠
きせつりょうりきぬがさ

鞆之浦知名的鯛魚一魚多吃

由鮮魚店經營而獲當地好評的海鮮料理店，吃得到在鞆之浦和近海捕獲的鮮魚烹煮出的菜餚。提供多款定食餐點。

084-983-5330 MAP 附錄③14E-3
11:30~14:00（週日、假日午間為12:00~15:00）、18:00~20:30 休週三（逢假日則翌日休） 所福山市鞆町鞆150-12 鞆の浦巴士站步行3分 P免費

鯛魚滿漢全餐3240日圓，能盡享鯛魚飯、紅燒鯛魚頭等菜色

海鮮料理

食事処おてび
しょくじどころおてび

提供瀨戶內的小魚料理

保留鞆自古以來民宅特色的店家，定食及單點料理以向當地漁民進貨的小魚所製作，能以平實價格享用，中華麵也很受歡迎。

084-982-0808 MAP 附錄③14D-4
11:00~14:00、17:00~21:00 休週一、第3週日 所福山市鞆町鞆838 鞆港巴士站步行3分 P免費

小魚定食950日圓，將天竺鯛、焦氏舌鰨等用心料理的小魚擺滿盤

伴手禮

鞆 肥後屋
ともひごや

主打瀨戶內鯛魚的鯛味噌

福山城市鞆之浦特有伴手禮「鯛味噌」的專賣店。可選購以瀨戶內鯛魚加上圓潤風味的府中味噌製作的紅、白、芝麻等等3款。

084-970-5780 MAP 附錄③14E-4
10:00~17:00 休週三 所福山市鞆町鞆595 鞆港巴士站步行3分 P無

在江戶時代的商家改裝成的店內販賣鯛味噌

保命酒

岡本亀太郎本店
おかもとかめたろうほんてん

純釀味醂及保命酒的釀造廠

推出經長年反覆研究所成功的香濃純釀味醂，承傳統保命酒的釀酒廠。店鋪是移建自福山城長屋門的重要文化財。

084-982-2126 MAP 附錄③14D-4
9:00~17:00 休無休 所福山市鞆町鞆927-1 鞆港巴士站步行5分 P免費

保命酒五種一組（各100mℓ）2500日圓。有果香口味的杏子姬等5種

保命酒

保命酒屋
ほうめいしゅや

明治12（1879）年以來的酒舖

販賣貼有簡單酒標的玻璃瓶裝、老闆自製的德利酒壺裝2款的老酒，以中藥味濃厚的風味為特徵。

084-970-5374 MAP 附錄③14D-4
10:00~17:00 休無休 所福山市鞆町鞆841-1 鞆港巴士站步行3分 P免費

十六味保命酒 酒豆德利（50mℓ）900日圓。將保命酒裝在迷你德利酒壺的款式

伴手禮

鞆の浦けんちゃんのいりこ屋
とものうらけんちゃんのいりこや

販賣瀨戶內海的小魚乾貨

販售捕自鞆外海的新鮮小魚製成的乾貨。烤蝦、小魚乾、整尾比目魚乾等各式各樣的乾貨也很適合做為下酒菜。

084-982-0043 MAP 附錄③14E-4
9:00~17:00 休週二、週三不定休 所福山市鞆町鞆848 鞆港巴士站步行3分 P無

（右）仔魚乾、（中央）小花枝、（左）烤蝦 各580日圓，越嚼越香

保命酒

八田保命酒舖
はったほうめいしゅほ

注重養生的保命酒

製造並販賣釀成褐色的保命酒「赤たる本格保命酒」。保命酒以帶有微甜、中藥味濃厚的口感為特色。

MAP 附錄③14E-4
084-982-2453
9:30~16:30 休第2、4週二（逢假日則營業） 所福山市鞆町鞆531 鞆の浦巴士站步行3分 P免費

赤たる本格保命酒（600mℓ）1450日圓。有180mℓ~1800mℓ五種容量

保命酒

入江豊三郎本店
いりえとよさぶろうほんてん

豐富品項備受好評

明治19（1886）年創業，推出保命酒、甜點等豐富商品，深具魅力。店內一隅還展示出保命酒德利酒壺等資料。

MAP 附錄③14E-4
084-982-2013
9:00~16:00 休無休 所福山市鞆町鞆534 鞆の浦巴士站步行3分 P免費

保命酒（900mℓ）1550日圓。發揮原料糯米甘甜滋味的深層風味

不可不買!!

保命酒

加入大量中藥材浸泡而成的養生酒

以味醂酒為基底，加入桂皮等16種中藥材浸泡而成的利口酒，富含胺基酸，據說也有美容的功效。

江戶時代傳承至今

起源於江戶時代初期由醫師中村吉兵衛開始釀造，至今已有約350年的歷史。如今有4家酒廠釀造。

中藥的香氣與帶微甜的風味

濃濃的中藥香氣與順口的甘甜為基本的特色。每家釀造廠都有不同的風味，也可以多加評比。

廣島市區搭 電車 約35分

約35km 廣島市區 西条 宮島 竹原 大久野島 尾道 鞆之浦 吳 島波海道 安藝灘飛島海道 帝釋高原

西条

さいじょう

MAP 附錄③15上圖

灰泥牆和紅磚煙囪林立

這座城市的關鍵字

來酒藏通 暢飲在地酒!!

酒廠中有許多開放一般民眾參觀的店家，甚至能參觀酒廠內部。享受試喝及參觀之餘，也要大口吃在地酒的相關美食！

西条是這樣的地方！

與神戶的灘、京都的伏見並列為日本三大釀酒地的西条，以日本首屈一指的酒鄉而著稱。JR西条站前往東西向延伸1km的街道稱作「酒藏通」，分佈著7間酒廠，可以來試喝或逛逛各家店，盡情感受酒廠的氛圍。

西条觀光小幫手！

注意迎賓看版「歡迎光臨釀華町西条」

酒廠開放的時間主要在週六日、假日，對外開放的酒廠前會擺出「歡迎光臨釀華町西条（ようこそ醸華町西条）」的看板，可以參觀平常無法進入的內部，有些時期甚至能一睹實際釀酒的過程。即使平日前來，也能在腹地一隅試喝及購物。

東廣島市觀光服務處

ひがしひろしましかんこうあんないしょ

設在JR西条站2樓的服務處，備有西条的地圖和觀光手冊等，做為觀光據點很方便。

MAP 附錄③15B-1
082-430-7701
9:00~18:00 休無休
所東広島市西条本町12-3 JR西条站內 交JR西条站內 P無

THE賀茂泉 試喝比較套餐 5種540日圓

可品吟生酒及不同年份的熟成酒。1個玻璃杯的分量也不少

●限週末的「酒之喫茶店」

1 酒泉館

しゅせんかん

喝得到隨時備有超過20款賀茂泉美酒的酒館咖啡廳，還有使用時令食材製作的下酒菜和酒饅頭、酒味水果蛋糕等甜點。位於賀茂泉酒造內，僅於週末營業。

MAP 附錄③15C-2
082-423-2021（賀茂泉酒造）
10:00~16:30 休週一~五（每月4、10日有營業）
所東広島市西条上市町2-4 賀茂泉酒造內 交JR西条站步行10分 P免費

改造自屋齡90年的洋樓

步行即到

●酒都才吃得到的和菓子

2 のぞみ庵

のぞみあん

販售和菓子，所有商品都使用釀酒用水製作，尤以包入大量微甜餡料的銅鑼燒是本店招牌。

082-423-3777 MAP 附錄③15C-2
9:30~19:00 休週一 所東広島市西条上市町3-5 交JR西条站步行7分 P免費

使用釀酒用水做的季節性生菓子 1個356日圓

步行3分

觀光客的歇腳處

●保存江戶時代的風貌

3 鑽門

くぐりもん

彷彿跨過巷弄般屋頂相通的建築物。善加利用昭和初期傳統劇場「朝日座」的入口，西棟做為觀光服務處，東棟則是咖啡廳「くぐり門珈琲店」。

MAP 附錄③15B-2
082-421-2511（西条酒藏通觀光服務處）
10:00~16:00（外觀自由參觀） 休週一（逢假日則翌日休） 所東広島市西条本町17 交JR西条站步行5分 P免費

以酒為主題的兩大活動

酒祭&釀華町祭

西条會舉辦美酒祭典「酒祭」以及能盡情巡遊酒廠的「釀華町祭」。酒祭時能試喝全日本網羅來的約1000款名酒。

酒祭上魄力十足的熱舞遊行

●2019年10月舉辦
「酒祭」
會　場…JR西条站周邊
活　動…沿街遊行亂歌舞／飲酒廣場／美酒鍋／各家酒廠的試喝與販賣等

●2019年3月初旬
「春之西条・釀華町祭」
會　場…酒藏通
活　動…集章／導覽帶隊觀光／參觀酒廠

前往西条的方式！

廣島站 → 電車 JR山陽本線 約35分 580日圓 → 西条站

廣島IC → 開車 山陽自動車道 約28km 約20分 → 西条IC

洽詢處
東廣島市觀光服務處…082-430-7701
www.hh-kanko.ne.jp
西条酒藏通觀光服務處…082-421-2511

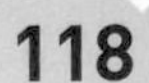

多款酒鄉風味十足的逸品！

想在沉浸於城鎮風情的同時 樂享與酒相關的名產

美食&購物精選

攤販

酒蔵横丁
さかぐらよこちょう

站前的復古風攤販村

以酒廠為設計概念，JR西条站前的攤販村。提供鳥骨雞拉麵、家常菜、炭烤等五花八門的美食與酒類。

✆視店鋪而異 MAP 附錄③15B-1
L18:00～翌日2:00(部分店鋪～翌日5:00) 休視店鋪而異 所東広島市西条本町2-15 JR西条站即到 P無

有許多可隨興進店用餐的店家

義大利菜 2017年8月開幕

pizzeria ASPETTA
ピッツェリア アスペッタ

在老民宅享用道地披薩

位於酒藏通，將屋齡約70年的茶室翻修成道地的拿坡里披薩餐廳。不但有搭配菜餚的葡萄酒，也有多款在地酒。

✆082-437-3867 MAP 附錄③15C-1
L11:30～15:00（晚餐需預約） 休週二 所東広島市西条本町7-7 JR西条站步行5分 P免費

隱身在巷弄裡的隱密披薩餐館

咖啡廳

珈琲と暮らしのいろいろ あ・うん
こーひーとくらしのいろいろあうん

生活用品圍繞的空間

將屋齡約90年的古民宅改裝成咖啡廳，人氣餐點是白劍酒粕飲料、[illegible]，還販售服飾和餐具等。

✆082-423-2729 MAP 附錄③15B-2
L約11:00～約18:00 休週一，週日不定休 所東広島市西条朝日町1-32 JR西条站步行5分 P免費

在復古空間度過咖啡時光

餐廳 2017年11月開幕

蔵処 樽
くらどころたる

充分享用在地酒和廣島食材

供應東廣島市內10間酒廠的在地酒，安藝津產的牡蠣和鄉土料理、美酒鍋等。將酒桶做為裝潢等細節營造出十足酒都風格。

✆082-430-7080 MAP 附錄③15B-2
L11:00～21:30 休週二(逢假日則翌平日休) 所東広島市西条栄町7-48 JR西条站步行5分 P3小時免費

店內裝飾著歷年酒祭的海報

和菓子

さくらや 西条站前本店
さくらやさいじょうえきまえほんてん

包入在地酒餡的樽最中獲好評

大正元（1912）年創業以來的招牌商品——樽最中是長銷商品，特色是有酒廠品牌花紋的酒桶外型。

✆082-422-2513 MAP 附錄③15B-1
L8:30～19:30 休無休 所東広島市西条本町11-27 JR西条站即到 P無

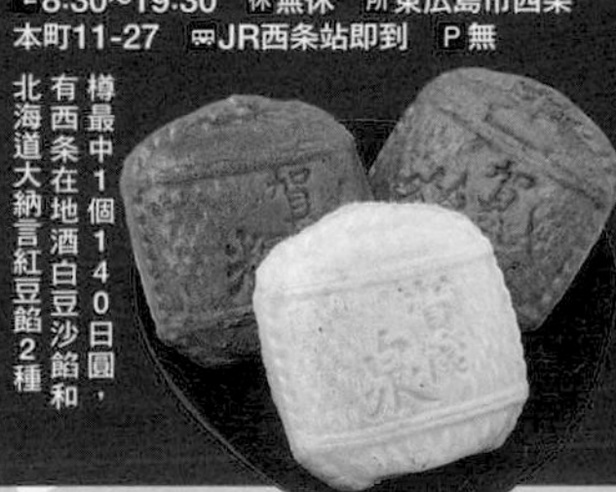

樽最中1個140日圓，有西条在地酒白豆沙餡和北海道大納言紅豆餡2種

咖啡廳

くぐり門珈琲店
くぐりもんこーひーてん

溫暖人心的老民宅咖啡廳

活用宛如穿過巷弄般的鑽門建築所開設的咖啡廳，能在此品嘗獨門特調等多種口味的咖啡。

✆082-426-3005 MAP 附錄③15C-2
L10:00～16:30 休第2、4週二 所東広島市西条本町17-1 JR西条站步行5分 P免費

陽光灑落空間寬敞的店內。咖啡500日圓～

來酒藏通暢飲在地酒!!

步行3分

●到酒廠直營店品嘗傳統風味

4 佛蘭西屋
ふらんすや

賀茂鶴酒造的直營店。美酒鍋是倒入大量酒後，再以鹽、胡椒調味的西条知名火鍋，據說曾經是很受歡迎的酒廠員工餐。午餐推薦美酒鍋御膳1706日圓。

MAP 附錄③15B-1
✆082-422-8008
L11:30～14:00、17:00～21:00(1樓為17:00～20:00) 休週三，第1、3週一(1樓為週四，第3、4週一) 所東広島市西条本町9-11 JR西条站步行5分 P免費

西条名菜！
美酒鍋 1人份1900日圓（2人以上起餐）

1樓提供西式料理，2樓是日本料理餐廳

步行3分

●西条地區規模最大的酒廠

5 賀茂鶴酒造
かもつるしゅぞう

曾獲全國新酒鑑評會金獎等無數殊榮的知名酒廠，附設介紹釀酒與商品的參觀室。2014年美國前總統歐巴馬與安倍晉三所喝的大吟釀便是這裡的酒。

MAP 附錄③15B-1
✆0120-422-212
L9:00～16:30(電話客服為週一～五的8:30～17:30) 休不定休 ¥免費入館 所東広島市西条本町4-31 JR西条站步行3分 P免費

還提供遊客試喝

伴手禮就買這瓶!!
大吟釀・添加純金箔 特製金賀茂鶴 角瓶（180mℓ）589日圓

步行5分

●擁有名水水井的酒廠

6 白牡丹酒造
はくぼたんしゅぞう

創業於延寶3（1675）年，擁有廣島縣內最悠久的歷史，更傳說是西条的釀酒起源地。受惠於延寶井等適合釀酒的井水。

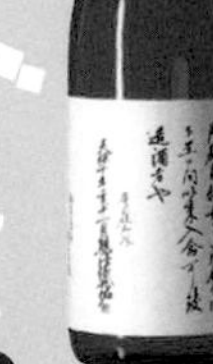

MAP 附錄③15B-2
✆082-422-2142
L10:30～16:00 休不定休 ¥免費入館 所東広島市西条本町15-5 JR西条站步行5分 P無

適合釀酒的優質水

伴手禮就買這瓶
日本酒 白牡丹 廣島之酒 原酒 720mℓ瓶裝 900日圓

步行3分

●所有麵包皆使用釀酒用水

7 パン工房 cocoron
パンこうぼうココロン

每天販售約40種麵包的小小烘焙坊，加入釀酒用水與大量奶油來做出風味濃郁的麵包。

MAP 附錄③15B-2
✆082-437-5470
L10:00～18:00(售完打烊) 休週一、二 所東広島市西条本町7-33 JR西条站步行5分 P免費

使用釀酒用水做的各種麵包100日圓～

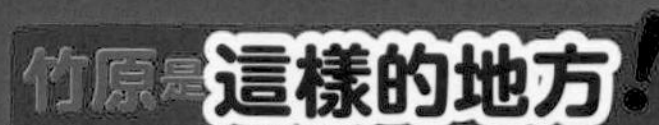

平安時代做為京都下鴨神社的莊園而蓬勃發展，被稱為安藝的小京都。商家櫛次鱗比，留下石板小徑加上棒瓦屋頂、粗灰泥牆等江戶時代風情猶存的建築物。近年來也常做為電視劇的拍攝景點。

世羅高原
廣島市區 西條 竹原 尾道 鞆之浦
約57km 大久野島
宮島 吳 島波海道
安藝灘飛島海道

前往竹原的方式！

竹原站 — JR吳線快速安藝路Liner・普通 — 吳站（電車）
約1小時760日圓

竹原 — 約17km 約25分 — 東廣島・吳自動車道 上三永IC — 約28km 約25分 — 東廣島・吳自動車道 阿賀IC（開車）

洽詢處
竹原市觀光協會…✆0846-22-4331
HP www.takeharakankou.jp/zh_TW

吳搭電車約1小時

竹原

保有江戶風情的安藝小京都

●たけはら MAP 附錄③13下圖

這座城市的關鍵字

たけはらまちなみほぞんちく

竹原街道保存地區

約500m長的街道上棒瓦屋頂與格子窗的建築物林立，散步起來很宜人。這一帶獲選為重要傳統建造物群保存地區。

咖啡廳

カフェ青

カフェあお

散步途中來倉庫咖啡廳歇腳

由醬油倉庫改裝成的咖啡廳。店長親手製作的蛋糕、甜點等每道都有著溫和風味，餐後還能欣賞店長親筆書寫的書法。

✆0846-22-3073 MAP 附錄③13B-3
L 10:00～約17:00 休 週二、每月最後週一
所 竹原市本町 3-9-28
🚃 JR竹原站步行15分 P 免費

招牌的蛋糕套餐810日圓

公路休息站

公路休息站 たけはら

みちのえきたけはら

竹原觀光情報與特產品齊集

設在竹原街道保存地區入口處的公路休息站，不但販賣竹製品和在地酒等特產品，還有當令蔬果等，還附設了創意法國菜餐廳。

✆0846-23-5100 MAP 附錄③13B-4
L 9:00～18:00(餐廳～21:00，17:00後需預約)
休 第3週三 所 竹原市本町1-1-1 🚃 JR竹原站步行10分 P 免費

1樓的商店擺滿伴手禮和蔬果

●竹原最具代表性的華麗商家

松阪邸

まつざかてい

位於街道保存地區內的代表性商家。唐博風式的屋頂與菱格凸窗等華奢的設計是明治時代才改建而成。

可在榻榻米房間欣賞庭園美景也是亮點

MAP 附錄③13B-3
✆0846-22-5474
L 9:00～17:00
休 週一 ¥ 入館費200日圓 所 竹原市本町3-9-22 🚃 JR竹原站步行15分 P 無

竹原市列入重要文化財的建築物之一

●將竹原街景盡收眼底

西方寺・普明閣

さいほうじ ふめいかく

興建於江戶時代前期的淨土宗寺院。建於境內南邊較高地段的普明閣是採攢尖式雙層屋頂的懸造式建築。

MAP 附錄③13B-3
✆0846-22-7745
(竹原市產業振興課)
L 境內自由參觀
所 竹原市本町3-10-44
🚃 JR竹原站步行15分
P 無

仿效京都的清水寺建造而成

●介紹鹽城的歷史

竹原市歷史民俗資料館

たけはらしれきしみんぞくしりょうかん

昭和初期興建的西洋風建築物，館內展出為這座城市帶來繁榮的製鹽業與釀酒業的歷史相關資料、民生用品等。

✆0846-22-5186 MAP 附錄③13B-3
L 9:00～17:00 休 週二(逢假日則開館)
¥ 入館費100日圓 所 竹原市本町3-11-16
🚃 JR竹原站步行15分 P 無

前身是竹原書院圖書館的古風建築物

●創業以來專注釀酒始終如一

藤井酒造・酒蔵交流館

ふじいしゅぞうさかぐらこうりゅうかん

開放參觀江戶晚期興建的酒倉一隅。除了販售酒、使用酒粕製作的獨創商品和雜貨，還提供龍勢的純米酒和季節限定酒款試飲，更附設酒倉蕎麥麵店。

✆0846-22-2029 MAP 附錄③13B-3
L 10:00～17:00 休 週一(逢假日則翌日休)
¥ 免費入館 所 竹原市本町3-4-14
🚃 JR竹原站步行15分 P 免費

散發出微微酒香的酒倉

●發揮米原始美味的酒

竹鶴酒造

たけつるしゅぞう

江戶時代發跡的酒品牌「竹鶴」的製造廠商，也是一甲威士忌創始者竹鶴政孝的老家。「生酛純米原酒」(720mℓ)2700日圓是暢銷款。

MAP 附錄③13B-3
✆0846-22-2021
L 10:00～16:00
休 週六日、假日
所 竹原市本町3-10-29
🚃 JR竹原站步行15分
P 無

多款傳統銘酒

半天方案

竹原／大久野島

受到全球矚目的「兔子島」

大久野島

尾道搭電車和船約1小時

●おおくのしま MAP 附錄③17C-2

這座島的關鍵字

兔子島

大久野島上有許多兔子棲息。在毛茸茸的兔子群包圍下獲得充分的心靈療癒。

島上隨處可見兔子的蹤影

大久野島是這樣的地方！

位在竹原市忠海港外海3km處，周長4.3km的小小島上約有700隻兔子棲息的大久野島，近年來常以「兔子島」之名在網路上的影片分享網站加以介紹而備受全球矚目。

世羅高原 廣島市區 西条 約30km 尾道 竹原 鞆之浦 宮島 吳 大久野島 安藝灘飛島海道 島波海道

前往大久野島的方式！

電車：大久野島棧橋 →（休暇村客船大三島渡輪 約15分 310日圓）→ 忠海港 →（步行 約5分）→ JR忠海站 →（JR山陽本線・吳線 約50分 500日圓）→ JR尾道站

開車：大久野島棧橋 →（休暇村客船大三島渡輪 約15分310日圓）→ 忠海港 →（約20km 約30分）→ 山陽自動車道河内IC

※島內禁止一般車輛通行。由於忠海港停車場的停車位有限，建議搭乘大眾交通工具。

洽詢處

休暇村大久野島……0846-26-0321
www.qkamura.or.jp/tw/ohkuno/

竹原街道保存地區／兔子島

騎自行車觀光既悠閒又愜意。但要小心衝出來的兔子！

有各式各樣毛色的兔子呢

兔子屬於群居動物，每群各有特色

我們是穴兔，會挖巢穴住在裡面喔

在棧橋歡迎遊客

千萬不要隨意追逐或抱起兔子不然會嚇到牠們

北部砲台遺址 長浦毒氣儲藏庫遺址 火藥庫遺址 休暇村大久野島 大久野島毒氣資料館 大久野島遊客中心 大久野島第2棧橋 大久野島第1棧橋

→大久野島全貌

海岸邊設有許多不同大小的兔耳，頭鑽進去便能聽見風聲與海浪聲

島嶼的南邊及東邊2地設有棧橋。船隻的出發抵達地點會隨時間改變，務必事先確認好

休暇村大久野島有提供從第2棧橋出發的免費接駁巴士

在這裡準備旅行

還有還有！

來自兔子的溫馨提醒

千萬不要亂丟垃圾！
垃圾不只會污染島上，更可能會動物誤食，對棲息島上的動物來說是一大困擾。

請勿將家兔丟在島上
被人類飼養過的兔子無法在嚴峻的自然環境中生存。

MORE!

這個地區的關鍵字

把毒氣製造的慘狀傳給後世的史蹟

大久野島過去是毒氣的製造據點，而曾被稱為「毒氣島」。雖然毒氣已處理掉並進行除汙工程，但島上各處至今仍留有史蹟。

MAP 附錄③17C-2

大久野島毒氣資料館
おおくのしまどくガスしりょうかん
0846-26-3036
9:00～16:00 休無休 ¥入館費100日圓
所竹原市忠海町5491 大久野島棧橋步行5分 P無

附近設有大久野島毒氣受害死歿者慰靈碑

可透過生吃和章魚飯來大口品嘗名產章魚的章魚滿漢定食1600日圓

走獨特路線的兔子糞屎霜淇淋370日圓～

●還可租借自行車的觀光據點

休暇村 大久野島

きゅうかむらおおくのしま

具備溫泉浴場和餐廳，島上唯一的住宿設施，可藉由自行車遊、海釣等方式來悠閒度過。商店的原創USANCHU兔子商品也很受歡迎。

0846-26-0321 MAP 附錄③17C-2
不住宿泡湯為11:00～18:00 休無休
¥自行車租借(電動自行車、2小時)800日圓
所竹原市忠海町大久野島 大久野島棧橋步行15分(有巴士接送) P有

天然鐳溫泉「せと温泉」提供不住宿泡湯（410日圓）

●便於觀光的渡輪碼頭

忠海港

ただのうみこう

前往大久野島的出發口。附設能購買兔子設計商品的伴手禮店、等待船隻時能來打發時間的咖啡廳。

0846-26-0853 MAP 附錄③17C-2
7:00～19:45 休無休 所竹原市忠海中町1-2-1 JR忠海站步行5分 P免費

還有提供寄放手提行李的服務

馬克杯對杯各1100日圓

安藝灘飛島海道是這樣的地方！

將下蒲刈島到愛媛縣的岡村島之間以7座橋相連而成的路線。各島洋溢著古早的瀨戶內風情，更以俗稱為隱藏島波海道的兜風路線而受到矚目。安藝灘大橋除外的6座橋可免費通行。

世羅高原　廣島市區　西條　尾道　鞆之浦　竹原　大久野島　島波海道　宮島　吳　約43km　安藝灘飛島海道

前往安藝灘飛島海道的方式！

御手洗港巴士站	とびしまライナー 約1小時30分 1330日圓	吳站巴士站	巴士
御手洗	約28km 約40分 720日圓 安藝灘大橋 約13km 約30分	吳IC	開車

※とびしまライナー（Tobishima Liner）雖來往於下蒲刈島～大崎下島，但須留意並不會開往最後一座岡村島。

洽詢處

吳市產業部觀光振興課…☎0823-25-3309

安藝灘飛島海道連攜推進協議會…URL www.tobishima-kaido.net/

吳開車 約1小時

安藝灘飛島海道

前往江戶時代風貌留存的群島

●あきなだとびしまかいどう　MAP 附錄③17

這個地區的關鍵字

跳島兜風趣

看點和觀光景點散布在各個島上，如列入重要傳統建造物群保存地區的御手洗等。盡情感受沿海馳騁的人氣兜風路線。

吳市中心 START

行經安藝灘大橋（通行費720日圓）開車約17km

悠久歷史增添色彩的島嶼

1 下蒲刈島 ●しもかまがりじま

江戶時代曾隆重款待朝鮮通信使的島嶼，資料館等設施集中於島的東邊。

●了解朝鮮通信使的歷史

松濤園

しょうとうえん

由展出曾用來招待朝鮮通信使的料理模型等的御馳走一番館、修復完成的蒲刈島御番所等4館組成。

MAP 附錄③17A-3

☎0823-65-2900

L 9:00～16:30　休 週二（逢假日則翌日休）　¥ 入館費800日圓

所 吳市下蒲刈町下島2277-3

交 吳IC 17km　P 免費

行經蒲刈大橋開車約1km

瀨戶內海的絕景近在眼前

2 上蒲刈島 ●かみかまがりじま

沿著縣民之濱的兜風路線

獲得日本海岸百選等殊榮的縣民之濱是海浪平穩的海洋度假區，以古法製作的藻鹽很出名。

●來選購島嶼伴手禮

であいの館

であいのやかた

位在渡過蒲刈大橋後的高地上，除了販賣特產品還設有休息區。

MAP 附錄③17A-3

☎0823-68-0120

L 9:30～17:00　休 無休

所 吳市蒲刈町向西脇985-1

交 吳IC 18km　P 免費

海人的藻鹽430日圓、藻鹽抹茶470日圓

行經豐島大橋開車約17km

周長約10km的小小島嶼

3 豐島 ●とよしま

閒情時光流淌的漁夫小城。豐島大橋是安藝灘飛島海道中最新的橋。

●高8m的圓頂形觀景台

十文字山公園瞭望台

じゅうもんじやまこうえんてんぼうだい

MAP 附錄③17B-3

☎0823-68-2211

（吳市豐濱市民中心）

L 自由參觀　所 吳市豐濱町豐島　交 吳IC 36km

P 免費

行經豐濱大橋開車約15km

御手洗的街景是觀光重點！

4 大崎下島 ●おおさきしもじま

曾經是江戶時代船隻橫渡瀨戶內海時的中途港因而繁榮的港都。盛行種植大長蜜柑和檸檬等柑橘類。

●在風韻猶存的老街漫步

御手洗街道保存地區

みたらいまちなみほぞんちく

從江戶時代到昭和初期的建築物交織而成的歷史悠遠街區。景點多集中在步行範圍內，沿街不少咖啡廳和商店。

MAP 附錄③17C-3

☎0823-67-2278

（豐町觀光協會）

L 自由參觀　所 吳市豐町御手洗

交 吳IC 40km　P 免費

行經平羅橋、中之瀨戶大橋、岡村大橋開車約7km

安藝灘飛島海道的終點

5 岡村島 ●おかむらじま

安藝灘飛島海道最東邊的島嶼，還有渡輪開往島波海道的大三島。

●坐落島嶼南邊的灰白色觀景台

長谷瞭望台

ナガタニてんぼうだい

MAP 附錄③17C-3

☎0897-88-2111

（今治市關前支所住民服務課）

L 自由參觀

所 愛媛縣今治市關前岡村

交 吳IC 43km　P 免費

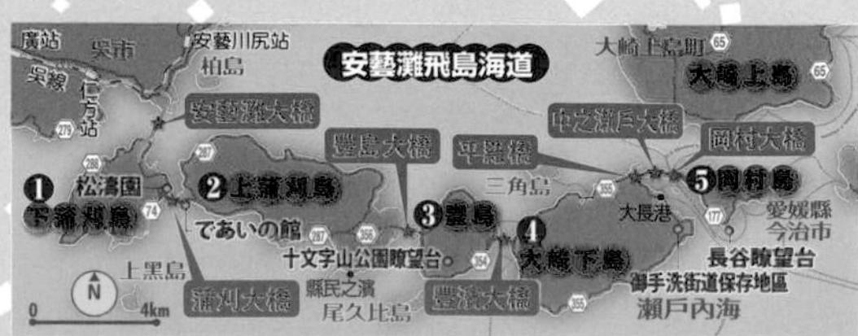

三次是這樣的地方！

三條河川與綠地環繞的廣島縣北部地區，擁有葡萄和小麥等許多由豐沛大自然孕育的食材，同時也是美食的寶庫。從尾道前來時建議走免費通行（部分區間除外）的高速公路及山並街道。

前往三次的方式！

三次站	藝備線（普通）約1小時40分 1320日圓	廣島站（電車）
中國自動車道 三次IC	約77km 約1小時	山陽自動車道 広島IC（開車）

洽詢處
三次市観光協會…✆0824-63-9268
http://miyoshi-kankou.jp/tw/

這個地區的關鍵字

追尋美食兜風趣

三次地區擁有起司、麵包、葡萄酒等多種美味食材，在遼闊綠意中盡情兜風，出發尋找絕品美味！

廣島市區 開車約1小時20分

三次

●みよし MAP 附錄③14上圖

美味食材雲集的美食重鎮

白起司（100g）380日圓等

●散發新鮮牛奶香氣的起司

1 三良坂フロマージュ

みらさかフロマージュ

以自然放牧飼養的牛、羊鮮奶製作的自製起司深受好評，提供無添加物又有溫和風味的新鮮起司等約8種起司。

✆0824-44-2773 MAP 附錄③14E-3
L10:00~17:00 休週日 所三次市三良坂町仁賀1617-1
交三良坂IC 7km P免費

開車約5km

福福膳1620日圓

●明治27（1894）年創業的豆腐店

2 佐々木豆腐店

ささきとうふてん

以三次產大豆為主，再因應季節與商品混合他縣生產的大豆，微微的大豆香氣與甘甜堪稱絕品！附設餐廳。

✆0824-44-2662 MAP 附錄③14E-3
L10:00~18:30（用餐為11:00~14:30） 休週一 所三次市三良坂町三良坂2610-16 交三良坂IC 4km P免費

即到

●三良坂小麥製的麵包

3 麦麦

むぎむぎ

使用三次產食材製作的麵包吸引眾多客人造訪，自製天然酵母麵包富含口感與小麥的香氣。

✆0824-44-2661 MAP 附錄③14E-3
L9:00~18:00 休週三（逢假日則營業） 所三次市三良坂町三良坂2120 交JR三良坂站步行5分 P免費

法式長棍324日圓、水果多層蛋糕259日圓等

開車約10km

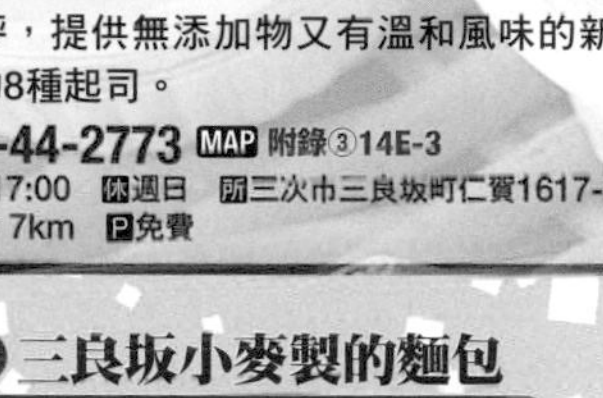

也有許多當地人前來

吃到飽1人1080日圓

●三次當令食材齊聚一堂

4 トレッタみよし

將直販所、餐廳、麵包店一網打盡的複合設施，在吃到飽餐廳能飽嘗以當地農家採收的食材烹製的日、西式料理。

✆0824-65-6311 MAP 附錄③14D-3
L9:00~17:00（吃到飽為11:00~14:30） 休第2週三 所三次市東酒屋町438 交三次IC 3km P免費

即到

展出奧田元宋作品的常設展示室

●展示以月亮為主軸的作品

5 奥田元宋・小由女美術館

おくだげんそうさゆめびじゅつかん

收藏展示出身自三次市的日本畫畫家奧田元宋與其夫人兼人偶藝術家奧田小由女的作品。從設置落地窗的大廳能欣賞到美麗月光。

✆0824-65-0010 MAP 附錄③14D-3
L9:30~16:30 休第2週三 ¥入館費800日圓（特展另外收費） 所三次市東酒屋町10453-6 交三次IC 3km P免費

即到

●釀造稀有而珍貴的葡萄酒

6 広島三次ワイナリー

ひろしまみよしワイナリー

100%三次產葡萄的TOMOÉ葡萄酒系列十分暢銷。附設能自由參觀的葡萄酒儲藏庫、可試喝葡萄酒的專區、物產館。

✆0824-64-0200 MAP 附錄③14D-3
L9:30~18:00（視設施而異） 休無休，1~3月第2週三休 ¥免費入館 所三次市東酒屋町10445-3 交三次IC 2km P免費

葡萄酒色的屋頂很顯眼

TOMOÉ Muscat BaileyA 1620日圓

稍微走遠一些到帝釋峽

位於廣島縣東北部的大溪谷。流過中國山地的帝釋川侵蝕喀斯特地形台地而成的溪谷長達18km，主要有列入天然紀念物的雄橋等大自然的鬼斧神工、神龍湖等綿延不斷的絕景，美得令人屏息。

帝釋峽 ●たいしゃくきょう MAP 附錄③14F-2
✆0847-86-0123（帝釋峽觀光協會）
所庄原市東城町/神石高原町永野
交東城IC至上帝釈12km P1天400日圓

賞新綠的初夏、紅葉的秋季是最佳觀光季節

四季花卉為世羅高原妝點上色彩。立刻出發去欣賞春季到秋季隨著時節更迭的美景。

世羅高原

せらこうげん MAP 附錄③20D-3

西日本首屈一指的無際花田

尾道開車 約40分

世羅高原 約33km 尾道 廣島市區 西條 竹原 大久野島 鞆之浦 宮島 吳 島波海道 安藝灘飛島海道

●廣布整面山丘的七彩香草

香山薰衣草之丘

こうざんラベンダーのおか

初夏有薰衣草、春季能欣賞罌粟花。設有花苗販賣處和餐飲空間。

☎0847-24-0682 MAP 附錄③20D-3
L4月下旬~10月下旬的9:00~17:00
休開放期間無休 ¥入園費700日圓 所世羅町別迫794-9 交世羅IC 9km P免費

4月下旬~5月下旬
約10萬株的冰島罌粟開滿一大片花園

●繽紛的芝櫻與粉蝶花優美迷人

Flower village 花夢之里

フラワービレッジかむのさと

約100萬株粉蝶花與45萬株芝櫻豔麗綻放於整片山丘。

☎0847-39-1734 MAP 附錄③21C-3
L4月中旬~5月下旬的9:00~17:00
休開放期間無休 ¥入園費800日圓 所世羅町上津田3-3 交世羅IC 20km P免費

4月中旬~5月上旬
色彩豔麗的花毯覆蓋在遼闊的腹地上

●五顏六色的華麗玫瑰

そらの花畑 世羅高原花の森

そらのはなばたけせらこうげんはなのもり

英國玫瑰專屬的花園。每逢初夏和秋季，色彩鮮豔玫瑰的甜美香氣便會籠罩園內。

☎0847-29-0122 MAP 附錄③20D-3
L5月下旬~7月中旬、9月下旬~11月上旬的10:00~17:00（週六日、假日為9:00~） 休開放期間無休 ¥入園費800~1000日圓 所世羅町戸張空口1405 交甲奴IC 4km P免費

約5~7月、約9~11月
約有135品種、7100株的玫瑰盛開

●堪稱西日本最大規模的紫藤園

Flower Park 世羅紫藤園

フラワーパークせらふじえん

當紫藤盛開的季節到來，園內便會染上一片粉紅與紫色。還能賞牡丹櫻及罌粟花。

MAP 附錄③20D-3
☎0847-22-0020
L4月下旬~5月下旬的9:00~17:00
休開放期間無休 ¥入園費800日圓 所世羅町安田478-82 交世羅IC 9km P免費

約5月10日~約5月下旬
約1200株紫藤盛開，爭奇鬥豔

●數十萬株的百合打動人心

世羅百合園

せらゆりえん

除了繽紛綻放的百合，還能欣賞季節花卉。遍布整片花田的花海彩繪美得驚人。

☎0847-27-1555 MAP 附錄③21C-3
L4月7日~7月8日、7月21日~8月26日、9~11月上旬的9:00~17:00 休開放期間無休 ¥入園費800日圓 所世羅町黒渕権現山413-20 交世羅IC 15km P免費

百合 日本最大規模
約4~7月、約9~11月
寬廣的山丘上一整年都有華麗的百合恣意綻放

世羅高原是這樣的地方！

廣布在廣島縣中央東方，海拔約400m的世羅高原。堪稱西日本規模第一的花田能欣賞四季花卉，是高人氣的出遊景點。最近則以使用世羅產食材的當地漢堡備受矚目。

世羅高原觀光小幫手！

公路休息站 世羅

みちのえきせら

有導覽人員駐點提供觀光資訊的公路休息站。特產直銷商店有許多本區的特產品。

MAP 附錄③20D-3
☎0847-22-4400
L8:00~19:00（12~3月~18:00） 休無休
所世羅町川尻2402-1
交世羅IC即到
P免費

前往世羅高原的方式！

洽詢處
世羅町觀光協會…☎0847-22-4400
HP http://seranan.jp/

這個地區的關鍵字 MORE

世羅漢堡

世羅高原豬千層漢堡

吃6種穀物長大的世羅高原豬化身當地特色漢堡粉墨登場！在此介紹實力派在地漢堡的美味之處。

與當地的麵包店共同研發，能確實包住肉與蔬菜
起司
風味關鍵的3種起司是與當地披薩店一同調配而成
世羅高原豬
中間夾起司成千層狀，交疊出外層酥脆、裡頭軟嫩的口感。徹底滲進豬肉的自製甜辣醬料更令人食指大動
特色是添加了大量檸檬的清爽酸味
鮮度絕佳的爽脆口感增添美味
為了凸顯肉排而精心調整過大小
世羅高原豬千層漢堡
700日圓

當地披薩店就是這家
pizza amore NAKADAYA
●ピッツァアモーレなかだや
0847-22-5656
11:00～18:00（14:00以後僅限外帶） 休週二，第2、4週一
所世羅町東神崎394-7 交世羅IC 4.5km P免費

世羅漢堡推廣計劃

由觀光農園等6家店策畫的世羅當地漢堡，如今在世羅町已吃得到共11種使用世羅高原豬、世羅牛等世羅產食材的「世羅漢堡」。

由這些店家精選推薦

世羅炸MINORI牛排漢堡 864日圓

將世羅MINORI炸牛排夾起來！醬汁是由2種醬混合而成的深層滋味

來這裡大口吃
和食亭 三波羅
●わしょくていみはら
0847-22-3960 MAP 附錄③20D-3
營11:30～21:00 休週二 所世羅町西神崎876-1 交世羅IC 5km P免費

世羅的恩惠漢堡 680日圓

夾入以甘甜油花為特色的六穀豬、高麗菜、番茄、青紫蘇等世羅產食材的漢堡

來這裡大口吃
レストラン道の駅 sera
●レストランみちのえきせら
0847-22-4400 MAP 附錄③20D-3
營10:00～15:00（飲品為9:00～18:00）
休無休 所世羅町川尻2402-1 公路休息站世羅內 交世羅IC即到 P免費

世羅牛漢堡 680日圓

將世羅牛以添加葡萄酒的自製醬汁調味，柔嫩又有鮮甜風味的世羅牛很好吃

來這裡大口吃
料理旅館 玉乃家
●りょうりりょかんたまのや
0847-22-1161 MAP 附錄③20D-3
營11:00～14:00、17:00～22:00
休不定休 所世羅町本郷25-2
交世羅IC 4km P免費

●四季更迭的百花綻放

世羅高原農場

せらこうげんのうじょう

春季有鬱金香、夏季有向日葵、秋季有大理花，能欣賞花田隨四季變換風貌的觀光農園。還有收穫祭等多種體驗活動。

MAP 附錄③20D-3
0847-24-0014
2018年為4月14日～5月13日、7月28日～8月19日、9月8日～10月21日
休開放期間無休 ¥入園費800日圓
所世羅町別迫1124-11
交世羅IC 11km P免費

世羅高原豬千層漢堡的販賣日期只在下列的活動期間！

- ●「鬱金香祭」4月14日～5月13日
- ●「向日葵祭」7月28日～8月19日
- ●「大理花祭」9月8日～10月21日
- ●「玫瑰祭」

※於そらの花畑 世羅高原花の森（→P.124）舉辦 5月26日～7月16日、9月下旬～11月初旬

Topics

在2017年鳥取漢堡嘉年華獲得「MAPPLE獎」的殊榮

從2009年開始舉辦，日本最大型的當地漢堡慶典。來此擺攤的當地漢堡會由評審和參加民眾一同票選來決定名次，此外還設有企業和團體的獎項。

4月中旬～5月上旬
約300品種·75萬株的
鬱金香花田規模驚人

宮島開車 約40分

世羅高原
廣島市區
西條
尾道
鞆之浦
約30km
竹原
大久野島
宮島
吳
島波海道
岩國
安藝灘飛島海道

岩國

山上古城與名橋秀麗的城下町

●いわくに MAP 附錄③15下圖

大正11（1922）年
列入名勝的錦帶橋

長193.3m、
高度最高達13m的
五連拱木造橋，
可以親自上橋走走

鵜飼捕魚是錦帶橋的夏季風情畫。所需約2小時，詳情洽鵜飼事務所 ✆0827-28-2877

這座城市的關鍵字

きんたいきょう
錦帶橋

為使橋身能抵擋錦川的洪水，由岩國第三代藩主吉川廣嘉傾盡心思建造的錦帶橋。2004年完成長達3年的整修工程，猶然保有橋樑之美。

岩國是這樣的地方！

坐落在接近廣島縣邊界的山口縣岩國市是極具風情的城下町，不可錯過名列日本三大名橋之一的錦帶橋。為了將橋架設於河寬約200m的錦川上，約每隔35m即設置橋腳，採用傳統的榫接技法。此外，在綠意環繞的周邊還有史蹟和博物館等歷史景點聚集。

岩國觀光小幫手！

優惠票券

包含錦帶橋（往返）、空中纜車（往返）、岩國城的套票940日圓，於錦帶橋售票口等地販售。

✆0827-41-1477（錦川鐵道 岩國管理所）

志工導覽

連同錦帶橋、岩國城、白蛇的歷史與文化，帶遊客認識錦帶橋周邊。

✆0827-41-2037
（岩國市觀光協會）
🕒9:00～16:30（最晚須在一週前預約）
休無休 ¥免費

樂趣多更多！

不太一樣的賞橋方式

不妨感受四季的風采，從各種角度來欣賞優美的拱橋。

茶屋 觀景

お茶処 錦帶茶屋
おちゃどころきんたいちゃや

MAP 附錄③15B-4

可以在享用著名的岩國壽司600日圓或獨創拿鐵500日圓等餐點的同時欣賞橋景。

從窗戶望出去的錦帶橋美景值回票價

✆0827-43-3630
🕒9:30～17:00（4～8月～18:00） 休無休
所山口県岩国市岩国1-1-42 橋の駅2F
交錦帶橋巴士站即到 P使用錦帶橋下河原停車場

夏
春
秋
冬

●長達193.3m的木造橋樑

錦帶橋
きんたいきょう

使用傳統的榫接技法打造，建築出五連拱的美麗木造橋。與日光的神橋、甲斐的猿橋並列為日本三大名橋。

MAP 附錄③15B-4
✆0827-29-5116（岩國市觀光振興課）
🕒24小時 休無休 ¥登橋費（往返）300日圓
所山口県岩国市岩国 交錦帶橋巴士站即到
P免費（3～5月、9～11月的週六日、假日為1天300日圓）

遊覽船僅在春和秋季行駛，從船上欣賞錦帶橋也很迷人

從錦川的河濱能一窺精密的榫接工法

前往岩國的方式！

電車：宮島口站 → JR山陽本線 約23分 320日圓 → 岩國站 → 岩國市交通局 岩國巴士 約20分 300日圓 → 錦帶橋巴士站

開車：山陽自動車道 岩国IC → 約4km 約10分 → 錦帶橋

巴士

洽詢處
岩國市觀光振興課…✆0827-29-5116
HP www.iwakuni-city.net

美食&購物精選

飽享城下町的鄉土料理

錦帶橋一帶散布著能品嘗鄉土料理的店家和休憩景點。

平清
日本料理

ひらせい

岩國壽司是本地名菜！

又稱為「殿樣壽司」的岩國推薦鄉土料理，是層層疊上醋飯、蓮藕、魚鬆、蛋絲後壓製而成的壽司。

錦帶橋嫩秀的老字號餐廳

將古老町家改裝成現代風格的和食餐廳，錦帶橋近在眼前，位處可欣賞優美景致的絕佳地點。包含色彩鮮豔的岩國壽司，將蔬菜以清淡調味煮成類似湯品的「大平」等傳統料理的「蛇之目御膳」很受歡迎。

☎0827-41-0236 MAP 附錄③15B-4
L11:00～14:00、17:00～20:00 休週二
所山口県岩国市岩国1-2-3 ═錦帶橋巴士站即到 P使用錦帶橋下河原停車場

可以從大面窗眺望錦帶橋

附炸物等5、6道菜的蛇之目御膳1700日圓

佐々木屋小次郎商店
伴手禮

ささきやこじろうしょうてん

出名的霜淇淋

推出獨家口味霜淇淋的錦帶橋名產店，2樓還設有餐廳兼甜品店。

MAP 附錄③15B-4
☎0827-41-3741
L9:00～18:00
休不定休
所山口県岩国市横山2-5-32
═錦帶橋巴士站步行5分
P無

草莓起司蛋糕 500日圓

うまもん
伴手禮

以自然發酵法製作的傳統醬菜

使用水井湧出的地下水，遵守以重石壓住蔬菜醃製的古早製法。推出15種醬菜。

☎0827-41-2115 MAP 附錄③15B-4
L9:00～17:00 休無休 所山口県岩国市岩国1-11-11 ═錦帶橋巴士站步行5分
P免費

從基本款到季節限定商品提供多種選擇

渡過錦帶橋後到

吉香公園散步

將岩國藩主吉川家的居所遺址等規劃成公園對外開放，園內有武家宅邸和舊目加田家住宅等保留藩政時代風貌的史蹟散布各處。這裡也以賞櫻名勝100選之一而著稱，保有濃濃的城下町風情。

MAP 附錄③ 15B-3
☎0827-29-5116（岩國市觀光振興課）
L自由入園 所山口県岩国市横山 ═錦帶橋巴士站步行10分
P免費（3～5月、9～11月的週六日、假日為1天300日圓）

綠意蔥鬱的休憩公園

走過錦帶橋即可抵達務必來此走走

內部展示出刀劍和書畫等

高踞城山山頂的古城
岩國城
いわくにじょう

慶長13（1608）年由首位岩國藩主吉川廣家築城，採桃山風南蠻形式的城堡。現今的模擬天守是在昭和37（1962）年建造於現在的位置。

MAP 附錄③ 15A-3
☎0827-41-1477（錦川鐵道 岩國管理所）
L9:00～16:30 休岩國城空中纜車維護日
¥入場費260日圓 所山口県岩国市横山3
═岩國城空中纜車城山山頂站步行5分
P使用錦帶橋下河原停車場

岩國城空中纜車
いわくにじょうロープウェー

MAP 附錄③ 15A-3

來往於城山山頂和山麓，能享受約3分鐘的空中漫遊。

☎0827-41-1477（錦川鐵道 岩國管理所）
L9:00～17:00 休保養維護日 ¥來回550日圓
所山口県岩国市横山2 ═錦帶橋巴士站步行10分 P使用錦帶橋下河原停車場

吉川家傳承下來的寶物
吉川史料館
きっかわしりょうかん

擁有約800年歷史的舊岩國藩主吉川家代代相傳的武器、盔甲、刀劍、美術品等，每年會更換4次展品依序展出。還有列為國寶的大刀和豐臣秀吉賜予的陣羽織等。

☎0827-41-1010 MAP 附錄③ 15B-3
L9:00～16:30 休週三（逢假日則翌日休，每年4次更換展品期間休館） ¥入館費500日圓
所山口県岩国市横山2-7-3 吉香公園內
═錦帶橋巴士站步行10分 P免費

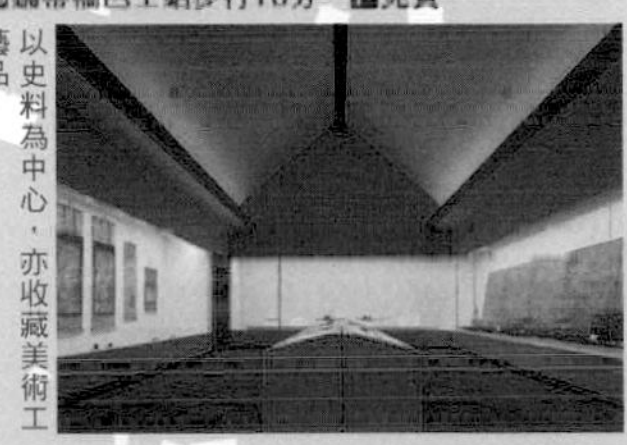

以史料為中心，亦收藏美術工藝品

拜見弁天神的使者
岩國白蛇館
いわくにシロヘビのやかた

介紹天然紀念物「岩國白蛇」生態與歷史的博物館。館內能看到真正的白蛇，並透過古文書和骨骼標本、遊戲和體驗裝置來了解白蛇的奧秘。

☎0827-35-5303 MAP 附錄③ 15B-3
L9:00～17:00 休無休 ¥入館費200日圓
所山口県岩国市横山2-6-52 ═錦帶橋巴士站步行10分 P使用鄰近的停車場

據說能帶來好運的白蛇

模仿倉庫建築的厚實外觀

風情萬種的賞紅葉名勝
紅葉谷公園
もみじだにこうえん

自古以來便存在的數間寺院，由其庭園形成一大公園的地帶。賞紅葉時節在11月中旬～下旬。雖以賞紅葉名勝聞名，新綠時節也很優美。

MAP 附錄③ 15A-4
☎0827-29-5116（岩國市觀光振興課）
L自由入園 所山口県岩国市横山 吉香公園內
═錦帶橋巴士站步行15分
P使用錦帶橋下河原停車場

步入秋季隨處都會染上一片朱紅色彩

MORE!

這個地區的關鍵字

掀起日本酒熱潮的濫觴「獺祭」

由位在岩國的酒廠「旭酒造」所推出的獺祭如今已是日本最具代表性的美酒，不分海內外遠近馳名。主酒廠的對面設有直營店「獺祭Store」，販售獺祭和使用山田錦米粉製作的點心等。

➔獺祭 純米大吟釀 精磨二割三分

稍微走遠一些

いろり山賊 玖珂店
●いろりさんぞくくがてん

吃得到將嫩雞串上竹籤下去烤的知名山賊燒、山賊飯糰（519日圓）等分量飽足的豪邁菜色。

☎0827-82-3115 MAP 附錄③196-4
L9:30～翌日2:00 休週二（有可能變動） 所山口県岩国市玖珂町1380-1
═玖珂IC 4km P免費

山賊燒（789日圓）等

方便觀光的2大區域住宿指南

嚴島神社所在的宮島及原爆圓頂館所在的廣島市區。以下介紹在觀光廣島時不可錯過的這2大區域所發現的迷人旅館。

宮島

宮島的住宿有許多高級的日式旅館，而對岸的大野浦還有「宮濱溫泉」。

Best View
4樓「い」的客房窗外就是一片大鳥居景致

和風與現代風格相融
主打露天浴池坐擁
美景的旅館

●くらやどいろは

時尚感十足的石造大門非常吸睛。共18間的客房採雅致的和風現代設計，附設露天浴池和咖啡廳、美容室，用上大量當地食材的宴席料理也是一大樂趣。

1泊2食 36720日圓～

⬇晚餐至餐廳享用宴席料理

MAP 附錄③9B-4
☎0829-44-0168
IN 16：00／OUT 11：00
所 廿日市市宮島町589-4
交 宮島棧橋步行7分

➡從景觀浴池也能遠眺大鳥居

Best View
5坪中具備2坪觀景空間的「海風客房」

遙望大鳥居
忘卻時光流轉

●きんすいかん

⬇晚餐是使用大量瀨戶內海鮮魚的宴席料理

大正元年創業的老牌旅館，面朝表參道商店街而建，面海的客房坐享能欣賞嚴島神社大鳥居的絕佳位置。同時也是宮島為數不多的天然溫泉旅館，在大浴場能享受宮島潮湯溫泉。

1泊2食 27150日圓～

☎0829-44-2131 MAP 附錄③9B-4
IN 15：00／OUT 11：00
所 廿日市市宮島町1133 交 宮島棧橋步行7分（宮島棧橋有接送服務，需聯絡）

岩惣

●いわそう

⬇充滿日本建築雅致的正門大廳

於安政元(1854)年創業的老字號旅館，由木造的本館、面對紅葉谷的新館與3棟別館構成。原生林圍繞的溫泉也很吸引人。

1泊2食 23910日圓～

☎0829-44-2233 MAP 附錄③9B-3
IN 15：00／OUT 10：00
休 不定休 所 廿日市市宮島町もみじ谷
交 宮島棧橋步行15分（宮島棧橋有接送服務，搭船前需聯絡）

Best View
皇族和夏目漱石也曾下榻過的悠久旅館

佇立於紅葉谷公園
綠意盎然的旅館

Best View
能眺望大鳥居的主打客房（需預約）

可瞭望嚴島神社
位置一流的沉穩旅館

有本 宮島大酒店

●みやじまグランドホテルありもと

嚴島神社近在咫尺，坐落在做為觀光據點非常方便之地點的旅館，自信推薦使用當地漁民每早送來的新鮮海產製作的創意和食懷石料理。2018年12月5日～2019年3月底因進行耐震工程而休館。

1泊2食 21600日圓～

MAP 附錄③9B-3
☎0829-44-2411
IN 15：00／OUT 10：00
所 廿日市市宮島町南町364
交 宮島棧橋步行15分（宮島棧橋有接送服務）

➡以神社迴廊為設計參考的大廳

开具備看得見大鳥居的客房 ♨具備溫泉 P具備停車場
若以灰色標記則代表無該項設施。

※若標記為1泊2食，房價為2人住宿時的1人費用。
※刊載內容為2017年12月～2018年1月取材時的資訊。

民宿也要一併Check!!

最近民宿在宮島急速增加中，以下連同宮島民宿界先驅的旅館一併介紹。

町家風味的外觀令人印象深刻
背包旅館菊川
●ゲストハウスきくがわ

純住宿 5940日圓～

白牆加上格子窗、天然木柱等，營造出一片復古摩登的空間。具有6間洋室及1間和室、附閣樓的和室。

MAP 附錄③9C-2
☎0829-44-0039
IN15:00／OUT11:00
所廿日市市宮島町796
交宮島棧橋步行5分

搶手的附閣樓和室

2層樓木造建築的隱密旅館

入住高格調的空間
宮島ゲストハウス鹿庭荘
●みやじまゲストハウスかにわそう

純住宿（共用房間）3000日圓

時尚新穎的空間內具備男女混宿房及女性專用共宿房共5間，設有沙發的公共空間、淋浴間。

MAP 附錄③9C-1
☎0829-30-6679
IN15:00／OUT10:00
所廿日市市宮島町1165-11
交宮島棧橋即到

融入宮島風景中的和風外觀

1樓的公共空間

Best View
在五右衛門浴池泡湯也是一大樂事
吃得到宮島時令的和風美食旅館

遠離嚴島神社周邊的喧囂，彷彿時光跟著慢下來的客房

一般遊客也能用餐的餐廳備受肯定

旅彩のお宿 水羽荘
●りょさいのおやどみずはそう

注重季節感與地產地消的宴席料理深具魅力，1天限5組客人的旅館。各有不同格局的客房統一採用日式現代風的簡潔設計。

1泊2食 15120日圓～

MAP 附錄③9A-3
☎0829-44-0173
IN16:00／OUT10:00
休不定休 所廿日市市宮島町西大西町
交Maple Liner水族館巴士站即到

豐沛大自然環繞的旅館

北之町 嚴妹屋
●きたのちょういつもや

將保有宮島獨特的「おうえの間（神明房間）」的傳統風町家翻修成整棟包租的旅館（最多8人）。基本上僅供住宿，用餐請活用周遭的餐飲店。

純住宿 20000日圓～

MAP 附錄③9B-2
☎0829-44-0925
IN15:00／OUT11:00
所廿日市市宮島町580 交宮島棧橋步行5分

建造於町家通上的明治晚期建築物

2樓將三間和室打通，展現寬敞空間

賓至如歸的享受 1天限1組客人的旅館

Best View
能望見大鳥居的靠海5坪大和室
在與大鳥居對望的靠海客房悠閒放鬆身心

晚餐供應直接從漁港送來的瀨戶內海產為主角的宴席料理，盡是注重地產地消的菜餚

菊乃家
●きくのや

佇立在紅葉谷公園旁的設計旅館。不但有坐擁宮島第一美景的靠海和室，還有面向蔥鬱綠林山景的洋室。具備獨自出遊也能放心的單人房，旅館前還有宮島唯一的足湯。

1泊2食 17700日圓～

MAP 附錄③9B-4
☎0829-40-2400
IN15:00／OUT11:00
所廿日市市宮島町335
交宮島棧橋步行15分

全部房間皆有露天浴池的現代和風空間
LiVEMAX度假村 安藝宮濱溫泉
●リブマックスリゾートあきみやはまおんせん

所有客房皆配有席夢思床墊、露天浴池的現代和風空間。晚餐可品嘗季節和食膳，夏天還能樂享BBQ。

1泊2食 8500日圓～

MAP 附錄③18D-2
☎0829-54-2777
IN15:00／OUT11:00
所廿日市市宮浜溫泉2-6-18
交ONO HEART巴士宮浜巴士站即到

大型行政套房的露天浴池

客房示意圖

服務無微不至的優質旅館
庭園之宿 石亭
●ていえんのやどせきてい

在山腰擁有2000坪腹地的庭園旅館，風格各有不同的客房由本館3房和別館7房、涼亭房2房所組成，所有客房皆附有檜木室內浴池。

1泊2食 31470日圓～

MAP 附錄③18D-2
☎0829-55-0601
IN15:20／OUT10:20
所廿日市市宮浜溫泉3-5-27 交JR大野浦站搭計程車5分（大野浦站、宮島口站有接送服務，需預約）

也可以到遼闊的庭園散散步

使用大量當季海產的懷石料理深獲好評

離宮島最近的溫泉鄉 宮濱溫泉

位在宮島對岸的宮濱溫泉是邁入開湯50週年的溫泉鄉，就讓溫泉來消除旅途的疲憊吧。

廣島市區

從華麗的都市型飯店到平價的商務飯店，具備極佳方便性和機能性的飯店雲集。

南側面朝瀨戶內海與市區，北側則可望見廣島城和群山

本通周邊

坐落在最便於逛街的平和大通上

ANA皇冠假日酒店廣島

エイエヌエイクラウンプラザホテルひろしま

面朝平和大通，設有共409間客房、5間餐廳和健身房等設施。能一嘗曾在「德國烹飪奧林匹克大賽」獲得金牌的大森一憲監製早餐的住宿方案十分熱門。

Ⓢ8500日圓～、Ⓣ13000日圓～、Ⓦ14000日圓～

MAP 附錄③7C-3
☎082-241-1111
IN14:00／OUT11:00
所広島市中区中町7-20
交廣電袋町電車站即到
P1泊2000日圓

建於交通機能良好的廣島市中心

本通周邊

佇立於市中心的廣島地標

廣島麗嘉皇家酒店

リーガロイヤルホテルひろしま

地上33層的建築，擁有超過60年歷史的都市型飯店，具備共488間的客房加上9家日西中式餐廳、酒吧等，設備非常完善。游泳池和SPA（收費）更能帶來舒適的住宿享受。

Ⓣ26136日圓～、Ⓦ27324日圓～

☎082-502-1121 MAP 附錄③7B-1
IN14:00／OUT11:00
所広島市中区基町6-78 交廣電紙屋町東電車站步行3分
P1泊2160日圓

鄰近巴士中心和購物商場，交通方便

可從餐廳俯瞰瀨戶內海與廣島市區的絕景將成最美好的回憶

和平紀念公園

無論觀光或商務都非常適合的地點

廣島和平公園酒店和平公園前

パークサイドホテルひろしまへいわこうえんまえ

西有廣島和平紀念公園、北鄰本通商店街、東是商務區的絕佳位置獨具魅力。所有客房皆採用超高密度的獨立筒床墊，能享受舒適愜意的住宿時光。

Ⓢ5250日圓～、Ⓣ9200日圓～

☎082-244-7131 MAP 附錄③7B-2
IN15:00／OUT10:00
所広島市中区大手町2-6-24
交廣電紙屋町西電車站步行3分 P1泊1200日圓～

所有床鋪都是小雙人床

和平紀念公園

就在和平紀念公園旁的絕佳位置

廣島燦路都大飯店

ホテルサンルートひろしま

開設於流過廣島市內的元安川河畔的都市型飯店。使用席夢思的床墊和LOFTY公司製的枕頭，帶給您舒適的睡眠。客房內全面禁煙、提供免費Wi-Fi。

Ⓢ15120日圓～、Ⓣ24840日圓～、Ⓦ28080日圓

☎082-249-3600 MAP 附錄③7B-3
IN15:00／OUT10:00
所広島市中区大手町3-3-1
交廣電中電前電車站即到 P1泊1400日圓～

和平公園近在眼前

本通周邊

以瀨戶內風味為設計的客房很搶眼

三井花園飯店廣島

みついガーデンホテルひろしま

散發都市氣息的飯店。2016年4月將單人房、雙床房、雙人房全新翻修為瀨戶內風味十足的設計空間。來到天空餐廳，從早餐到晚餐都能在眼前美景的陪襯下享用餐點。

Ⓢ17000日圓～、Ⓣ36000日圓

☎082-240-1131 MAP 附錄③6D-3
IN15:00／OUT11:00
所広島市中区中町9-12
交JR廣島站搭計程車7分 P1泊1400日圓

以瀨戶內海為設計主題的雙床房

流川・八丁堀

下榻於時尚感十足的設計空間

廣島東方酒店

オリエンタルホテルひろしま

佇立在平和大通上的高樓飯店，能夠在展現出創意空間的客房「行政客房樓層」和老字號法國菜名店「OZAWA」等處感受優質的住宿。

Ⓢ16000日圓～、Ⓣ24000日圓～、Ⓦ20000日圓～

☎082-240-7122 MAP 附錄③6E-3
IN14:00／OUT11:00
所広島市中区田中町6-10
交廣電八丁堀電車站步行8分 P1泊1500日圓

設計師的威性大放異彩，大廳高雅又摩登

流川・八丁堀

浴廁分離等最新設備一應俱全

廣島華盛頓酒店

ひろしまワシントンホテル

考量到住宿舒適度的客房即使是單人房也有18㎡之寬敞。內有浴廁分離的衛浴、嵌在天花板上的「nanoe」空氣清淨機、全客房提供Wi-Fi等充實的最新設備。

Ⓢ11880日圓～、Ⓣ23760日圓～

☎082-553-2222 MAP 附錄③6D-2
IN14:00／OUT11:00
所広島市中区新天地2-7
交廣電八丁堀電車站步行3分 P無

可以在25㎡到27㎡的雙床房悠閒度過

和平紀念公園

具備大浴場能提供徹底的放鬆

Dormy Inn 廣島

ドーミーインひろしま

全客房採用加寬床墊，枕頭可從3種中挑選。8樓設有男女各別的大浴場和按摩室。微波爐等提供租借的用品也非常豐富。

Ⓢ5500日圓～、Ⓣ8000日圓～、Ⓦ7000日圓～

☎082-240-1177 MAP 附錄③7C-3
IN15:00／OUT11:00
所広島市中区小町3-28
交廣電中電前電車站即到 P1泊1300日圓

還設有三溫暖而能愜意享受的浴池

※房價方面，Ⓢ＝單人房、Ⓣ＝雙床房、Ⓦ＝雙人房，Ⓢ為1人住宿的費用、ⓉⓌ為2人住宿時1泊1房的費用。

廣島站周邊

JR廣島站新幹線口近在咫尺!!

廣島喜來登大酒店

シェラトングランドホテルひろしま

館內統一採用以水和光為主題的室內設計，設有餐廳和酒吧、首次於日本設點的喜來登炫逸水療中心等設施。

Ⓣ16000日圓～

✆082-262-7111 MAP 附錄③4E-1
IN 15:00／OUT 12:00
所 広島市東区若草町12-1
交 JR廣島站即到 P無

寬大床鋪很吸引人的豪華特大床客房

流川・八丁堀

療癒舟車勞頓的講究設備

廣島東急REI飯店

ひろしまとうきゅうレイホテル

沉穩的設計與細膩的服務廣受好評，飲料暢飲和上網設備也很周全。所有客房具備自創床墊，提供舒適的睡眠環境。

Ⓢ17280日圓～、Ⓣ30240日圓～

✆082-244-0109 MAP 附錄③6D-3
IN 15:00／OUT 10:00
所 広島市中区三川町10-1
交 廣電八丁堀電車站步行8分 P 1泊1080日圓

床墊和淋浴設備等細節處處可見其講究之處

流川・八丁堀

為打造舒適住宿而生的設備完善

HOTEL ACTIVE! 廣島

ホテルアクティブひろしま

位於廣島市中心，百貨公司和鬧區都在步行範圍內的一流位置。所有客房皆使用獨立筒床墊，日西式自助式早餐免費吃。全客房都有Wi-Fi也十分貼心。

Ⓢ5980日圓～、Ⓣ8800日圓～、Ⓦ7500日圓～

✆082-212-0001 MAP 附錄③6F-1
IN 15:00／OUT 10:00
所 広島市中区幟町15-3
交 廣電銀山町電車站即到 P 1泊1080日圓

客房營造出簡單現代風的氛圍

廣島站周邊

擁有中國四國地區最多客房的都市型飯店

APA飯店 廣島站前大橋

アパホテルひろしまえきまえおおはし

單人房、雙人房、雙床房、三人房合計有727間客房，擁有中國、四國地區最多客房數的大型飯店。還具備房客能免費使用的附露天浴池大浴場，能享受愜意的住宿。

Ⓢ4900日圓～、Ⓣ9400日圓～、Ⓦ5900日圓～

✆0570-006-111 MAP 附錄③4D-2
IN 15:00／OUT 11:00
所 広島市南区京橋町2-26
交 JR廣島站步行7分 P 1泊1200日圓

位於廣島站周邊，便於觀光或商務的最佳地點

廣島站周邊

廣島站步行5分距離的時尚空間

URBAIN廣島行政飯店

アーバインひろしまエグゼクティブ

設有禁菸樓層和女性專用房，能度過舒適的住房時光。客房的床墊採用席夢思的產品。迎賓廳提供咖啡和飲品、早餐等充實的免費服務也很窩心。

Ⓢ7200日圓～、Ⓣ11800日圓～、Ⓦ8400日圓～

MAP 附錄③4E-1
✆082-567-6600
IN 15:00／OUT 11:00
所 広島市東区若草町16-13
交 JR廣島站步行5分
P 1泊1000日圓（需於訂房時申請）

交通機能絕佳的位置

廣島站周邊

追求舒適且舒眠的寢具獲好評

廣島格蘭比亞大酒店

ホテルグランヴィアひろしま

直通JR廣島站新幹線口的大型都市型飯店。寢具使用蓬鬆柔軟的羽絨被和丹普牌的枕頭。晚上可以到頂樓的餐廳欣賞夜景享用餐點。

Ⓢ20196日圓～、Ⓣ34452日圓～、Ⓦ28512日圓～

✆082-262-1111 MAP 附錄③4D-1
IN 14:00／OUT 12:00
所 広島市南区松原町1-5
交 JR廣島站即到 P 1泊1080日圓

統一搭配出穩重風格的室內設計

廣島郊外

到濱海的城市型度假飯店盡享多島美

廣島格蘭王子大飯店

グランドプリンスホテルひろしま

坐落在能一望廣島灣的灣區，從飯店前的棧橋到宮島搭26分鐘的高速船即到，便於觀光。多元的餐廳和房客專用的景觀露天浴池、SPA深受好評。

Ⓣ30888日圓～、Ⓦ33326日圓～

✆082-256-1111 MAP 附錄③8E-4
IN 14:00／OUT 11:00
所 広島市南区元宇品町23-1 交 JR廣島站搭廣島巴士40分，グランドプリンスホテル広島站下車即到 P 1泊500日圓

空間舒適寬敞的豪華家庭房附景觀浴室（53㎡）

廣島站周邊

直通開發熱潮不斷的JR廣島站南口！

HOTEL KAWASHIMA

ホテルかわしまひろしまえきちょっけつ

開設於地上52層樓的複合大樓「BIG FRONT廣島」內的都市型飯店，全客房採用斯林百蘭的床墊，部分客房更配備最新型的淋浴設備。直通廣島站的絕佳位置也是賣點。

Ⓢ8800日圓～、Ⓣ15000日圓～、Ⓦ13000日圓～

MAP 附錄③4E-2
✆082-263-3535
IN 15:00／OUT 10:00
所 広島市南区松原町5-1 BIG FRONT內
交 JR廣島站即到
P 1泊1000日圓～

客房在10、11樓櫃檯在1樓

廣島站周邊

以簡樸現代風獨具特色的客房為賣點

Hotel FLEX

ホテルフレックス

與綠意盎然的京橋川對望的設計飯店，以白色和藍色為基調的簡潔客房有單人房到附陽台的獨特房型等多種選擇。

Ⓢ7150日圓～、Ⓣ18700日圓～、Ⓦ12100日圓～

✆082-223-1000 MAP 附錄③4D-2
IN 15:00／OUT 10:00
所 広島市中区上幟町7-1
交 JR廣島站步行7分 P 1泊1080日圓

天花板挑高的高屋頂雙床房

日本各地前往廣島

台灣目前有從桃園機場直飛廣島機場的班機，廣島機場有開往廣島市內、福山、吳等地的利木津巴士可搭乘。若是從關東、關西地區前往廣島，基本上搭乘鐵路或高速巴士。租車自駕則可走山陽自動車道或中國自動車道。

搭乘新幹線

欲從日本各地前往廣島市區時，搭乘班次多的新幹線絕對最方便。雖然欲前往其他地區時必須轉乘，但接續上也很流暢。

前往尾道

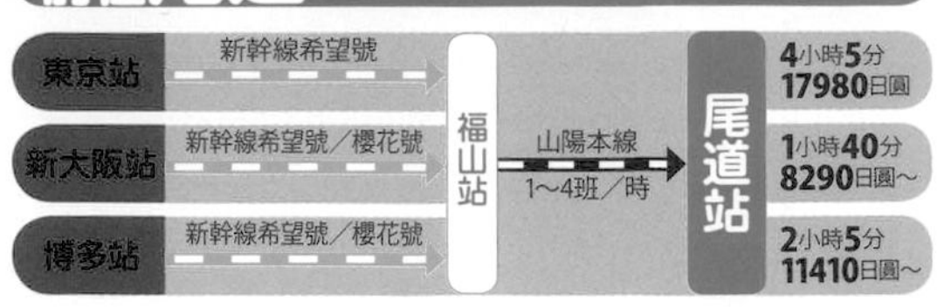

出發	路線	轉乘	路線	抵達	時間・費用
東京站	新幹線希望號	福山站	山陽本線 1～4班／時	尾道站	4小時5分 17980日圓
新大阪站	新幹線希望號／櫻花號	福山站	山陽本線 1～4班／時	尾道站	1小時40分 8290日圓～
博多站	新幹線希望號／櫻花號	福山站	山陽本線 1～4班／時	尾道站	2小時5分 11410日圓～

前往廣島・宮島

出發	路線・時間・費用	抵達
東京站	新幹線希望號 4小時 18880日圓	廣島站
新大阪站	新幹線希望號 1小時25分 10440日圓	廣島站
博多站	新幹線希望號／瑞穗號／櫻花號 1小時10分 8940日圓～	廣島站

廣島站 → 山陽本線 28分 1～8班／時・410日圓 → 宮島口

廣島站 → 廣島電鐵 1小時10分 6～10分一班・280日圓 → 宮島口

宮島口 → 渡輪 10分 180日圓 → 宮島

前往鞆之浦

出發	路線	轉乘	路線	抵達	時間・費用
東京站	新幹線希望號	福山站・福山站前	鞆鐵巴士 3～5班／時	鞆の浦	4小時10分 18180日圓
新大阪站	新幹線希望號／櫻花號	福山站・福山站前	鞆鐵巴士 3～5班／時	鞆の浦	1小時35分 8380日圓～
博多站	新幹線希望號／櫻花號	福山站・福山站前	鞆鐵巴士 3～5班／時	鞆の浦	2小時5分 11610日圓～

前往吳

出發	路線	轉乘	路線	抵達	時間・費用
東京站	新幹線希望號	廣島站	JR快速安藝路Liner 1～2班／時	吳站	4小時55分 19080日圓
新大阪站	新幹線希望號	廣島站	JR快速安藝路Liner 1～2班／時	吳站	2小時20分 10760日圓
博多站	新幹線希望號／瑞穗號／櫻花號	廣島站	JR快速安藝路Liner 1～2班／時	吳站	1小時50分 9260日圓～

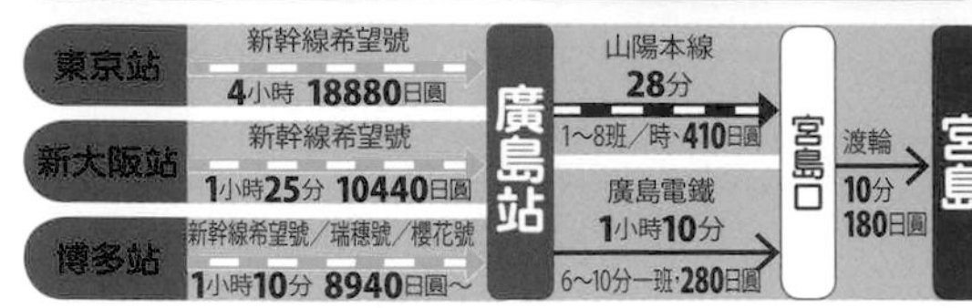

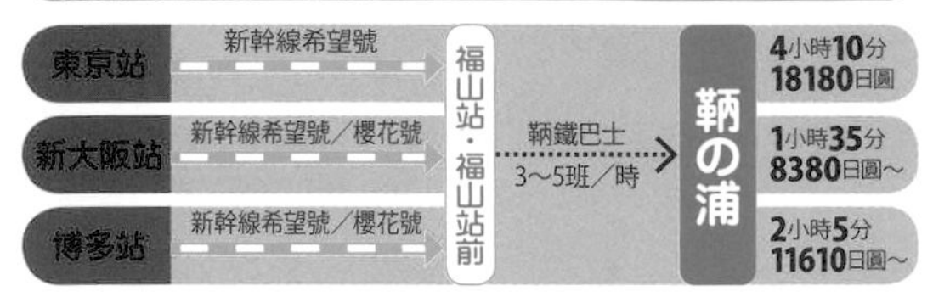

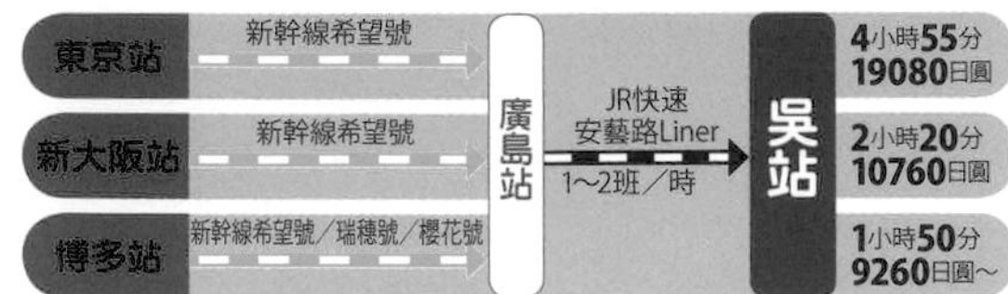

搭乘飛機

桃園機場有直飛廣島的班機，1日1班，而從日本各地往廣島機場的直達班次也很多，若從遠處前去建議搭飛機。但也別忘了從廣島機場前往縣內各地在交通上要多花點時間。

出發	航空公司・班次・時間・費用	抵達
東京（羽田機場）	ANA／JAL 18班／日、1小時30分、34890日圓	廣島機場
成田機場	ANA／IBX／SJO 2班／日、1小時40分、35040日圓	廣島機場
新千歲機場	ANA／JAL 2班／日、2小時15分、51200日圓	廣島機場
仙台機場	ANA／IBX 2班／日、1小時40分、43700日圓	廣島機場

出發	路線・班次	抵達	時間・費用
廣島機場	利木津巴士 1～4班／時	広島バスセンター	51分 1340日圓
廣島機場	利木津巴士 1～4班／時	広島駅新幹線口	45分 1340日圓
廣島機場	利木津巴士 12班／日	呉駅前	1小時 1340日圓
廣島機場	機場巴士 2～3班／日	尾道駅前	55分 1130日圓
廣島機場	利木津巴士 12班／日	福山駅前	1小時5分 1350日圓

東京（羽田機場） → ANA 5班／日、1小時45分、34890日圓 → 岩國機場 → 岩國巴士 12分、200日圓 → 岩國站 → 山陽本線 25分、320日圓 → 宮島口

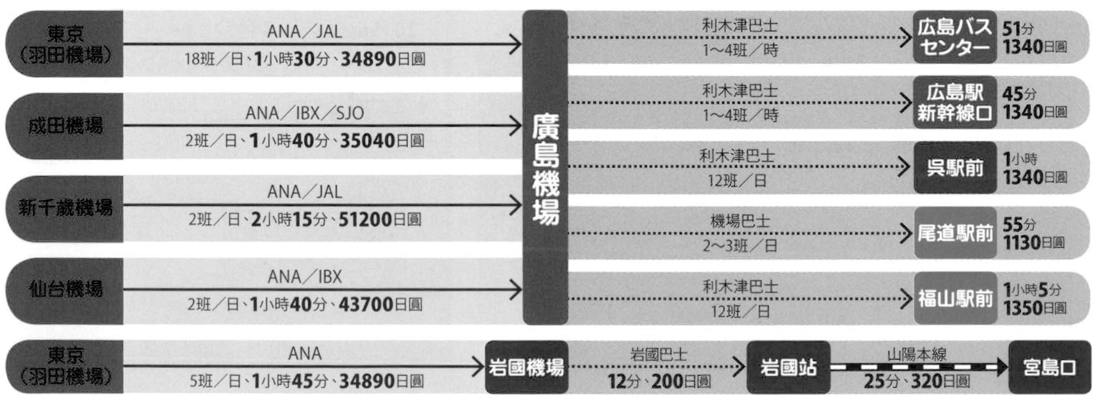

搭乘高速巴士

最大賣點在於若搭新幹線則得轉乘的吳和尾道，改搭高速巴士即可直接前往。雖然費用也較低廉而划算，卻需坐上一段時間。

前往廣島

※標記以外還有途經廣島巴士中心、廣島站新幹線口的情況，搭乘前請確認路線。

出發	路線・班次	抵達	時間・費用	營運
東京駅八重洲南口	New Breeze號 1班／日	広島駅バスセンター	11小時50分 11900日圓	小田急城市巴士、中國JR巴士營運
横浜東口バスターミナル	Maple Harbor 1班／日	広島駅新幹線口	12小時30分 11000日圓～	神奈川縣中央交通、中國巴士營運
名古屋駅新幹線口	廣島夢名古屋號 1班／日	広島駅新幹線口	9小時37分 8230日圓～	JR東海巴士、中國JR巴士營運
大阪駅	※青春白天特急號往廣島方向等 2～3班／日	広島駅新幹線口	5小時 4100日圓～6000日圓	西日本JR巴士、中國JR巴士營運
京都烏丸口	※青春白天特急號往廣島方向等 2班／日	広島駅新幹線口	6小時20分 4400日圓～6300日圓	西日本JR巴士、中國JR巴士營運
神姫バス神戸三宮BT	Harbor Liner、Kobe Express 2～4班／日	広島バスセンター	4小時6分 5000日圓	神姬巴士、廣交觀光營運
博多バスターミナル	広福ライナー 10班／日	広島バスセンター	4小時32分 4150日圓	JR九州巴士、廣交觀光、中國JR巴士、中國巴士營運

前往尾道

出發	路線・班次	抵達	時間・費用	營運
新宿駅西口	Etoile Seto號 1班／日	尾道駅前	11小時 11400日圓	小田急城市巴士、中國巴士營運
OCAT 大阪シティエアターミナル	びんごライナー 2班／日	尾道駅前	5小時 4000日圓	近鐵巴士、中國巴士營運
三宮バスターミナル	神戸ライナー 1班／日	尾道駅前	4小時 3600日圓	中國巴士、神姬巴士營運

※記載內容為2018年1月時的資訊。新幹線為一般時期的對號座特急費用。所需時間為約略值，並不包含轉乘所需的時間。營運班次為平日白天的資訊，可能視週六日、假日和時段而異。最新的時刻、票價、營運狀況等務必於搭乘時多加確認。
※各種費用可能因消費稅的調整而更動。

廣島縣內移動方式

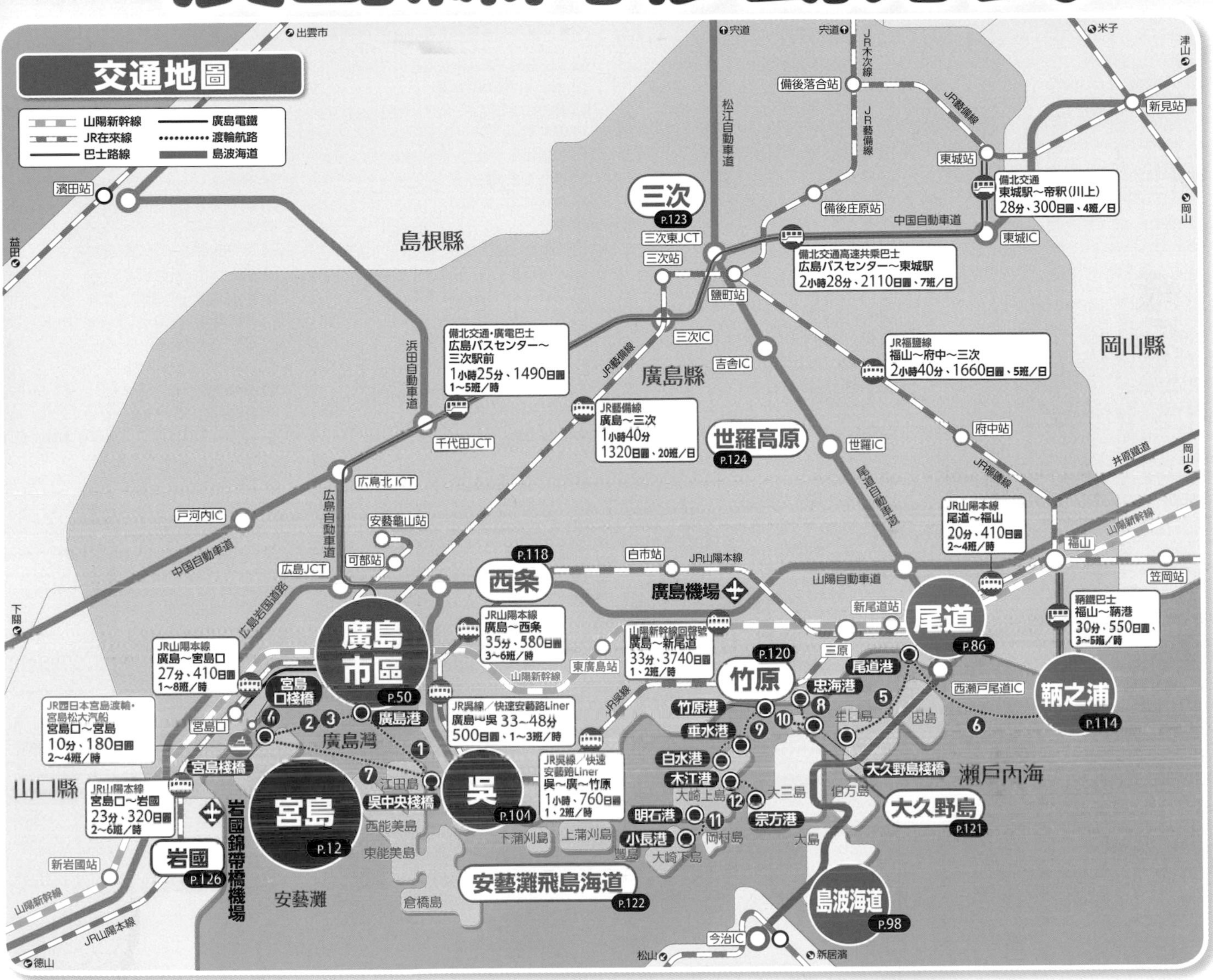

搭船移動吧！

出發地	目的地	港、棧橋	所需時間	單程費用	類別	班數／日	營運公司	航路
廣島	吳	廣島港⇔吳 ※1	45分	930日圓	渡輪	9班	瀨戶內海汽船	1
	宮島	廣島港⇔宮島	30分	1850日圓	高速船	6～8班	瀨戶內海汽船	2
		廣島市區(元安棧橋)⇔宮島	45分	2000日圓	高速船	10～17班	AQUA NET HIROSHIMA	3
		宮島口⇔宮島	10分	180日圓	渡輪	每15分	宮島松大汽船・JR西日本宮島渡輪	4
尾道	生口島	尾道港⇔生口島(瀨戶田港)	40分	1050日圓	渡輪	8班	瀨戶內遊輪	5
	鞆之浦	尾道港⇔鞆之浦 ※2	1小時	2200日圓	渡輪	2班	瀨戶內遊輪	6
吳	宮島	吳港⇔宮島 ※2	45分	2000日圓	高速船	2班	瀨戶內海汽船	7
竹原	大久野島	忠海港⇔大久野島	15分	310日圓	渡輪	6～7班	大三島渡輪	8
	大崎上島	竹原港⇔大崎上島(垂水港・白水港)	30分	340～350日圓	渡輪	32班	山陽商船・大崎汽船	9
	大久野島	竹原港⇔大久野島 ※3	20分	900日圓	高速船	6班	山陽觀光	10
大崎下島	大崎上島	大崎下島(小長港)⇔大崎上島(明石港)	15分	300日圓	渡輪	12班	土生商船	11
大崎上島	大三島	大崎上島(木江港)⇔大三島(宗方港)	15分	260日圓	渡輪	6班	大三島ブルーライン	12

※1 同區間也有高速船出航　※2 季節性出航　※3 出航日限定

交通方面的實用通訊錄

●飛機
- JAL(日本航空) ……………… ✆0570-025-071
- ANA(全日空) ……………… ✆0570-029-222
- 廣島機場利木津巴士………… ✆082-231-5171
- 岩國巴士……………………… ✆0827-22-1092

●鐵路
- JR西日本客服中心 …………… ✆0570-00-2486

●高速巴士
- 中國JR巴士客服中心 ………… ✆0570-010-666
- 西日本JR巴士 ……………… ✆06-6371-0111
- JR九州巴士 ………………… ✆092-643-8541
- 小田急高速巴士預約中心……… ✆03-5438-8511

●水路
- 瀨戶內海汽船……………………… ✆082-253-1212
- 宮島松大汽船……………………… ✆0829-44-2171
- JR西日本宮島渡輪 ……………… ✆0829-56-2045
- AQUA NET HIROSHIMA …… ✆082-240-5955
- 瀨戶內遊輪………………………… ✆0865-62-2856

索引

INDEX (索引)

景 景點
玩 玩樂
食 美食
咖 咖啡廳
買 購物
住 住宿
溫 溫泉
活 活動

廣島市區的御好燒店家

特殊、數字、英文字母

日文假名

一～五劃

【 MM 哈日情報誌系列 19 】

廣島・宮島
尾道・吳・島波海道

作者／MAPPLE昭文社編輯部
翻譯／潘涵語
校對／彭智敏
編輯／林庭安
發行人／周元白
排版製作／長城製版印刷股份有限公司
出版者／人人出版股份有限公司
地址／23145 新北市新店區寶橋路235巷6弄6號7樓
電話／（02）2918-3366（代表號）
傳真／（02）2914-0000
網址／www.jjp.com.tw
郵政劃撥帳號／16402311 人人出版股份有限公司
製版印刷／長城製版印刷股份有限公司
電話／（02）2918-3366（代表號）
經銷商／聯合發行股份有限公司
電話／（02）2917-8022
第一版第一刷／2019年1月
定價／新台幣380元
港幣127元

國家圖書館出版品預行編目(CIP)資料

廣島・宮島・尾道・吳・島波海道 / MAPPLE昭文社編輯部作 ；潘涵語翻譯. --
第一版.-- 新北市：人人, 2019.1
面； 公分. --（MM哈日情報誌系列 ; 19）
ISBN 978-986-461-171-3（平裝）

1.旅遊 2.日本

731.9 107020137

MM日本19
201901